PRATIQUEZ L'AMÉRICAIN

 Une version sonore (non vendue séparément) est disponible en coffret (1 livre + 3 cassettes), réf. 8202.

Langues pour tous
Collection dirigée par Jean-Pierre Berman, Michel Marcheteau et Michel Savio

ANGLAIS

☐ Pour débuter (ou tout revoir) : • **Parlez anglais en 40 leçons** 〔••〕
☐ Pour se perfectionner et connaître l'environnement :
  • **Pratiquez l'anglais** 〔••〕 • **Pratiquez l'américain** 〔••〕
☐ Pour mieux s'exprimer et mieux comprendre :
  • **Communiquez en anglais** 〔••〕
☐ Pour évaluer et améliorer votre niveau :
  • **Score anglais :** testez votre niveau • **Score civilisation USA**
☐ Pour se débrouiller rapidement : • **L'anglais tout de suite** 〔••〕
☐ Pour aborder la langue spécialisée :
  • **L'anglais économique & commercial** 〔••〕
  • **Correspondance commerciale** 〔••〕
  • **Vendre en anglais** • **Exporter en anglais**
  • **Score commercial** • **Téléphoner en anglais** 〔••〕
  • **Rédigez votre C.V. en anglais**
  • **Dictionnaire économique, commercial et financier**
  • **L'anglais des sciences et des techniques I (Productique)** 〔••〕
  • **L'anglais du tourisme, hôtellerie et restauration** 〔••〕
  • **Communiquer en anglais scientifique** 〔••〕
  • **Dictionnaire de l'anglais de l'informatique**
  • **L'anglais juridique**
☐ Pour s'aider d'ouvrages de référence :
  • **Dictionnaire de l'anglais d'aujourd'hui**
  • **Grammaire anglaise pour tous** (débutants)
  • **Grammaire de l'anglais d'aujourd'hui** (2ᵉ cycle)
  • **Correspondance pratique pour tous**
  • **L'anglais sans fautes** 〔••〕
  • **La prononciation de l'anglais** 〔••〕
☐ Pour prendre contact avec des œuvres en version originale :
  • **Série bilingue** (extrait du catalogue **avec plus de 45 ouvrages**) :

• = 〔••〕 ∎ **Niveaux :** ☐ facile (1ᵉʳ cycle) ☐☐ moyen (2ᵉ cycle) ☐☐☐ avancé

∎ *À thème :*
  • **L'anglais par les chansons*** (GB/US) ☐
  • **La Grande-Bretagne à travers sa presse*** ☐☐☐
  • **L'Amérique à travers sa presse*** ☐☐☐
  • **Bilingue anglais scientifique*** (US/GB) ☐☐

∎ *Auteurs anglais :*		∎ *Auteurs américains :*	
Carroll (L.) ☐☐	**Lawrence*** (D.H.) ☐☐☐	**Bellow** (S.) ☐☐☐	**James*** (H.) ☐☐☐
Dickens (Ch.) ☐☐	**Mansfield*** (K.) ☐☐	**Bradbury** (R.) ☐☐	**King*** (Steven) ☐☐
Doyle* (A.C.) ☐☐	**Maugham*** (S.) ☐☐	**Chandler*** (R.) ☐☐	**London*** (J.) ☐☐
Greene* (G.) ☐☐	**Stevenson*** (R.L.) ☐☐	**Fitzgerald*** (S.) ☐☐	**Nabokov** (V.) ☐☐☐
Jerome* (J.K.) ☐	**Tolkien** (J.R.R.) ☐☐	**Highsmith*** (P.) ☐☐	**Nouvelles classiques*** ☐☐
Kipling* (R.) ☐☐	**Wilde*** (O.) ☐	**Hitchcock*** (A.) ☐☐	**Twain*** (M.) ☐☐
	Wodehouse (P.G.) ☐☐		

〔••〕 = Existence d'un coffret : Livre + K7
Attention ! Les cassettes ne peuvent être vendues séparément du livre.
∎ Le livre seul est disponible (sauf **RAP** et **Comptines**).

Autres langues disponibles dans les séries de la collection **Langues pour tous** :
**ALLEMAND - ARABE - CHINOIS - ESPAGNOL - FRANÇAIS - GREC - HÉBREU - ITALIEN
JAPONAIS - LATIN - NÉERLANDAIS - POLONAIS - PORTUGAIS - RUSSE - TURC -VIETNAMIEN**

Les langues pour tous

Collection dirigée par Jean-Pierre Berman,
Michel Marcheteau et Michel Savio

PRATIQUEZ
L'AMÉRICAIN

par

Lynn Hammer-Merle

B.A., M.A. New York University

Michel Marcheteau

*Agrégé d'anglais
Professeur à l'École Supérieure
de Commerce de Paris*

Jean-Pierre Berman

*Assistant à l'Université
de Paris IV Sorbonne*

Michel Savio

*Chef du Service des langues
et de la communication à
l'École Supérieure d'Électricité*

et la participation de

Paul Ambrose

Professeur à l'Université de Barcelone

Édition revue et corrigée

Nous tenons à remercier, pour leur collaboration,
l'Office du tourisme des États-Unis,
les Services culturels de l'ambassade des États-Unis à Paris,
Walt Disney Productions et M. William D. McCormick,
qui a bien voulu assurer la relecture du manuscrit.

© Pocket - Langues pour tous, 1983
ISBN : 2-266-05639-5

■ Contents

■ Table des matières

■ La méthode **PRATIQUEZ L'AMÉRICAIN** présente, traitées sous forme de dialogues, 40 situations de la vie courante aux États-Unis.

Conçue, comme tous les ouvrages de la collection LANGUES POUR TOUS, de façon à rendre possible l'apprentissage autonome, elle peut également être utilisée dans le cadre d'un enseignement de groupe (enseignement secondaire, formation continue).

PRATIQUEZ L'AMÉRICAIN permet d'acquérir le vocabulaire et les tournures utilisés quotidiennement aux États-Unis et dans toutes les parties du monde où cette langue est devenue un moyen de communication. Cette méthode répond donc aux besoins de ceux qui, connaissant les bases de l'anglais, cherchent à s'exprimer plus naturellement et à enrichir leur vocabulaire. Elle s'adresse également aux voyageurs et aux touristes qui doivent faire face aux problèmes de communication au cours de leurs déplacements.

Cet ouvrage joue un double rôle :

— il perfectionne les connaissances linguistiques (vocabulaire, grammaire, prononciation) en anglais et en américain ;

— il introduit à la connaissance de l'environnement américain sous l'aspect quotidien et touristique.

■ **Chacune des 40 unités** comporte **8 sections** :

    1. **Titre, dialogue** et prononciation.

    2. **Traduction** du dialogue.

    3. **Remarques** (grammaire, vocabulaire, explications).

    4. **Anglais américain** et **britannique** : l'usage « US » est comparé à l'usage « GB » (tournures, vocabulaire, prononciation, orthographe, etc.).

    5. **Environnement** : textes d'illustration de l'environnement nord-américain avec traduction.

    6. **Phrases-types** avec traduction. Elles donnent les expressions les plus courantes utilisées dans le contexte choisi.

    7. **Vocabulaire** : cette section comprend une récapitulation du vocabulaire de la leçon et une liste complémentaire chaque fois que c'est utile.

    8. **Exercices** : cette dernière section reprend les points principaux de la leçon ou propose une illustration complémentaire du domaine traité.

■ **Annexes** : dans cette dernière partie, le lecteur trouvera :

— un certain nombre d'informations pratiques (mesures, etc.) ou socioculturelles (la langue américaine, les religions) qui pourront contribuer à développer sa connaissance et sa compréhension de l'environnement américain ;

— une liste des mots rencontrés quotidiennement dans la langue des média ;

— un index lexical (avec renvoi à la section vocabulaire de chaque leçon).

■ **Prononciation :** elle est représentée pour certains mots par des symboles entre crochets [ ]. **Les lettres en gras** signalent l'accent tonique. Cf. p. 330-331.

Tableau d'équivalence entre les symboles utilisés ici et ceux de l'A.P.I.

Voyelles courtes			Voyelles longues			Sons doubles (diphtongues)			Consonne		
A.P.I.	P.P.	Ex.	A.P.I.	P.P.	Ex.	A.P.I.	P.P.	Ex.	A.P.I.	P.P.	Ex.
æ	a	flat	ɑ:	a:	calm	ɑi	aï	my	θ	ś	think
e	è	bed	ə:	e:	work	ei	èï	may	ð	ż	that
i	i	sit	i:	i:	seat	ɑu	aou	how	ŋ	ŋ	bring
ɔ	o	not	ɔ:	o:	more	oi	oï	boy	z	j	measure
u	ou	book	u:	ou:	cool	ou	ôou	go	dʒ	dj	job
ʌ	œ	but				iə	ie	here	ʃ	ch	shall
ə	e	a (art.)				ɛə	èè	care	tʃ	tch	check
						uə	oue	tour	r	waʀ	war

◎◎ L'enregistrement de **PRATIQUEZ L'AMÉRICAIN** comporte une grande variété de voix et d'accents et permet l'entraînement à la compréhension de la langue parlée.

■ **Conseils d'utilisation**

1. Lire attentivement le **dialogue**, en s'aidant de la traduction et des remarques.
2. Le relire ensuite, en s'assurant que l'on en a une compréhension parfaite (ce qui veut dire que l'on n'a plus besoin de la traduction ni des notes). Pour ceux qui disposent des **cassettes**, cette seconde phase consiste en une réécoute attentive, livre fermé.
3. Étudier les sections 4 et 5.
4. Essayer de traduire les **phrases-types** en partant du français. Les phrases peuvent être considérées comme acquises lorsqu'en en prenant une au hasard, on trouve immédiatement son équivalent en américain.
5. Faire le point de l'acquisition lexicale en étudiant le **vocabulaire récapitulatif** (section 7) qui donne les mots importants dans leur ordre d'apparition dans la leçon, ce qui permet de la retrouver plus facilement dans leur contexte.
Le **vocabulaire complémentaire** élargit le thème de la leçon et facilite l'étude de la section 8 (Exercices et textes).
6. Vérifier la connaissance du sujet ou de la situation traitée, grâce aux **exercices**.

C : caller   O : operator

C— Hello, operator[2] ?

O— Yes. Can I help you ?

C— Yes. Can you give me the number of a[3] Mr. Jackson, in Los Angeles, please ?

O— That's a long distance call. You'll have to call Los Angeles Information.

C— Could you please give me the area code ? I don't have[4] a directory.

O— Just a minute... The area code for Los Angeles is 213[5].

C— Is it possible for you to make the call[6] for me ?

O— No, I can't. You can do it yourself quite easily. Just dial[7] 213.555.1212[8] and the information operator will give you the number.

[...]

C— Hello, information ?

O— Yes. What city are you calling ?

C— L.A. ... Please give me the number of a Mr. Jackson, 5816 Western Avenue[9].

O— Surely, just a moment please. Have you got[10] the first name[11] ?

C— I think it's John.

O— John. Is that North or South[12] Western Ave. ?

C— I'm afraid[13] I don't know. Does it really matter ?

O— Well, Jackson isn't exactly an unusual name. I've got two Jacksons[14] on Western. What's the middle initial ?

C— Sorry, I don't know. Could you give me both numbers[15], if you don't mind.

O— Sure. 877.2059 and 877.5238.

C— Thanks operator. Would you be so kind as to[16] put the call through[17] for me ?

O— You can dial it direct. First the area code, then your number.

C— Alright[18]. What time is it now in Los Angeles ?

O— It's 6 o'clock in the morning.

C— Really ? Three hours' difference[19] ? Well, then, I'd better wait[20] a while[21] before I call.

O— That's up to you[22].

operator	[operéiter]	dial	[dàiel]
Los Angeles	[losœndjiliz]	Ave(nue)	[œviniou:]
information	[inferméichen]	unusual	[ðeniou:jouel]
area code	[èerie kôoud]	initial	[inichel]
directory	[dirèkteri]	difference	[dìfrens]

C : client   O : opératrice

C— Allô, mademoiselle ?

O— Oui ? Qu'y a-t-il pour votre service ?

C— Eh bien, pouvez-vous me donner le numéro d'un certain M. Jackson à Los Angeles, s'il vous plaît ?

O— C'est un appel en longue distance. Il faut demander les renseignements de Los Angeles.

C— Pourriez-vous me donner l'indicatif régional s'il vous plaît ? Je n'ai pas d'annuaire.

O— Un instant… L'indicatif de Los Angeles est 213.

C— Vous est-il possible de faire le numéro pour moi ?

O— Non. Vous pouvez le faire très facilement. Il vous suffit de composer le 213.555.1212 et l'opératrice des renseignements vous donnera votre numéro.

C— Allô, les renseignements ?

O— Quelle ville appelez-vous ?

C— Los Angeles… Donnez-moi le numéro d'un certain M. Jackson, 5816 Western Avenue, s'il vous plaît.

O— Bien sûr, un instant je vous prie. Vous avez le prénom ?

C— Je crois que c'est John.

O— John… ah oui. C'est Western Avenue Nord ou Sud ?

C— Je regrette, je n'en sais rien. Cela a-t-il vraiment de l'importance ?

O— Eh bien, Jackson n'est pas précisément un nom rare. J'ai deux Jackson à Western. Quelle est l'initiale du second prénom ?

C— Désolé, je ne sais pas. Pourriez-vous me donner les deux numéros, si ça ne vous fait rien ?

O— Bien sûr : 877.20.59 et 877.52.38.

C— Merci, Mademoiselle. Voudriez-vous avoir l'obligeance de me passer l'appel ?

O— Vous pouvez le faire directement. Faites d'abord l'indicatif régional, puis votre numéro.

C— Très bien. Quelle heure est-il à Los Angeles en ce moment ?

O— Six heures du matin.

C— Ah bon ? Trois heures de décalage ? Eh bien alors, il vaut mieux que j'attende un peu avant d'appeler.

O— A vous de juger.

1. **information,** rappelez-vous que ce mot qui signifie *renseignements* est toujours singulier. **Information is available...** *les renseignements sont disponibles. Un renseignement,* a piece of information.
2. **Operator,** c'est la façon habituelle de s'adresser à la/au *standardiste* ou *préposé(e).*
3. **A Mr. Jackson,** a signifie ici *un certain.*
4. **I don't have,** notez l'emploi de l'auxiliaire to do avec to have au sens de *posséder.*
5. **213,** se dit ici two one three.
6. **make the call,** m. à m. *faire l'appel.*
7. **just dial,** m. à m. *composez juste...* To dial, *faire un numéro au cadran* ; a dial, *un cadran* ; dialling tone (GB), dial tone (US), *tonalité.*
8. **213.555.12.12** se dit two one three five five five one two one two.
9. **5816 Western Avenue,** se lit fifty-eight sixteen Western Avenue.
10. **Have you got...** signifie simplement *avez-vous ?* **Have you got some change ?** *avez-vous de la monnaie ?*
11. **the first name,** les Américains utilisent leurs prénoms (souvent sous forme d'initiales) et distinguent entre **first name, middle name** *(2e prénom)* et **last name** *(nom de famille).*
12. **North or South,** compte tenu de la longueur des rues dans les grandes villes américaines, on précise *Nord, Sud, Est, Ouest* à partir du centre.
13. **I'm afraid,** forme polie qui indique une ignorance **(I'm afraid I don't know),** un refus **(I'm afraid I can't)** ou une façon polie d'énoncer quelque chose de fâcheux **(I'm afraid it's too late).**
14. **two Jacksons,** les noms de famille se mettent au pluriel.
15. **both numbers,** jamais d'article devant **both.**
16. **would you be so kind as to...** formule impliquant une politesse marquée : *seriez-vous assez aimable pour...*
17. **to put through,** *faire passer un appel.* **Could you put me through to extension 205,** *pourriez-vous me passer le poste 205.*
18. **alright** = all right.
19. **three hours' difference,** notez le cas possessif. Autre forme possible : **there's a three-hour difference,** où **three-hour** joue le rôle d'un adjectif.
20. **I'd better wait,** I'd better est suivi de l'infinitif sans to.
21. **a while,** *un petit moment, un peu de temps.*
22. **That's up to you,** it's up to you, *à vous de juger, de voir.*

Certains mots de ces dialogues, typiquement américains, seraient compris par des Britanniques, mais ces derniers utiliseraient spontanément d'autres termes ou expressions.

■ **TERMES OU EXPRESSIONS DIFFÉRENTS**

US	Fr	GB
information	*renseignements*	**directory inquiries**
area code	*indicatif de zone*	**local code, STD code**
to dial direct	*appeler en automatique*	utilisé en anglais britannique mais on trouve aussi : **to dial (on) STD (subscriber trunk dialling)**
dial tone	*tonalité*	**dialling tone**
the line's busy	*la ligne est occupée*	**the line's engaged**
long distance call	*appel interurbain*	**trunk call**
phone booth	*cabine téléphonique*	**phone box**

■ **USAGES DIFFÉRENTS**

sure, surely, *bien sûr, avec plaisir.* En anglais britannique on dirait plutôt **of course, certainly.**

first name, middle initial : les Américains donnent souvent leur nom sous la forme suivante. **John D. Barrett** ou **John = first name, D = middle initial, Barrett = last name.**

Les Britanniques emploient leur *second prénom* plus que les Français, moins systématiquement que les Américains. Le *prénom* peut aussi être **Christian name** (dont l'usage disparaît au plan international), le *nom* peut aussi être **surname.**

North or South Western Ave(nue) : en raison de la longueur des artères dans les grandes villes américaines, on les subdivise souvent en *Nord* et *Sud,* ou en *Est* et *Ouest.* Aux États-Unis, on donnera souvent une adresse sous la forme suivante : **5th Ave. and 53 W. 34th St.,** *n° 53, 34ᵉ rue Ouest, (à l'angle de la) 5ᵉ Avenue.* On dira : **fifth avenue and fifty-three west thirty-fourth street.**

■ **ORTHOGRAPHE DIFFÉRENTE**

US **to dial   dialed   dialing**
GB **to dial   dialled   dialling**

■ **PRONONCIATION DIFFÉRENTE**

US **can't** [kaent] GB [ka:nt]   US **city** [sidi] GB [siti]
On prononce le **r** final en américain : **operator, number,** etc.

• **Using the telephone in the United-Kingdom and the United States.**

In the United States the telephone system is the property of private companies (or utility companies) which operate a public service, and also exist for the distribution of water, gas, electricity, etc. The most famous of them is the Bell Telephone Company. In Britain, it is the monopoly of the recently created (1980) public corporation*, British Telecommunications.

In practice, however, there are few differences in terms of the services offered by the two systems. Calls can be paid by special credit card in both countries. But the American user is perhaps more trustworthy or, at any rate, more trusted, than his British counterpart. The former can, when phoning from a public phone-box (but also from another subscriber's number) have the charge credited to his home phone, simply by giving his name, address and phone number. This facility, which is obviously open to abuse, is not available in Britain.

• *Le téléphone aux États-Unis et en Grande-Bretagne.*

Aux États-Unis, le téléphone est entre les mains de sociétés privées dites « utility companies » qui gèrent un service public et qui existent aussi dans le domaine de l'eau, du gaz, de l'électricité, etc. La plus célèbre d'entre elles est la Bell Telephone Company. En Grande-Bretagne, le service du téléphone est le monopole d'un organisme public (Public corporation*) créé en 1980 : British Telecommunications.

En pratique, il existe peu de différences entre les services offerts par les deux systèmes. Dans l'un comme dans l'autre, les appels peuvent être payés par carte de crédit spéciale. Mais l'utilisateur américain est probablement plus digne de confiance (on lui fait en tout cas davantage confiance) comparé à son homologue britannique. Le premier peut, à partir d'une cabine publique, mais également de chez un autre abonné, faire imputer la communication à son propre numéro d'abonné en donnant simplement ses nom, adresse et numéro de téléphone personnel. Ce service, qui peut évidemment donner lieu à des abus, n'est pas offert en Grande-Bretagne.

* N.B. **corporation** : en américain, il désigne une société privée, en anglais britannique, un organisme public ou semi-public.

1. Acceptez-vous un appel en P.C.V. de M. ... ?
2. Je regrette, la ligne est toujours occupée.
3. Attendez la tonalité.
4. Ce numéro peut être obtenu en automatique.
5. Comment puis-je appeler les renseignements ?
6. Pouvez-vous me donner l'indicatif de Chicago ?
7. Votre correspondant ne répond pas.
8. J'aimerais appeler le 855.10.22 à San Diego.
9. On nous a coupés.
10. Qui est à l'appareil ?
11. Pouvez-vous me passer le poste 303 ?
12. Vous avez fait un faux numéro.
13. Est-ce que vous acceptez l'appel en P.C.V. ?
14. Ne quittez pas.
15. Pouvez-vous rappeler ?
16. Pouvez-vous me l'épeler ?
17. Est-ce que quelqu'un a laissé un message ?
18. Je voudrais appeler la France en P.C.V.
19. Ne quittez pas ! Je vous la passe.
20. Faites le 8 pour obtenir l'extérieur.
21. Parlez demandeur, votre correspondant est en ligne.

1. Will you accept a collect call from Mr ... ?
2. I'm afraid the line's still busy.
3. Wait till you hear the dial tone.
4. You can dial it direct.
5. How do I get Information ?
6. Could you tell me the area-code for Chicago ?
7. Your party doesn't reply.
8. I'd like to place a call to San Diego, 855.1022.
9. We've been cut off !
10. Who is speaking please ?
11. Can you put me through to extension 303 please ?
12. You've got the wrong number.
13. Will you accept the charges ?
14. Hold the line please.
15. Can you call back later ?
16. Can you spell it for me please ?
17. Has anyone left a message ?
18. I'd like to make a collect call to France.
19. Hang on ! I'll get her for you.
20. Dial 8 for outgoing calls.
21. Go ahead caller, your party's on the line.

information, renseignements
caller, demandeur
operator, opératrice
long distance call, appel interurbain
area code, indicatif
directory, annuaire
to make (to place) a call, faire un numéro
to dial, composer un numéro
to call, appeler
to put through, passer un appel
to dial direct, appeler en automatique
the line's busy (US), **the line's engaged** (GB), la ligne est occupée
surname, nom, patronyme
trustworthy, digne de confiance

to operate, gérer, faire marcher
counterpart, homologue
public phone box, cabine publique
charge, montant de la taxe
to credit, créditer, imputer
subscriber, abonné, correspondant
to cut off, couper
extension, poste
to hold the line, ne pas quitter
to make a collect call, appeler en P.C.V.
hang on ! }
hold on ! } ne quittez pas
outgoing calls, appels pour l'extérieur
party, correspondant
to be on the line, être en ligne, avoir la ligne

Vocabulaire complémentaire

answering service, service des abonnés absents
answering system, answer phone, répondeur automatique
answer (to) the phone, répondre au téléphone
be (to) through (US), **to have finished** (GB), avoir terminé
busy signal (US), **busy tone** (GB), tonalité d'occupation
call (to) collect, to make a collect call (US) ; **to reverse the charges, to make a reverse charge call** (GB), appeler en P.C.V.
dial tone (US), **dialling tone** (GB), tonalité d'invite à composer
hang (to) up, raccrocher
inquiries (GB), renseignements
local code, indicatif régional
look (to) up (a number), chercher, vérifier, consulter un numéro dans l'annuaire
pay phone (US), **public telephone** (GB), téléphone public
person to person (call), préavis d'appel
reverse charge call (GB), appel en P.C.V.
subscriber (GB), abonné
switchboard, standard téléphonique, pupitre directeur
toll free number (US), numéro de libre appel (cf. leçon 26)
trunk call, S.T.D. (GB), appel interurbain

A ■ Lire en anglais
FIGURES : **1.** 2,000 **2.** 3,737 **3.** 525 **4.** 127,412 **5.** 6.35
6. 4 % **7.** 0.5 %
PHONE NUMBERS : **1.** 879.20.56 **2.** 632.85.65
3. 983.55.66
ADDRESSES : **1.** 8195 W Maple Street **2.** 4523 N 32nd St.

B ■ Traduire
1. Quel est l'indicatif de zone ?
2. Faites le 212 et composez le numéro de votre correspondant.
3. Je voudrais un numéro à Paris en P.C.V.
4. Pouvez-vous me passer la chambre 206 ?
5. Je n'ai pas compris le nom : pouvez-vous me l'épeler ?

C ■ Compléter (avec préposition)
1. Hold… ! I'll look it… for you.
2. He's not here at the moment, can you call… ?
3. Can you put me… to extension 405 ?
4. We've been cut…

D ■ GB ou US ? (traduisez et donnez l'équivalent)
1. Trunk call 2. Local code 3. The line's busy 4. dialling
tone

Corrigé

A ■ CHIFFRES : **1.** two thousand. **2.** three thousand seven
hundred and thirty seven. **3.** five hundred and twenty
five. **4.** one hundred and twenty-seven thousand four
hundred and twelve. **5.** six point thirty-five *(= 6,35 en
français)*. **6.** four per cent. **7.** zero *(ou* nought*)* point five
per cent *(0,5 % en français)*.
• *L'anglais emploie une virgule, le français un espace.*
N° DE TÉLÉPHONE : **1.** eight seven nine two zero five
six. **2.** six three two eight five six five. **3.** nine eight three
double five double six.
ADRESSES : **1.** eighty-one ninety-five West Maple
Street. **2.** forty-five twenty-three, North thirty second
street.

B ■ 1. What is the area code ?
2. Dial 212 and the number of your party.
3. I'd like (to make) a collect call to Paris.
4. Can you put me through.to room 206 ?
5. I didn't get the name : can you spell it for me please ?

C ■ 1. on, up. 2. back. 3. through. 4. off.

D ■ 1. GB, appel interurbain   US, **long distance call**
2. GB, indicatif, code   US, **area code**
3. US, la ligne est occupée   GB, **the line's engaged**
4. GB, tonalité   US, **dial tone**

A = attendant[1]   C = customer

A— What kind of gas[2] do you want ?

C— I don't really know. This is a rented car and it's the first
time we're getting gas. What kind of gas does it take ?

A— We have regular, hi-test[3], and lead-free (or unleaded)[4].
Your car takes only[5] lead free. Do you want me to fill it
up ?

C— Yes please.

A— How about the oil[6] ?

C— I don't know. Will you check it please ? And while you're
at it, can you check the water and tires[7] ?

A— O.K.[8] No problem.

C— Do you have a toilet ?

A— Yes. The key to the ladies'[9] is in the office. The men's room
is open. You don't need a key.

C— Did you take care of the oil and water ?

A— It took a quart[10] of oil and needed some water, but the tires
were all right. That'll be $ 24.50[11].

C— Here you are.

A— Just a minute. Here's your change[12].

C— Thank you. By the way, there is a loud noise underneath
when I shift. Who should I see about it ?

A— Talk to the mechanic. He's in the repair shop[13], around the
back.

C— One more question. How do you get to the highway[14] that
goes to Disneyland ?

A— Take your first right at the light[15]. Stay on that road until
you come to the first underpass. There you'll see a sign
Interstate 5, take it going South[16], get[17] off at the Anaheim
exit and follow the signs to Disneyland. You can't miss it !

gas	[gas]	dollar	[doler]
regular	[régiouler]	change	[tchéïndj]
hi-test	[haï-tèst]	mechanic	[mikanik]
lead	[lèd]	underpass	[oenderpa(:)s]
key	[ki:]	interstate	[ìnterstéït]
quart	[kwo:rt]	exit	[ègzit]

P = pompiste   C = client

P— Qu'est-ce que vous voulez comme essence ?

C— Je ne sais pas trop. C'est une voiture louée et c'est la première fois que nous prenons de l'essence. Qu'est-ce qu'on y met comme essence ?

P— Nous avons de l'ordinaire, du super et de la « spéciale anti-pollution » (sans plomb). Votre voiture ne marche qu'à la spéciale. Vous voulez que je vous fasse le plein ?

C— S'il vous plaît, oui.

P— Et l'huile, ça ira ?

C— Je ne sais pas. Voulez-vous la vérifier, s'il vous plaît ? Et pendant que vous y êtes, pouvez-vous vérifier l'eau et les pneus ?

P— D'accord, aucun problème.

C— Y a-t-il des toilettes ?

P— Oui. La clef des W.-C. Dames est au bureau. Les W.-C. Hommes sont ouverts. Vous n'avez pas besoin de clef.

C— Vous vous êtes occupé de l'huile et de l'eau ?

P— J'ai dû rajouter un litre d'huile et un peu d'eau, mais pour les pneus, ça allait. Ça fera 24 dollars 50.

C— Voici.

P— Un instant. Tenez, votre monnaie*.

C— Merci. A propos, il y a un drôle de bruit sous la voiture quand je change de vitesse. Qui est-ce que je devrais voir pour ça ?

P— Parlez-en au mécanicien. Il est à l'atelier, [en passant par] derrière.

C— Encore une question. Comment se rend-on à l'autoroute qui va à Disneyland ?

P— Au feu, prenez la première à droite. Continuez jusqu'à ce que vous arriviez au premier passage souterrain. A ce moment-là, vous verrez le panneau Autoroute n° 5. Prenez-la en direction du sud, prenez la sortie Anaheim, et suivez les panneaux (indicateurs) pour Disneyland. Vous ne pouvez pas vous tromper.

---

* Notez qu'on ne laisse en principe pas de pourboire pour les opérations courantes dans les stations-services aux E.U. (cf. p. 70).

1. **attendant,** m. à m. *personne s'occupant de la clientèle* ; ici, *pompiste*.

2. **gas,** abréviation de **gasoline,** *essence*.

3. **hi-test=high-test,** m. à m. *qui passe un test de haut niveau,* s'applique à de l'essence très volatile, à fort degré d'octane. On dit de plus en plus **super**.

4. **lead-free,** m. à m. *libre de plomb, sans plomb.* On dit de plus en plus **unleaded**.

5. **takes only,** m. à m. *ne prend que,* d'où *ne marche qu'à*. **Only** est ici placé immédiatement devant le mot auquel il s'applique. Remarquez la traduction par *ne... que*.
   Attention à la prononciation de **lead** [lèd], *plomb,* différente de **to lead** [li:d], *conduire, mener*.

6. **How about the oil ?** m. à m. *et qu'en est-il de l'huile ? où en est l'huile ?* ou peut aussi signifier *que diriez-vous de...* (cf. **what about**).

7. **tires,** s'écrit **tyre** en anglais britannique ; *pression des pneus,* **tire pressure** ; *pneu de rechange,* **spare tire** ; *avoir un pneu crevé,* **to have a puncture, a punctured tire** ; *un pneu à plat,* **a flat tire**.

8. **O.K.,** une origine possible de cette expression serait l'abréviation fautive de **all correct (all Korrect)** !

9. **ladies',** l'apostrophe correspond au cas possessif **ladies' room** ou **ladies' toilet** (voir IV—7).

10. **It took a quart,** m. à m. *cela a pris, il a fallu*.

11. **$24.50,** notez la place du symbole du dollar. On dira : **twenty four fifty**.

12. **change,** attention à la prononciation. Bien diphtonguer le son [éï].

13. **repair shop, shop** ici signifie **workshop,** *atelier*.

14. **How do you get to the highway that goes....,** notez l'emploi de **to get** (rencontré plus haut au sens d'*obtenir, se procurer :* **the first time we are getting gas**), qui insiste sur la façon et la difficulté éventuelle pour parvenir à un lieu, idée que **to go** n'indique pas. Penser au français : *comment fait-on pour aller à...* **How does one get to...**

15. **light,** il s'agit bien sûr de **traffic light(s),** *feu(x) de circulation* (clignotant[s] ou tricolore[s]).

16. **going South,** *aller vers le sud, le nord, l'ouest, l'est,* **to go South, to go North, to go West, to go East.** Notez l'emploi de la majuscule en anglais.

17. **get off,** off donne l'idée de quitter, cf. **to get off a bus, a train,** *descendre d'un train, d'un bus*.

■ TERMES DIFFÉRENTS

US	Fr	GB
gas	*essence*	**petrol**
men's room	*toilettes*	**gents (gentlemen)**
highway	*autoroute*	**motorway**
windshield	*pare-brise*	**windscreen**

■ USAGES DIFFÉRENTS

Notez que si le mot **car** existe aux U.S.A., on emploiera également le mot **automobile**. Ainsi dira-t-on **a car factory** ou **an automobile plant**, *une usine automobile.*

Mesures : • **volume :**

1 gallon, gl	[galen]	3,785 l (US)/4,545 l (GB)
1 quart	[kwo:rt]	0,946 l (US)/1,136 l (GB)
1 pint	[païnt]	0,473 l (US)/0,568 l (GB)

• **longueur :** les unités qui suivent sont communes aux États-Unis et à la Grande-Bretagne.

1 mile (ml)	[maïl]	= 1 609 m *(mile)*
1 yard (yd)	[ia:rd]	= 0,91 m *(yard)*
1 foot (ft)	[fout]	= 30,5 cm *(pied)*
1 inch (in)	[intch]	= 2,54 cm *(pouce)*

■ ORTHOGRAPHE DIFFÉRENTE

tire (US)	**tyre** (GB)
hi (dans **hi-test**) (US)	**high** (GB)
thru (US)	**through** (GB)

■ PRONONCIATION DIFFÉRENTE

water	US [wɑ:ter ou wɑ:der]	GB [wo:te]
underpass	US [ɶnderpas]	GB [ɶndepa:s]

— En général l'américain ne distingue pas entre le [a] de **cat, Pat,** et celui de **ask** [a:]. Dans ce cas, il n'y a en américain qu'un seul son [a], là où l'anglais en a deux ([a] et [a:]).

— A l'instar de **city,** le **t** « intervocalique » (wa-t-er) sera souvent prononcé comme un **d** très bref, la pointe de la langue remontant vers le palais (on parle d'un **t** *rétroflexe*).

— Remarquez enfin, en américain, la sonorisation du **r** (qu'il soit final ou à l'intérieur du mot). Il se produit le même phénomène que celui décrit ci-dessus pour le **t** *rétroflexe,* un mouvement de la pointe de la langue vers le haut du palais.

■ There are many types of highways in the U.S., varying in size from 4 to as many as 16 lanes. The interstates are under federal jurisdiction ; they are a coast-to-coast system : the even numbers are East-West and the odd numbers are North-South. The others which may be called highways, expressways, turnpikes, thruways or parkways are state roads. These state controlled highways are usually toll roads with the exception of the freeways in California. The speed limit, 55 miles an hour, is strictly adhered to throughout the country.

■ The highway system also includes secondary roads as well as thousands of miles of unpaved roads, which can be used with a four-wheeler. To obtain information on road conditions, you may contact the Department of Highways or telephone for the Road Report.

■ In the U.S.A. (as well as in Britain), the amount of gas used by a car engine is expressed by the number of miles per gallon. Thus one car may do 30 miles to the gallon, and another only 22.

■ Il y a plusieurs types d'autoroutes aux États-Unis, dont la taille peut varier de 4 à 16 voies. Les autoroutes « inter-États » sont placées sous juridiction fédérale, elles relient les côtes entre elles : les numéros pairs vont d'Est en Ouest et les impairs du Nord au Sud. Les autres qui peuvent s'appeler « autoroutes », « voies rapides », « autoroutes de contour-nement », « autoroutes directes » ou « autoroutes du parc »* sont des routes d'État. Ces routes sous contrôle d'un État sont en général à péage à l'exception des « autoroutes gratuites » de Californie. La limitation de vitesse (55 miles à l'heure, soit environ 89 km/h) est strictement respectée dans tout le pays.

■ Le réseau routier comprend également les routes secondai-res ainsi que des milliers de kilomètres de pistes non gou-dronnées. On peut emprunter ces dernières si on dispose d'un véhicule à quatre roues motrices. Pour connaître l'état des routes on peut s'adresser aux services des Ponts et Chaussées ou téléphoner aux « Renseignements routiers ».

■ Aux États-Unis (comme en Grande-Bretagne), on exprime la consommation d'essence des moteurs de voitures par le nombre de miles parcourus avec un gallon. Ainsi une voiture peut faire 30 miles au gallon, une autre seulement 22.

---

* Autoroutes qui longent ou traversent un parc naturel dont elles portent le nom, souvent interdites aux poids lourds et dépourvues de panneaux publicitaires.

1. Où est l'accès de l'autoroute en direction du Nord ?
2. Savez-vous quelle est la limite de vitesse dans cet État ?
3. Il y a eu deux contraventions pour cause de stationnement et une (amende) pour excès de vitesse.
4. Pouvez-vous me faire la vidange ?
5. Voulez-vous vérifier la pression des pneus, s.v.p. ?
6. Le lavage (automatique) est à l'arrière du garage.
7. Ma voiture est tombée en panne et il a fallu que j'appelle une dépanneuse.
8. Interdit aux piétons et aux vélomoteurs, interdiction de faire demi-tour.
9. La police de l'autoroute m'a arrêté parce que ma plaque minéralogique tenait mal (se détachait).
10. On ferait mieux de vérifier le pneu de secours dans le coffre.
11. Stationnement interdit à toute heure sur la bande d'urgence.
12. Vous n'avez pas la priorité.
13. Voie sans issue.
14. Descente dangereuse : enclenchez la vitesse inférieure.
15. Ralentir, travaux.
16. Tenez votre droite.
17. Vous consommez combien de litres aux cent ?
18. Allumez vos phares au crépuscule.
19. On a crevé et on a dû se faire remorquer.

1. Where's the entrance to the freeway going North ?
2. D'you know what the speed limit is in this state ?
3. He got two parking tickets and he was fined for speeding.
4. Could I have the oil changed ?
5. Would you check the tire pressure please ?
6. The car wash is round the back.
7. My car broke down and I had to call for a tow-truck.
8. No pedestrians, no mopeds (GB), no U-turns (allowed).
9. The highway patrol stopped me because my license plate was loose.
10. We'd better check the spare tire in the trunk.
11. No parking at any time in the emergency lane.
12. Yield right of way.
13. No through (thru) street (or : dead end).
14. Steep gradient : use low gear.
15. Caution, construction ahead (GB : slowdown, roadworks ahead).
16. Keep to the right (GB : keep to nearside lane ; keep to the left).
17. How many miles do you get to the gallon ?
18. Turn your headlights on at dusk.
19. We had a flat and had to be towed.

attendant, pompiste
gas, essence
regular, ordinaire (essence)
hi-test (US), super
lead-free, spéciale anti-pollution
to fill up, faire le plein
tire, tyre (GB), pneu
ladies', W.-C. dames
men's room, W.-C. hommes
mechanic, mécanicien
repair shop, atelier
highway (US), autoroute
underpass, souterrain
interstate, autoroute
jurisdiction, juridiction
highway, expressway, parkway, thruway, turnpike, autoroute (à péage)
freeway, autoroute gratuite
toll, péage
speed limit, limite de vitesse
parking ticket, contravention
to fine, infliger une amende
a fine, une amende
speeding, excès de vitesse
change of oil, vidange
car-wash, lavage (voiture)
to break down, tomber en panne
pedestrian, piéton
moped, vélomoteur, cyclomoteur
U-turn, demi-tour
license plate (US), **registration plate, car plate** (GB), plaque minéralogique
no parking at any time, stationnement, interdit en permanence
emergency lane, voie de dégagement, bande d'urgence
to yield, céder
right of way, priorité
no through way, thru way, deadend, voie sans issue
steep gradient, descente dangereuse
low(er) gear, vitesse inférieure
to turn on, allumer, mettre en route
headlights, phares
a flat, une crevaison
to tow, remorquer, prendre en remorque
blinker, clignotant

Vocabulaire complémentaire

US	Fr	GB
back-up lights	*feux de recul*	**reversing lights**
blow-out, flat	*crevaison*	**puncture**
crosswalk	*passage piéton*	**pedestrian crossing**
detour	*déviation*	**diversion**
divided highway	*autoroute à 2 voies*	**dual carriageway**
filling station	*station-service*	**petrol station**
gear shift	*levier de vitesse*	**gear lever**
grade crossing	*passage à niveau*	**level crossing**
hood	*capot*	**bonnet**
intersection	*carrefour*	**junction, crossroad**
truck	*camion*	**lorry**

Attention : **truckstop,** *restaurant routier,* mais aussi *installations sanitaires sur autoroutes.*

A ■ Mettez les phrases suivantes à la forme interrogative en commençant avec what, who, which, how
1. You should use hi-test in this car.
2. She talked to the mechanic.
3. You get to the highway by taking your first right.
4. You should take Interstate 5 to get to Disneyland.
5. He was stopped by the highway patrol.

B ■ Traduire en anglais
1. Voulez-vous que je vérifie l'huile ?
2. Ils ne veulent pas que je me gare ici.
3. Quelle sortie voulez-vous que je prenne ?
4. Voulez-vous qu'il appelle une dépanneuse ?

C ■ Traduire en français
— Hello, Jim ! I'm calling from a service station.
I'm sorry we won't be there until 9 o'clock.
I had a breakdown on the expressway and I had to call a tow-truck.
Please apologize to Charlotte.
— Do you want me to drive over and pick you up ?

D ■ GB ou US ? (Traduisez et donnez l'équivalent)

1. motorway	5. reversing lights
2. gas	6. junction
3. tyre	7. hi-test
4. blow-out	

Corrigé

A ■ 1. What should I use in this car ? 2. Who did she talk to ? 3. How do we get to the highway ? 4. Which Interstate should I take to Disneyland ? 5. Who was he stopped by ? (ou : Who stopped him on the highway ?)

B ■ 1. Do you want me to check the oil ? 2. They don't want me to park here. 3. Which exit do you want me to take ? 4. Do you want him to call for a tow-truck ?

C ■ — Allô, Jim ! Je t'appelle d'une station-service.
Je suis désolé, nous ne pourrons pas arriver avant 9 heures.
J'ai eu une panne sur l'autoroute et il a fallu faire appeler une dépanneuse.
Excuse-nous auprès de Charlotte, s'il te plaît.
— Veux-tu qu'on vienne vous chercher (en voiture) ?

D ■ 1. GB, *autoroute* US **highway**. 2. US, *essence* GB **petrol**. 3. GB, *pneu* US **tire**. 4. US, *crevaison* GB **puncture**. 5. GB, *feux de recul* US **back-up lights**. 6. GB, *carrefour* US **intersection**. 7. US, *super* GB **4 star**.

Customer — Good morning. I'd like to rent[1] a car.

Agent — *(Busy)* Yes, just a minute please… I'll be right with you[2].

A — What did you have in mind[3] ?

C — Well, what I'd like to do is get a car here in Phœnix, drive to the Grand Canyon and then on into New Mexico[4] to see Santa Fe. Do you think I could drop it off[5] there ?

A — I'm afraid that wouldn't be possible because we don't have an office[6] in Santa Fe.

C — That's too bad ! I was hoping I could fly back to New York from there. Well, what would you suggest, then ?

A — You could leave the car in Albuquerque where we do have an office[7].

C — I suppose that'll be all right. Could you tell me what the rates are ? I'd want to keep the car[8] for three or four days.

A — Why don't you have a look at this brochure. There are daily and weekly rates for each type of vehicle. At the moment, however, we've only got type C cars available. Everything else is reserved or out on the road.

C — Oh dear, this is going to cost a fortune. Type C is the most expensive.

A — You'd have to take type C anyway, because of the air-conditioning. You'd be crazy[9] to go out into the desert[10] without it.

C — At this price we might just as well fly !

A — I see what you mean. And what's more you've got an extra charge[11] for not returning the car where you picked it up. But at least by car, you get to see the country. You'd be better off[12] with the 3-day package deal[13] which includes unlimited mileage. But you'll have to return the car here. The rates are on the back of the leaflet. You'll notice that they're much cheaper.

C — This is more in my price range[14]. As a matter of fact, it's a real bargain. Why didn't you mention it in the first place ?

Phœnix	[fi:niks]	vehicle	[vi:ikl]
New Mexico	[niou:mèksikôou]	fortune	[fo:rtchen]
Santa Fe	[santeféi]	desert	[dèzert]
suggest	[sedjèst]	return	[rite:rn]
Albuquerque	[albeke:rki:]	range	[réindj]
brochure	[broucher]		

Client—Bonjour, j'aimerais louer une voiture.

Employé—*(Affairé)* Oui, un moment je vous prie... Je m'occupe de vous tout de suite.

E— Qu'est-ce que vous avez en vue ?

C— Eh bien, ce que j'aimerais, c'est prendre une voiture à Phœnix, aller jusqu'au Grand Canyon, ensuite au Nouveau Mexique pour voir Santa Fé. Pensez-vous que je puisse la rendre là-bas ?

E— Je crains que ça ne soit pas possible, car nous n'avons pas de bureau à Santa Fé.

C— C'est dommage. J'espérais pouvoir retourner de là en avion à New-York. Eh bien alors, qu'est-ce que vous suggéreriez ?

E— Vous pourriez laisser la voiture à Albuquerque où nous avons effectivement une agence.

C— Je pense que ça ira. Pourriez-vous me dire quels sont les tarifs ? Je voudrais garder la voiture trois ou quatre jours.

E— Pourquoi ne pas jeter un coup d'œil à cette brochure. Il y a des tarifs à la journée et à la semaine pour chaque type de véhicule. En ce moment, toutefois, nous ne disposons que de voitures de type C. Tout le reste est réservé ou sorti sur la route.

C— Oh là là ! Ça va coûter une fortune ! Le type C c'est le plus cher.

E— De toute façon, il faudrait que vous preniez le type C, à cause de l'air conditionné. Ce serait de la folie de partir dans le désert sans ça.

C— A ce prix, nous pourrions aussi bien prendre l'avion !

E— Je comprends. Et en plus, vous avez un supplément pour ne pas retourner la voiture au point de départ, mais au moins en voiture, on peut voir le pays. Vous vous en firerez mieux avec le forfait (de) trois jours qui comprend le kilométrage illimité. Mais il vous faudra ramener la voiture ici. Les tarifs sont au dos du prospectus. Vous remarquerez qu'ils sont bien moins chers.

C— Ceci est davantage dans mes prix. C'est même une très bonne affaire, en fait. Pourquoi ne m'en avez-vous pas parlé dès le début ?

1. **to rent,** *louer une voiture, un appartement* ; cf. **car rental,**
   location de voiture ; **rental car** = **rented car,** *voiture de
   location.*
2. **I'll be right with you,** right signifie ici *tout de suite* ; cf.
   right away, *immédiatement, sur-le-champ* ; **right now,** *tout
   de suite* ; *en ce moment, pour l'instant.*
3. **to have in mind,** m. à m., *avoir dans l'esprit, en tête.*
4. **Then on into New Mexico,** notez l'association de la
   préposition **on** (idée de continuer) et de la préposition **into**
   (idée de pénétrer).
5. **I could drop it off,** m. à m., *déposer.* Pensez à l'expression fréquente lorsqu'on a pris un passager en voiture :
   Where do you want me to drop you off ? *Où voulez-vous
   que je vous dépose ?*
6. **We don't have an office,** to have est ici un verbe, avec le
   sens de *posséder,* d'où son emploi avec l'auxiliaire **to do.**
7. **Where we do have an office,** notez le **do** de renforcement, *où nous avons effectivement une agence* (par opposition à Santa Fe où nous n'en avons pas).
8. **I'd want to keep the car.** I'd want (I would want) introduit
   une nuance hypothétique par rapport à **I'd like to keep the
   car.** Le sens est, *au cas où nous ferions affaire, je voudrais...* ; cf. ce serait *pour garder la voiture.*
9. **crazy,** bien distinguer **crazy,** *fou, dingue, cinglé* ; **mad,**
   fou, dément, de **foolish,** *idiot, stupide, absurde* ; **a fool,** *un
   idiot* ; **a madman,** *un fou.*
10. **desert,** attention à la prononciation de **desert** [dèzert]
    désert, **desert** [dizə:rt] *mérite,* **dessert** [dizə:t] *dessert.*
11. **charge,** somme que l'on fait payer pour un service, *prix,
    tarif, frais* ; to **charge,** 1) *faire payer* 2) *imputer une somme
    à un compte. Combien prenez-vous ?* how much do you
    charge ? charge it to my account, *mettez ça sur mon
    compte.*
12. **You'd be better off,** contraire : you'd be worse off, *vous
    vous en tireriez plus mal, vous seriez dans une pire situa-
    tion.*
13. **The 3-day package deal.** deal, *marché, contrat, transac-
    tion* ; **package,** 1) *emballage* 2) *ensemble* (de conditions,
    de mesures, etc.) ; noter que **3-day** joue le même rôle
    qu'un adjectif (d'où l'absence de s et le trait d'union qui
    transforme les deux mots en un seul).
14. **price-range,** m. à m., *gamme de prix, éventail de prix.*

■ TERMES ET EXPRESSIONS DIFFÉRENTS

US	Fr	GB

That's too bad *Quel manque de chance !* **What a** $\begin{cases} \text{pity !} \\ \text{shame !} \end{cases}$

to rent   *prendre en location, louer* **to hire**

Remarque : en anglais britannique, on dit **to hire a car.** Ce verbe s'emploie également lorsqu'on loue toutes sortes d'objets pour un usage temporaire (habit, salle de réunion, etc.). Parallèlement, on utilise **to rent** pour la location d'habitation, son pendant — côté propriétaire — étant **to let** : *mettre, donner en location.*

On dira aussi :

Hertz and Avis rent cars to customers who wish to hire them. L'américain utilise plus systématiquement ce verbe **to rent,** le verbe **to hire** étant surtout utilisé avec le sens d'*employer, embaucher.*

Exemple : US : **the company has hired ten men.**
GB : **the company has taken on ten men.**
la société a embauché dix ouvriers.

III – 5   ■ **Environnement**

Car Rentals

Cars may easily be rented in nearly any American city, either at the airport or the major hotels or in car rental agencies. Credit cards, travelers checks or cash, as well as security payment are usually required. In certain agencies, an arrangement can be made whereby the car may be returned in a different city. There may be an additional basic charge for this service. The rates usually include maintenance and insurance coverage and may be daily, weekly or monthly.

Location de voitures

On peut louer des voitures facilement dans presque n'importe quelle ville américaine, soit à l'aéroport, dans les principaux hôtels, ou dans des agences de location de voitures. Les cartes de crédit, les chèques de voyage ou les espèces, ainsi que le dépôt d'une caution, sont en général requis. Dans certaines agences, on peut se mettre d'accord pour rendre une voiture dans une ville différente. Ce service peut entraîner un supplément. Les tarifs incluent habituellement l'entretien et l'assurance de base, et peuvent être à la journée, à la semaine ou au mois.

Car rental : main categories

A : **Economy or sub-compact**   Voiture (2 portes) 3, 4 places
B : **Compact**   Voiture (4 places)
C : **Intermediate or mid-size**   Berline 5 places
D, E : **Full size**   Grosse voiture 6 places
F : **Station wagon**   « Break » 5, 9 places, Familiale
G : **Van**   Fourgonnette, grand « break »
H : **4-wheel**   Voiture tout terrain

An ad *(une annonce publicitaire)*

TROY RENT A CAR

We feature[1] Fords and other fine cars.
Our Ford Mustang costs 28 % less than a comparable[2] « super saver » from AVERZ.

TROY Daily Rate : $ 30.90
Mileage[3] charge : none

AVERZ Daily Rate : $ 43.00
Mileage charge : none

TROY saves you : $ 12.10 (28 %)

Toll-free reservations nationwide : 800-421 WXYZ

* Rates, free miles, car models subject to change without notice and may vary in certain locations.

TROY LOCATION DE VOITURES

Nos vedettes sont des Ford et autres belles voitures.
Notre Ford Mustang coûte 28 % de moins qu'une « super-économique » comparable de chez AVERZ.

Tarif à la journée de TROY : $ 30.90
Prix du kilomètre : néant

Tarif à la journée d'AVERZ : $ 43.00
Prix du kilomètre : néant

TROY vous fait économiser : $ 12.10 (28 %)

Réservations gratuites en libre appel à partir de n'importe quel point du territoire : 800-421 WXYZ

* Les tarifs, le kilométrage gratuit et les modèles de voitures sont susceptibles de modifications sans préavis et peuvent varier dans certains lieux.

---

1. **to feature.** *avoir en vedette, présenter en vedette.*
2. On notera que la publicité comparative, prohibée en France, est admise aux É.U. (Elle est cependant soumise à un contrôle.)
3. **Mile + age** est rendu par *kilo + métrage.* Cf. aussi p. 33.

1. Vous feriez mieux de prendre une location à la semaine.
2. Ça revient moins cher de louer une voiture.
3. Tous les modèles sont à transmission automatique.
4. On déduit de la facture l'essence qui reste dans le réservoir.
5. Ils n'ont que des grosses cylindrées, mais l'essence est moins chère.
6. Il y a des locations de voitures dans tous les aéroports.
7. Combien de kilomètres comptez-vous faire par jour ?
8. La clé de contact est sur le tableau de bord.
9. Bien que ce soit une 5 places, vous pourrez vraisemblablement vous y serrer (m. à m. vous y coincer) à 6.
10. Le coffre est immense : il y a plein de place pour vos bagages.
11. Vous pourrez la laisser à l'aéroport, nous y avons notre propre « point de retour ».
12. Les papiers de la voiture sont dans la boîte à gants, ainsi que le manuel du conducteur.
13. Si vous êtes six, vous vous trouverez mieux dans un break.
14. Gardez l'original du contrat et rendez-nous le double.
15. Tous ces véhicules ont l'air conditionné.
16. Qui dois-je appeler en cas de pépin (m. à m. si quoi que ce soit n'allait pas) ?

1. You had better rent by the week (on a weekly basis).
2. It's cheaper to rent (GB hire) a car.
3. All models have automatic transmission.
4. Gas left in the tank will be deducted from the bill.
5. They only have cars in the big cc's, but gas is less expensive.
6. Car rentals can be found in all airports.
7. How many miles a day (per day) do you expect to do ?
8. The ignition key is on the dashboard.
9. Although it's a 5-seater, you can probably squeeze in six.
10. It's got a huge trunk : there's plenty of room for your luggage.
11. You can drop it off at the airport. We have our own drop-off point there.
12. The car papers are in the glove compartment, together with the driver's manual.
13. If there are six of you, you'd be better off with a station wagon.
14. Keep the original of the contract and give the carbon copy back to us.
15. All these vehicles feature air-conditioning.
16. Who should I call if anything goes wrong ?

to drop off, déposer
extra charge, supplément
to pick up, prendre
to be better off, se trouver mieux de
package deal, forfait
unlimited mileage, kilométrage illimité
price range, gamme de prix
a bargain, une (bonne) affaire
car rental, entreprise de location de voitures

ignition, allumage
ignition key, clé de contact
dashboard, tableau de bord
5-seater, voiture à 5 places
trunk, coffre
glove compartment, boîte à gants
convertible, décapotable
sun-roof, toit ouvrant
standard shift, transmission manuelle
automatic shift, boîte automatique

Vocabulaire complémentaire

AAA = American Automobile Club
collision damage insurance, assurance tierce collision
full collision insurance, assurance tous risques
personal accident insurance, assurance individuelle
dip, cassis   **bump,** dos d'âne
merge, approche d'une jonction de routes ou d'autoroutes
pot holes, nids de poule
road out, route coupée, impraticable
slippery when wet, chaussée glissante
soft shoulders, accotements non stabilisés

U.S.		G.B.
licence plate	*plaque d'immatriculation*	**number plate**
muffler	*silencieux (d'échappement)*	**silencer**
overpass	*passerelle, auto-pont*	**fly-over**
parking lot	*« parking »*	**car park**
pedestrian crossing	*passage pour piétons*	**zebra crossing**
rest area	*aire de repos*	**lay-by**
sedan	*conduite intérieure*	**saloon car**
spark plugs	*bougies*	**sparking plugs**
station wagon	*« break »*	**estate car**
top	*toit*	**hood (on convertible)**
traffic circle	*rond-point*	**roundabout**
trailer	*caravane*	**caravan**
trunk	*coffre à bagages*	**boot**
to yield right of way	*céder la priorité*	**to give way**
Xing	*croisement*	**crossing**

A ■ Traduire

1. Ce que j'aimerais faire, c'est louer une voiture.
2. Pourquoi ne prenez-vous pas un break ?
3. Pour ce prix, on aurait intérêt à prendre l'avion.
4. Est-ce que ce serait beaucoup moins cher ?
5. Je voudrais prendre une location à la semaine.

B ■ Mettre au passé

1. I suppose it'll be alright. 2. You say you have a reservation ? 3. I hope I can fly. 4. I'd like to go but I can't. 5. Sorry to keep you waiting.

C ■ Donnez l'équivalent US et traduisez

1. to hire a car. 2. they have taken on two new secretaries. 3. what a pity, really !

D ■ Placer l'accent tonique

1. Mexico. 2. to suggest. 3. brochure. 4. vehicle. 5. conditioning. 6. Albuquerque. 7. desert. 8. to suppose.

Corrigé

A ■

1. What I'd like to do is rent a car.
2. Why don't you take a station-wagon ?
3. At that price, we may as well fly.
4. Would it be much cheaper ?
5. I'd like to rent (it) by the week.

B ■

1. I supposed it'd be alright.
2. You said you had a reservation ?
3. I hoped I could fly.
4. I'd have liked to go, but I couldn't.
5. Sorry to have kept you waiting.

C ■

1. to rent a car : *louer une voiture.*
2. they have hired two new secretaries : *ils ont embauché deux nouvelles secrétaires.*
3. that's really too bad ! *c'est vraiment dommage.*

D ■

1. mèksikôou. 2. tou sedjèst. 3. brôoucher. 4. vi:ikl. 5. kendichenin. 6. albeke:rki. 7. dèzert. 8. sepôouz.

Notez : **free mileage,** *kilométrage gratuit ;* **unlimited mileage,** *kilométrage illimité ;* **one-way,** *aller simple* (on peut laisser la voiture ailleurs qu'au lieu de location) ; **round-trip,** *aller-retour* (il faut ramener la voiture au lieu de location) ; **drop off charge,** supplément à payer pour laisser la voiture ailleurs qu'au lieu de location.

V = Vicki   S = Steve   P = Pete

V— Hi[1], everyone. I'm glad you could make it[2].

S— Hi, Vicki. This is my brother, Pete. He dropped by[3] this afternoon, so I brought him along. I didn't think you'd mind.

V— Of course not. Hi, Pete. Nice to meet you[4]. I've heard so much about you.

P— Me too.

V— Well, let's not just stand here[5]. Come on in[6] and help yourselves to a drink. Then I'll show you round the house[7].

S— Vicki, you've really done wonders with this place. How long have you been here now ?

V— Almost a year. We moved in last fall and have been working on fixing it up ever since. Come have a look[8] at the den[9].

P— Wow ! Did you do the paneling yourselves or did you have it done[10] ?

V— John and his brother did it in their spare time, believe it or not. They also made a rec-room[11] downstairs. Do you want to see the upstairs[12] ?

P— Sure.

V— Don't mind the mess.

V— I just can't seem to[13] get these kids to clean up their rooms[14] anymore — or even to make their beds[15], for that matter.

P— Well, you know how kids are nowadays[16]. Hey, is that solar heating ?

V— Yeah. We had it put in, as long as we were doing the rooms over.

P— You must save a lot on the heating.

V— You can say that again[17] ! Well, we'd better get back to the guests. I hope everyone's enjoying themselves[18].

P— Sure sounds like it[19].

V— Let's go down to the kitchen and out the back door[20].

P— My goodness[21] ! What on earth[22] is that ?

V— That's our micro-wave oven. We just got it[23]. You ought to get one.

P— Oh, I think I could do without it, to tell you the truth. But what I'd really like is a cold drink and the sooner the better.

hi	[haï]	color	[kœler]
brought	[bro:t]	coordinated	[kôouo:rdinéïtid]
nowadays	[naouedéïz]	micro-wave	[maïkrewéïv]
solar	[sôouler]	oven	[œven]
appliance	[eplaïens]	fantastic	[fantastik]

V = Vicki　　S = Steve　　P = Pete

V— Salut, tout le monde. Je suis contente que vous ayez pu venir.

S— Bonjour Vicki. Je te présente Pete, mon frère. Il est venu me voir (à l'improviste) cet après-midi, alors je l'ai cm mené. J'ai pensé que tu n'y verrais pas d'inconvénient.

V— Bien sûr que non. Bonjour Pete. Enchantée de faire votre connaissance. J'ai tellement entendu parler de vous.

P— Moi aussi.

V— Bon, on ne va pas rester debout ici. Entrez et servez-vous un verre. Ensuite je vous ferai visiter la maison.

S— Vicki, tu as vraiment transformé cette maison de façon remarquable. Ça fait combien de temps que vous y êtes à présent ?

V— Presque un an. Nous avons emménagé à l'automne dernier et depuis, on n'a pas cessé de l'arranger. Venez voir le « séjour ».

P— Mince ! C'est vous qui avez fait les lambris, ou bien vous les avez fait faire ?

V— Croyez-le si vous voulez, c'est John et son frère qui l'ont fait pendant leurs loisirs. Ils ont également fait la salle de jeux du sous-sol. Vous voulez voir l'étage ?

P— Bien sûr.

V— Ne faites pas attention au désordre.

V— On dirait qu'il n'y a plus moyen d'obtenir que les gosses nettoient leurs chambres, ou même qu'ils fassent leur lit, d'ailleurs.

P— Bah, les enfants sont tous les mêmes. Hé, c'est bien le chauffage solaire ?

V— Oui. On l'a fait installer pendant qu'on refaisait les chambres (tant qu'à faire).

P— Vous devez faire beaucoup d'économies de chauffage ?

V— Ça, vous pouvez le dire ! Bon, nous ferions bien de retourner voir les invités. J'espère que tout le monde s'amuse.

P— Ça en a tout l'air !

V— Descendons à la cuisine et sortons par-derrière.

P— Mon Dieu ! Qu'est-ce que c'est donc que ça ?

V— C'est le four à micro-ondes. On vient de l'acheter. Vous devriez en acheter un.

P— Oh, je pense pouvoir m'en passer, à vrai dire. Mais ce que j'aimerais bien, c'est un verre bien frais, et le plus tôt serait le mieux.

1. **Hi,** (familier) utilisé pour saluer une ou plusieurs personnes.

2. **to make it,** idée de *réussir,* ou *d'arriver à temps.* Ex. : **you'll never make your train,** *vous ne serez jamais à l'heure pour le train.*

3. **to drop by,** *rendre visite en passant, passer à l'improviste* (to drop, *tomber* ; by, idée de proximité).

4. **nice to meet you,** plus familier que le traditionnel **how do you do ?** (réponse : **how do you do ?**). Pour quelqu'un que l'on connait déjà : **how are you ?** (réponse, p. ex., **fine, and how are you ?**).

5. **Let's not just stand here,** forme la plus fréquente de l'infinitif négatif. Également : **don't let us...**

6. **Come on in,** insistance plus chaleureuse que le simple **come in !**

7. **I'll show you round the house,** to show (ou to take) round a place, *faire visiter un endroit à quelqu'un, montrer un endroit à quelqu'un.*

8. **come have a look,** familier pour come and have a look.

9. **den,** 1er sens : *tanière, antre, repaire,* par extension *cabinet de travail,* « turne ». 2e sens : en américain, *salle de séjour,* confortablement aménagée.

10. **did you have it done ?,** to have something done (by somebody), *faire faire quelque chose par quelqu'un.* Voir plus bas : **we had it put in,** *on l'a fait installer.*

11. **rec-room,** abréviation pour **recreation-room.**

12. **the upstairs,** nom formé à partir de l'adverbe upstairs, *à l'étage* (partie d'un immeuble au-dessus du rez-de-chaussée).

13. **I just can't seem to....,** notez bien cet emploi idiomatique de to seem. Ex. : I seem to remember that, *il me semble me souvenir que...* I can't seem to be able to do it right, *on dirait que je n'arrive pas à le faire correctement.*

14. **to get these kids to clean up their rooms,** to get somebody to do something, *faire faire quelque chose à quelqu'un,* au sens d'*inciter, amener quelqu'un à faire quelque chose.* Moins fort que to make somebody do something, *faire faire quelque chose à quelqu'un,* au sens d'*obliger, de forcer quelqu'un à faire quelque chose.*

15. **to make their beds,** comparez avec to do their rooms, *faire leurs chambres* (activité plus générale).

16. **you know how kids are nowadays,** m. à m. *vous savez comment sont les enfants de nos jours.*

17. **you can say that again,** m. à m. *vous pouvez répéter cela.*

18. **everyone is enjoying themselves,** remarquez cette reprise de **everyone** (singulier) par le pluriel **themselves** (ni **himself,** ni **herself** ne conviendraient ; **oneself** serait trop abstrait).

19. **sure sounds like it,** familier pour **it sure sounds like it.** Notez les différents équivalents de *avoir l'air* : **to sound, to look, to smell,** etc.

20. **out the back door,** familier pour **out through the back door.**

21. **my goodness,** à l'origine remplace **my God,** considéré comme sacrilège (cf. *parbleu,* en français).

22. **what on earth,** exclamation de surprise (m. à m., *quoi sur terre ?*).

23. **we just got it,** on attendrait le *present perfect* avec just : **we have just got it,** mais avec la contraction (**we've just got it**), glissement vers le prétérit dans la langue parlée.

IV – 4 ■ Anglais américain et britannique

■ TERMES OU EXPRESSIONS DIFFÉRENTS

US	Fr	GB
Hi !	*salut, bonjour*	**Hello !**
nice to meet you	*enchanté de faire votre connaissance*	**pleased to meet you**
fall	*automne*	**autumn**
to fix up	*arranger*	**to do up**
den	*séjour*	**living-room**
wow !	*mince ! chouette !*	**gosh !**
rec-room	*salle de jeux*	**recreational-room, games room**
sure	*bien sûr*	**certainly**
let's go round the back door	*sortons par-derrière*	**le'ts go out through the back door**
color-coordinated	*de couleurs assorties*	**(with) matching colours**
we just got it	*on vient de l'acheter*	**we've just got it**

■ ORTHOGRAPHE DIFFÉRENTE

color (cf. **honor, humor,** etc.)	**colour** (cf. **honour, humour**)
paneling	**panelling** (existe aussi en américain, mais plus rare que **paneling**)

■ PRONONCIATION DIFFÉRENTE

last [last]	[la:st]

August 5, 2026

In the living-room the voice-clock sang, *"Tick-tock, seven o'clock, time to get up, seven o'clock!"* as if it were afraid that nobody would. The house lay empty. The clock ticked on, repeating its sounds into the emptiness. *"Seven-nine, breakfast time, seven-nine!"*

In the kitchen the stove ejected from its warm interiors eight pieces of perfectly browned toasts, eight eggs sunny-side up, sixteen slices of bacon, two coffees, and two cool glasses of milk.

"Today is August 5, 2026" said a second voice from the kitchen ceiling, *"in the city of Allendale, California"*. *"Today is Mr. Featherstone's birthday. Today is the anniversary of Tilita's marriage. Insurance is payable, as are the water, gas, and light bills."*

Somewhere in the walls, relays clicked, memory tapes glided under electric eyes. *"Eight-one, tick-tock, eight-one o'clock, off to school, off to work, run, run, eight-one!"*; but no doors slammed, no carpets took the soft tread of rubber heels. It was raining outside. The weather box on the front door sang quietly : *"Rain, rain, go away ; rubbers, raincoats for today..."*

Ray Bradbury *(The Martian Chronicles)*

5 août 2026

Dans le salon l'horloge vocale chanta, « *Tic-tac, (il est) sept heures, c'est l'heure de se lever, sept heures !* » comme si elle craignait que personne ne le fît. La maison était déserte. L'horloge continua son tic-tac, le répétant dans le vide. « *Sept heures neuf, petit déjeuner, sept heures neuf !* »

Dans la cuisine, le fourneau éjecta de son intérieur brûlant huit tranches d'un pain parfaitement grillé, huit œufs au plat, seize tranches de bacon, deux cafés et deux verres de lait froid.

« *Nous sommes le 5 août 2026* », dit une deuxième voix sortant du plafond de la cuisine, « *dans la ville d'Allendale, Californie* ». « *C'est aujourd'hui l'anniversaire de M. Featherstone. C'est aujourd'hui l'anniversaire de mariage de Tilita. Il faut payer l'assurance ainsi que les factures d'eau, de gaz et d'électricité.* »

Quelque part dans les murs, des relais s'enclenchèrent, des mémoires magnétiques se déroulèrent sous des yeux électriques. « *Huit heures une, tic-tac, huit heures une, en route pour l'école, au travail, courez, courez, huit heures une* » ; mais aucune porte ne claqua, aucune moquette n'absorba le piétinement léger de talons en caoutchouc. Il pleuvait dehors. La boîte météo de la porte d'entrée chanta doucement : « *Pluie, pluie, va-t'en, bottes de caoutchouc et impers aujourd'hui...* »

1. Pouvez-vous passer prendre un verre ?
2. A quelle heure voulez-vous que nous venions ?
3. J'ai été pris dans un embouteillage.
4. Toutes nos excuses pour notre retard.
5. Quelles fleurs magnifiques ! Vous n'auriez pas dû...
6. Je suis vraiment confus d'avoir renversé mon verre sur la moquette. Envoyez-moi la note du teinturier, je vous prie.
7. Pierre a dit de ne pas l'attendre ; il a dit qu'il nous rejoindrait plus tard.
8. Vous auriez dû amener les enfants.
9. Mettez vos manteaux dans la chambre d'amis.
10. J'ai cru entendre sonner, ça doit être Bob.
11. La salle de jeux des enfants est au premier.
12. Ça ? c'est le système d'alarme antivol.
13. Puis-je vous offrir (préparer) un verre ?
14. Pouvez-vous me dire où sont les toilettes ?
15. On a fait refaire la cuisine.
16. Aussi la cuisinière, le lave-vaisselle et la machine à laver sont tout neufs.
17. Je suis désolé, il nous faut partir maintenant ; c'était une soirée très agréable, merci beaucoup.
18. Il faudra venir chez nous la prochaine fois.

1. Can you come over for a drink ?
2. What time shall we come ?
3. I was stuck in a traffic jam.
4. Terribly sorry we're late.
5. What gorgeous flowers ! You shouldn't have...
6. So sorry ! I spilled my drink on the carpet. Please send me the cleaning bill.
7. Peter said not to wait for him ; he said he'd join us later.
8. You should have brought the kids along.
9. Put your coats in the spare room.
10. I thought I heard the bell (ring), it must be Bob.
11. The kids' playroom is upstairs (on the 2nd floor).
12. Oh that ? It's the burglar alarm.
13. Can I get (fix) you a drink ?
14. Can you tell me where the bathroom is ? (where the john is ?)
15. We've had a new kitchen put in.
16. So, the cooking-range, the dishwasher and the washing-machine are brand-new.
17. I'm afraid we have to leave now ; thanks for a very nice evening.
18. You must come over to our place next time.

to make it, réussir
to drop by, passer à l'improviste
to do wonders, faire des miracles
to move in, emménager
fall, automne (US)
to fix up, arranger (US)
paneling, lambris(sage)
spare time, loisir, temps libre
rec-room, salle de jeux
the upstairs, l'étage
mess, désordre
to do the room over, refaire les chambres
heating, chauffage
micro-wave oven, four à micro-ondes

to tick, faire tic-tac
to slam, claquer (porte)
carpet, moquette
rubber, caoutchouc, bottine
to be stuck, être coincé
traffic jam, embouteillage
gorgeous, magnifique
to spill, renverser
spare-room, chambre d'ami
burglar alarm, alarme anti-vol
to fix a drink, préparer un verre
cooking-range, cuisinière
dish-washer, lave-vaisselle
washing-machine, machine à laver
our place, notre maison, chez nous

Vocabulaire complémentaire

US	Fr	GB
apartment	*appartement*	**flat**
closet	*placard*	**cupboard**
drapes	*rideaux*	**curtains**
duplex (house)	*maisons jumelles*	**semi-detached (h.)**
elevator	*ascenseur*	**lift**
faucet	*robinet*	**tap**
janitor	*gardien, concierge*	**porter, caretaker**
neighbourhood	*quartier*	**district**
outlet	*prise (électricité)*	**socket**
parlor	*salon*	**drawing-room**
first floor (story)	*rez-de-chaussée*	**ground-floor**
second floor (story)	*premier étage*	**first-floor**
condominium, condo	*(construction en) copropriété*	**owner-occupied flat**
stairway	*escalier*	**staircase**

Quelques façons de désigner les W.-C.

1) GB/US : the ladies', the gents ; the toilet ; the bathroom ; the lavatory(ies) ; the public conveniences.
Expression : Do you want to wash your hands ?
— GB — : the loo (fam.) ; gentlemen.

2) U.S. : Men('s room), Women('s room) ; restroom ; the john (fam.) ; powder-room (restaurants chics).

A ■ **Traduire**
 1. Je vais vous faire visiter la maison.
 2. Passez donc dans la soirée.
 3. Depuis combien de temps êtes-vous ici ?
 4. Le plus tôt sera le mieux.
 5. L'avez-vous fait vous-même ou l'avez-vous fait faire ?

B ■ **Compléter avec la bonne préposition**
 1. Why didn't you bring the kids... ?
 2. Help yourself ... a drink.
 3. I can't get my son to clean ... his room.
 4. Can you fix it ... for me ?
 5. You've really done wonders ... this place.

C ■ **Mettre le verbe au temps approprié**
 Ex : We *moved* in last fall and *have been working* on fixing it up since then.
 1. We *(to arrive)* last year, and *(to live)* here ever since.
 2. They *(to start)* yesterday, and *(to work)* on it since then.
 3. They *(to buy)* it a month ago, and *(to try)* to repair it for a week.

D ■ **GB ou US (Traduire et donner l'équivalent)**
 1. colour   4. parlor
 2. paneling   5. ground-floor
 3. hello

Corrigé

A ■ 1. I'm going to show you round the house.
 2. Just drop by (Why don't you drop by) in the evening ?
 3. How long have you been here ?
 4. The sooner the better.
 5. Did you do it yourself or did you have it done ?

B ■ 1. along 2. to 3. up 4. up 5. with

C ■ 1. We **arrived** last year, and **have been living** here ever since. 2. They **started** yesterday, and **have been working** on it since then. 3. They **bought** it a month ago, and they **have been trying** to repair it for a week.

 → **Preterite** pour le premier verbe, car il s'agit d'une action passée et datée.

 → **Present perfect** pour le deuxième verbe, car l'action dure encore.

D ■ 1. GB couleur ; US color. 2. US lambris(sage) ; GB **panelling**. 3. GB salut ; US **hi**. 4. US salon ; GB **drawing-room**. 5. GB rez-de-chaussée ; US **first-floor**.

H = hostess   D = Dad   T = Tommy   J = Junior   W = waitress

H— Good morning. Would you like a table or would you rather sit[1] at the counter ?

D— How about the booth over by the window[2] ?

H— Certainly. Whatever you like. Have a look at the menu and the waitress will take your order in a minute.

D— Gee[3], everything looks good[4]. What're you going to have[5], kids ?

T— French toast[6] for me, Dad, with maple syrup of course, and hot chocolate.

D— That sounds good. How about you[7], Junior ?

J— I feel like having[8] eggs but those pancakes look yummy[9]. I can't make up my mind[10], Dad.

D— Why don't you have the Special then. You get juice, pancakes and a choice of eggs.

J— O.K. Great.

D— Now if I can only get the waitress' attention[11].

T— Here she comes, Dad.

W— Hi, there[12]. My name's Debbie. Are you folks[13] ready to order ?

D— Yes we are. We'll have one Special with orange juice and pancakes.

W— How do you want the eggs on that[14] ?

D— Junior[15] ?

J— Fried, please, sunny-side up[16].

D— And one French toast. I guess I'll have scrambled eggs — not too well cooked[17] please — and hot rolls[18].

W— Coffee for you, Sir ?

D— Yeah, and plenty of it. The boys'll have hot chocolate. Do you think you could put a rush[19] on that, Miss ? We're starving.

W— Sure. Coming right up[20].

booth	[bou:ż]	junior	[djou:nier]
menu	[mèniou:]	juice	[djou:s]
minute	[minit]	folks	[fôouks]
maple	[méïpl]	special	[spèchel]
syrup	[sirep]	orange	[orindj]
chocolate	[tchoklit]		

H = hôtesse　　D = Papa　　T = Tommy　　J = Junior　　S = serveuse

H— Bonjour. Voulez-vous une table ou bien préférez-vous vous asseoir au comptoir ?

D— Pourquoi pas la loge près de la fenêtre là-bas ?

H— Certainement. Comme il vous plaira. Jetez un coup d'œil à la carte, et la serveuse prendra votre commande dans une minute.

D— Chouette, tout a l'air bon. Qu'est-ce que vous allez prendre les enfants ?

T— Du pain perdu pour moi, P'pa, avec du sirop d'érable évidemment, et un chocolat chaud.

D— Ça me semble bien. Et toi Junior ?

J— Je prendrais bien des œufs mais ces crêpes ont l'air délicieuses. J'arrive pas à me décider, P'pa !

D— Alors, pourquoi ne prends-tu pas un « spécial ». Tu as du jus (de fruits), des crêpes, et des œufs au choix.

J— D'accord. Parfait.

D— Maintenant, si j'essayais d'attirer l'attention de la serveuse.

T— La voilà, Papa.

S— Salut tout le monde. Je m'appelle Debbie. Est-ce que vous êtes prêts pour la commande ?

D— Oui. Nous prendrons un spécial avec jus d'orange et des crêpes.

S— Et avec ça, vous voulez des œufs comment ?

D— Junior ?

J— Au plat, s'il vous plaît ; le jaune en l'air.

D— Et un pain perdu. Je pense que je prendrai des œufs brouillés, pas trop cuits s'il vous plaît — et puis des petits pains chauds.

S— Du café pour vous, Monsieur ?

D— Oui, et vous pourrez en rapporter. Les garçons prendront du chocolat chaud. Vous croyez que vous pourrez faire vite, mademoiselle ? Nous mourons de faim.

S— Bien sûr. Ça vient tout de suite.

1. **would you rather sit,** I'd rather (I had rather, I would rather) toujours suivi de l'infinitif sans **to.**

2. **the booth over by the window.** over indique ici l'éloignement par rapport à l'endroit où l'on se trouve (**over there,** *là-bas*), **by,** la proximité par rapport à l'endroit qui sert de repère.

3. **Gee,** interjection exprimant l'enthousiasme ou la surprise (à l'origine : **Jesus !**).

4. **everything looks good.** voir plus bas **that sounds good.** L'équivalent anglais de *sembler, avoir l'air,* varie selon qu'il s'agit d'une appréciation visuelle ou auditive.

5. **what are you going to have,** ici **to have** = Fr *prendre* ; **to have tea,** *prendre le thé,* **to have a drink, a meal,** *prendre un verre, un repas,* etc.

6. **French toast.** pain trempé dans un mélange d'œufs et de lait avant de le faire revenir à la poêle.

7. **How about you ?** = **what about you ?** *et quant à vous ?* Cf. plus haut : **How about the booth** avec sens différent : *que diriez-vous de... ?*

8. **I feel like having,** après **to feel like** le verbe se met à la forme en **-ing.**

9. **yummy,** (familier) *délicieux, succulent* (de **yum-yum,** *miam-miam*).

10. **I can't make up my mind** ou I can't take my mind up. Mais avec un pronom complément, une seule solution : I can't make it up.

11. **the waitress' attention.** plus fréquent que la forme **the waitress's attention.** De même : **the mistress' book, the hostess' charm.**

12. **hi there,** familier pour **there.** Façon très détendue de saluer les gens en entrant dans un lieu.

13. **are you folks...** plus familier que le simple **are you ready to order ?** Folks, *gens, personnes.* **Country folks,** *des campagnards.* **My folks,** *ma famille, mes parents.*

14. **on that,** that désigne le **special.** En général, that renvoie à ce qui précède, this annonce ce qui suit (Fr *cela, ceci*).

15. **Junior,** désigne le *fils.* Lorsqu'un père et son fils ont le même prénom, on les distinguera souvent en utilisant Senior et Junior (Sen., Jun.) : Robert Scott Senior, Robert Scott Junior.

16. **sunny-side up,** m. à m. *le côté ensoleillé dessus.*
17. **well cooked,** désigne évidemment le degré et non la qualité de la cuisson.
18. **rolls,** petits pains de forme ronde, servis chauds pour accompagner le petit déjeuner.
19. **could you put a rush on that,** m. à m. *mettre une hâte dans cela* (to rush, *se précipiter* ; rush, *ruée, hâte*).
20. **coming right up,** notez la disparition du sujet et de l'auxiliaire.

V – 4 ■ Anglais américain et britannique

■ TERMES OU EXPRESSIONS DIFFÉRENTS

US	Fr	GB
folks	*les gens, les parents, la famille, mesdames et messieurs, tout le monde*	**people, relatives, family, ladies and gentlemen**
the folks in my town	*les gens de ma ville*	**the people in my town**
gee !	*chouette !*	**gosh ! ho !**
hash-brown potatoes	*pommes sautées**	**fried potatoes**
hi !	*salut !*	**hello !**
(ex. : hi ! everybody)	*salut tout le monde*	**hello ! everybody !**
kids	*enfants*	**children**
sunny-side up	*œufs au plat*	**fried eggs**

• Signalons également

beverage	*boisson*	**drinks**
cookie	*gâteau (sec)*	**biscuit**
sugar bowl	*sucrier*	**sugar basin**

■ USAGES DIFFÉRENTS

check	*addition*	**bill**
I guess	*je pense*	**I think**
sure	*certainement*	**certainly**

* Il s'agit en fait de pommes de terre râpées puis sautées. Cf. la « rapée » lyonnaise ou encore le « paillasson ».

■ The dialogue between the waitress and the customer displays a familiarity which is unusual in British English. Instead of the extremely informal address "hi, there", a British waitress would probably say "good morning" or, more informally, "morning". She would also address herself to the father when taking the order : "are you ready to order, Sir ?". However it should be mentioned that in the ordinary British café or pub, verbal exchanges can be very informal. A woman talking to a man (or vice-versa) may use "love" as a form of address.

■ The traditional English breakfast of fried eggs and bacon, tea, toast and marmalade has been increasingly threatened by inflation. It is often replaced by cereals, and coffee is undermining the dominance of tea.

■ **American breakfast** is traditionally a substantial meal, designed to keep one going through the day, as most people have only a light lunch. Breakfast may include juice, hot or cold cereal or eggs with sausage and toast, French toast, waffles or pancakes. Coffee, tea or milk is the usual beverage. Sunday, the late festive meal called **brunch**, is often an occasion for an informal party.

■ Le dialogue entre la serveuse et le client montre une familiarité qui est peu courante en anglais britannique. Au lieu de la formule très familière « hi, there », une serveuse britannique dirait vraisemblablement « good morning », ou plus familièrement « morning ». Elle dirait de même au père, en prenant la commande, « are you ready to order, Sir ? ». Cependant, il convient de signaler que dans un café ou un pub britanniques ordinaires, les échanges verbaux peuvent être très familiers. Une femme s'adressant à un homme (ou vice-versa) dira éventuellement « love ».

■ Le petit déjeuner anglais traditionnel composé d'œufs au plat au lard, de thé, de pain grillé et de confiture d'orange est de plus en plus menacé par l'inflation. Il est souvent remplacé par des céréales, et le café devient un sérieux rival pour le thé.

■ Le *petit déjeuner américain* est traditionnellement un repas substantiel, conçu pour garder la forme pendant toute la journée, du fait que la plupart des gens ne prennent à midi qu'un repas léger. Le petit déjeuner peut se composer de jus de fruits, de céréales froides ou chaudes, ou d'œufs avec saucisses et pain grillé, de pain perdu, de gaufres ou de crêpes. Café, thé ou lait sont les boissons habituelles. Le dimanche, un repas de fête pris en fin de matinée, appelé *brunch,* est souvent le prétexte à une réunion entre amis.

1. Jusqu'à quelle heure peut-on prendre son petit déjeuner ?
2. Faites la queue ici s'il vous plaît ; l'hôtesse vous placera très vite.
3. Voulez-vous que je prenne votre commande tout de suite ?
4. Voulez-vous encore un peu de café ?
5. Au (menu) *Spécial,* vous pouvez vous servir de tout autant que vous le voulez pour huit dollars.
6. Tous nos plats chauds sont garnis avec des pommes sautées.
7. Il ne reste plus de crêpes, voulez-vous des beignets ?
8. Donnez-moi des saucisses avec des tomates.
9. Et moi je prendrai des œufs à la coque et un supplément de pain grillé.
10. Il y a une table libre là-bas.
11. Le service est plus rapide au comptoir.
12. Voici l'addition, vous payez en sortant (à la caisse de sortie).
13. Mademoiselle, est-ce que je pourrais changer ma commande ?
14. Il y a une cafétéria ouverte 24 heures sur 24 au bas de la rue.
15. Simplement un morceau de moka et un décaféiné, s'il vous plaît !
16. Attrape donc quelques cure-dents en sortant !
17. J'ai renversé le sirop (d'érable), demande à la serveuse un chiffon humide ou quelque chose pour que j'essuie.

1. Til (Until) what time do you serve breakfast ?
2. Please get in line here : the hostess will seat you soon.
3. Shall I take your order now ?
4. Would you like some more coffee ?
5. On the **Special,** you can have all you can eat for eight bucks !
6. All our hot dishes are served with hash browns.
7. We're out of pancakes, would you care for some doughnuts (donuts) or muffins ?
8. Give me sausages and tomatoes.
9. I'll have soft boiled eggs and a side-order of toast.
10. There's an empty *(GB : a vacant)* table over there.
11. Service is quicker at the counter.
12. Here's your check, you pay at the check-out counter.
13. Miss, could I change my order ?
14. There's a 24-hour diner down the road.
15. Just a piece of coffee-cake and a cup of sanka, please.
16. Grab a few toothpicks on the way out !
17. I've knocked over the syrup, ask the waitress for a wet rag or something to wipe it up with.

counter, comptoir
booth, loge
order, commande
to look good, avoir l'air bon
French toast, pain perdu
maple syrup, sirop d'érable
to feel like, avoir envie de
pancake, crêpe
yummy, délicieux
great ! parfait !
folks, gens, parents
sunny-side up eggs, fried eggs, œufs au plat
hot roll, petit pain chaud
coming right up, ça vient tout de suite
waffle, gaufre
brunch, « brunch » (combinaison de *lunch* et de *breakfast*)
to seat, placer

buck, dollar (argot)
hash brown, pommes sautées
doughnut (donut), beignet
muffin, petit pain
sausage, saucisse
soft boiled egg, œuf à la coque
empty (US), **vacant** (GB), libre
check, addition
check-out counter, caisse de sortie
24-hour diner, cafétéria ouverte 24 heures sur 24
coffee-cake, moka
sanka, café décaféiné
to grab, attraper
toothpicks, cure-dents
on the way out, en sortant
to wipe, essuyer

Vocabulaire complémentaire

bagel, gâteau fourré (en forme d'anneau)
biscuit, sorte de crêpe
black coffee, café noir
blueberry, myrtille ; airelle
bun, petit pain au lait
coffee with cream, café crème, café au lait
cookie, gâteau sec
cornflakes, flocon, pétale de maïs
cottage cheese, sorte de fromage blanc frais
cracker, biscuit sec salé
cranberry, airelle
cream cheese, fromage blanc (cuit)
cruller, beignet
flapjack, crêpe
honey, miel
instant coffee, café soluble

jelly, gelée
oatmeal, flocon d'avoine
peanut butter, beurre de cacahuète (ou d'arachide)
popcorn, « popcorn », maïs grillé (éclaté)
porridge, flocon d'avoine
pumpernickel, pain de seigle
red-currant jelly, gelée de groseille
rye bread, pain de seigle
sausage links, petites saucisses en chapelet
sourdough bread, pain au levain
sugar bowl (U.S.), **basin** (G.B.), sucrier
white coffee, café crème

A ■ Traduire

1. Qu'est-ce que vous allez prendre ? 2. Je n'arrive pas à me décider... 3. Préférez-vous vous asseoir au comptoir ? 4. J'ai envie de prendre des œufs. 5. La serveuse va prendre votre commande.

B ■ Traduire le menu

BREAKFAST

Fruit and Juices : Fruit or vegetable juices ; grapefruit half.
Egg dishes : Two eggs (fried, scrambled, soft-boiled). Ham or bacon strips omelette (served with home fries and buttered toasts).
Griddle items : Bacon strips ; country sausage ; home fries.
Bread and pastries : Toast ; French toast ; muffins ; rolls ; doughnuts ; pancakes ; cookies ; fresh pastries.
Beverages : Hot coffee, tea or sanka. Milk or hot chocolate.

Service charge of 15 % will be included in check total.

Corrigé

A ■ 1. What are you going to have ? 2. I can't make up my mind. 3. Would you rather sit at the counter ? 4. I feel like (having) eggs. 5. The waitress will take your order.

B ■

PETIT DÉJEUNER

Fruit et jus de fruits : Jus de fruits ou de légumes ; demi-pamplemousse.
Œufs : Deux œufs (au plat, brouillés, à la coque). Omelette au jambon ou avec petites tranches de bacon grillé (servie avec pommes sautées et tartines beurrées).
Grillades : Tranches de lard ; saucisse de campagne ; pommes sautées.
Pain et pâtisseries : Tartines (grillées) ; pain perdu ; petits pains ; beignets ; crêpes ; petits gâteaux ; pâtisseries fraîches.
Boissons (chaudes) : Café, thé, sanka ; lait ou chocolat (chaud).

Service 15 % compris (dans le total de l'addition).

L = Larry   J = Jeff   I = information clerk

L— What a relief[1] to get off that plane !

J— You can say that again. That was the longest flight I've ever been on[2]. Boy, was it crowded ! We were packed in like sardines.

L— Well, it's all over now. We'd better pick up[3] our luggage[4] and find out[5] how to get into town.

J— Why don't I go pick up the bags, while you go to the information desk and ask about taxis and buses ?

L— Good idea. I'll meet you at the Bagage Claim[6] in 10 minutes. Oh, and see if you can get a cart for the suitcases, while you're at it.

L— I was wondering if you could tell me how to get into town ?

I— Where abouts[7] are you going ?

L— Well, we're staying at the Hilton, wherever[8] that is.

I— Oh, that's right in the center of town. Perfect location. Very convenient for shopping and sight-seeing.

L— Oh, good. Actually[9], we're here on business[10], but it's always nice to be centrally located. Would you suggest a taxi ?

I— Well, you could take the bus to the Airline Terminal and a taxi to the hotel. Or even· walk, if your bags aren't too heavy. It's only a few blocks[11] away. That would be the cheapest.

L— I see. How often[12] do the buses run ?

I— Every twenty minutes, or so. There's also a limousine[13] that stops at the big hotels[14]. That might be your best bet[15]. It's not much more expensive.

L— Thanks a lot, we'll do that[16]. Where can we get the limousine ?

I— Right next to the baggage claim exit. Do you know where it is ?

L— Yes. I guess so[17].

I— Well, go past the newsstand and straight ahead. It's marked very clearly. You won't have any trouble finding it.

L— Thanks again. You've been very helpful[18]

I— Not at all.

relief	[rili:f]	located	[lôoukéïtid]
crowded	[kraoudid]	business	[biznis]
sardines	[sɑ:rdi:nz]	terminal	[te:rminl]
luggage	[lœgidj]	limousine	limezi:n]
convenient	[kenvi:nient]	exit	[ègzit]

L = Larry   J = Jeff   E = employé des renseignements

L— Quel soulagement de sortir de cet avion !

J— Ça tu peux le dire. C'est le vol le plus long que j'aie jamais pris. Dis donc, qu'est-ce qu'il y avait comme monde ! On était serrés comme des sardines.

L— Bon, c'est terminé à présent. On ferait mieux de prendre nos bagages et de trouver un moyen pour aller en ville.

J— Et si j'allais prendre les valises pendant que toi tu vas aux renseignements pour les taxis et les bus ?

L— Bonne idée. Je te retrouverai aux bagages dans 10 minutes. Et vois si tu peux trouver un chariot pour les valises, pendant que tu y es.

L— Sauriez-vous me dire comment on se rend en ville ?

E— Et où donc allez-vous ?

L— Eh bien, on séjourne au Hilton, si vous voyez où c'est.

E— Ah, c'est en plein centre. Très bien situé. Très commode pour faire les magasins et visiter.

L— Ah, très bien. A vrai dire, nous sommes ici pour affaires, mais c'est toujours agréable d'être situés dans le centre. Est-ce que vous conseilleriez un taxi ?

E— Eh bien, vous pourriez prendre le bus jusqu'à l'aérogare, ensuite un taxi jusqu'à l'hôtel. Ou même y aller à pied, si vos bagages ne sont pas trop lourds. C'est à quelques rues de là. Ce serait le plus économique.

L— Je vois. Quelle est la fréquence des bus ?

E— Il y en a environ toutes les 20 minutes. Il y a aussi une limousine qui fait le tour des grands hôtels. C'est sans doute ce qu'il y aurait de mieux. Ce n'est pas beaucoup plus cher.

L— Merci beaucoup, c'est ce que nous allons prendre. Où est-ce qu'on peut trouver cette limousine ?

E— Juste à côté de la sortie de bagages. Vous savez où c'est ?

L— Je crois, oui.

E— Bon, alors vous passez devant le kiosque à journaux puis c'est tout droit. C'est indiqué très clairement. Vous n'aurez aucune peine à trouver.

L— Merci encore, vous avez été très aimable.

E— Ce n'est rien.

1. **What a relief,** notez l'emploi de l'article « a ». Cf. what a shame ! *quelle honte !* what a pity ! *quel dommage !* what a surprise ! *quelle surprise !* mais on dira **what courage !** **what luck !** (mots plus abstraits).

2. **the longest flight I've ever been on,** to be on a flight, *être à bord d'un avion,* m. à m. *être sur un vol.* N.B. : pas de relatif et rejet de la préposition en fin de phrase (en partant de **the longest flight on which I have ever been**). Emploi de **ever** qui signifie *de tous temps.*

3. **to pick up,** *prendre, ramasser,* synonyme ici de to collect.

4. **luggage, bags, baggage,** luggage et baggage sont des collectifs singuliers. **My luggage (baggage) is heavy,** *mes bagages sont lourds ; un bagage,* a piece of luggage, a piece of baggage. Mots à peu près synonymes, mais luggage est en général plus personnalisé que **baggage,** qui désigne plus collectivement les bagages de l'ensemble des voyageurs. Aux États-Unis, **baggage** est plus généralement utilisé que **luggage. Bags,** m. à m. *sacs, valises* et l'ensemble des bagages.

5. **to find out,** *découvrir, se renseigner sur ;* alors que to find signifie simplement *trouver,* to find out insiste sur la recherche.

6. **Baggage Claim,** to claim, *réclamer.*

7. **where abouts,** familier (mais fréquent) pour **where about.** Le nom **whereabouts** existe aussi dans des formules du genre **to know about someone's whereabouts,** *savoir où quelqu'un se trouve.*

8. **wherever that is,** m. à m. *où que ce soit.*

9. **actually,** faux ami. Actual, actually, qui signifient *véritable, véritablement* ≠ *actuellement,* currently. Attention à **presently** qui signifie *actuellement* en américain mais *bientôt* en anglais britannique (par contre, **present,** *actuel,* en G.-B. comme aux E.-U.).

10. **on business,** notez l'emploi de la préposition **on.**

11. **block,** (groupe d')immeuble(s) délimité par des rues se croisant à angle droit. On se réfère souvent au nombre de **blocks** pour indiquer le chemin : **three blocks ahead,** *à trois rues d'ici.*

12. **how often...,** m. à m. *combien souvent*. Rappelez-vous
    how + adverbe : **how early, how late, how long, how long
    ago,** etc. ; et **how** + adjectif : **how old, big, large, long,
    late,** etc.
13. **limousine,** sorte de taxi collectif pouvant transporter une
    dizaine de personnes (ou voiture de place de première
    classe, dans certaines sociétés).
14. **that stops at the big hotels,** m. à m. *qui s'arrête aux
    grands hôtels.*
15. **your best bet,** m. à m. *votre meilleur pari.* To bet, *parier.*
    Cf. **it's a safe bet,** *c'est très probable.*
16. **we'll do that,** m. à m. *nous ferons cela.* Correspond
    souvent au français *c'est une bonne idée.*
17. **I guess so** (US) = I think so (GB).
18. **helpful,** 1) *serviable* ; 2) *utile.*

VI – 4   ■ Anglais américain et britannique

■ VOCABULAIRE DIFFÉRENT

US	Fr	GB
cart	*chariot*	**trolley**
bags	*bagages*	**suitcases, luggage**
limousine, limo	*limousine*	**minibus**
was it (ever) crowded !	*qu'est-ce qu'il y avait comme monde !*	**it was really crowded !**
		it was ever so crowded !

■ ORTHOGRAPHE DIFFÉRENTE

center	*centre*	**centre**
● et de même		
specter	*spectre*	**spectre**
theater	*théâtre*	**theatre**

■ PRONONCIATION DIFFÉRENTE

	US	GB
clerk	[kle:*r*k]	[kla:k]
twenty	[twèni]	[twènti]
to ask	[ask]	[a:sk]
cart	[ka:rt]	[ka:t]
aren't	[a:rnt]	[a:nt]
past	[past]	[pa:st]
marked	[ma:rkt]	[ma:kt]
not at all	[notedol:/nodedo:l]	[noteto:l]

■ Three airports serve the city of New York. John F. Kennedy International Airport, the largest, in the borough of Queens, is about 15 miles from mid-Manhattan. There are nine terminals housing one or several airlines (more than 80). This is where most transatlantic flights arrive and depart from. Domestic flights also fly in and out of JFK.

■ La Guardia Airport, from which a shuttle flight service to Washington and Boston is operated, is about 8 miles from mid-Manhattan. Newark International Airport, in New Jersey, is about 16 miles from Manhattan and is one of the country's most streamlined* airports.

How to get into the city from JFK

1) By taxi : use the **yellow cabs** (four passengers) or the large « **checker** » **cabs** (five passengers). The fare is metered ; tolls and 15 % tip should be added.

2) Coach service is provided by Carey Transportation, Inc. Daily service about every half hour.

3) By subway : the JFK Express is a combination of bus and special subway train that stops at eight stations in Manhattan and downtown Brooklyn. The Express operates daily, approximately every 20 minutes between 5 a.m. and midnight.

■ Trois aéroports desservent la ville de New-York. L'Aéroport international JFK, le plus grand, dans la circonscription de Queens, est à 15 miles du centre de Manhattan. Il comprend 9 « terminals » abritant une ou plusieurs compagnies aériennes (plus de 80). La plupart des vols transatlantiques partent de JFK que desservent également de nombreux vols intérieurs.

■ L'aéroport La Guardia est à environ 8 miles du centre de Manhattan. Il offre une « navette » aérienne pour Washington et Boston. L'aéroport International de Newark, dans le New Jersey, est à environ 16 miles de Manhattan et est l'un des plus modernes du pays.

Comment se rendre en ville depuis JFK

1) Par taxi : prendre les « *taxis jaunes* » (quatre passagers) ou les grands taxis « *à damiers* » (cinq passagers). Le prix de la course est indiqué au compteur ; devront s'y ajouter les péages et un pourboire de 15 %.

2) Un service d'autocar est fourni par Carey Transportation. Service quotidien environ toutes les demi-heures.

3) En métro : le JFK Express est une combinaison bus/train métropolitain spécial qui s'arrête à 8 stations dans Manhattan et au centre de Brooklyn. L'Express fonctionne quotidiennement, entre 5 heures du matin et minuit, toutes les 20 minutes environ.

---

* *To streamline,* rendre aérodynamique. D'où rationaliser, rendre efficace, moderniser (et ici *streamlined,* moderne).

1. Marc n'a toujours pas retrouvé sa valise.
2. Laissez le sac supplémentaire à la consigne.
3. Le porteur va s'occuper des bagages et il nous trouvera un taxi.
4. On est (arrivés) en avance. Ils ne sont pas censés venir nous chercher avant cinq heures.
5. Puisque nous avons un peu de temps, pourquoi ne pas reconfirmer le vol de retour tout de suite ?
6. Où puis-je trouver de la monnaie pour téléphoner ?
7. Veuillez préparer vos récépissés de bagages.
8. Il y a un train direct pour le centre-ville.
9. En prenant le train, vous ne serez pas bloqués dans la circulation des heures de pointe.
10. Il faut attendre le bus qui fait la navette avec l'hôtel.
11. A cette heure de la nuit, on ne trouve que des taxis.
12. Si vous n'avez rien retenu en ville, vous feriez mieux de passer la nuit ici.
13. En raison des mauvaises conditions météorologiques, la plupart des avions sont retardés.
14. Le vol n° 206 aura 45 minutes de retard.
15. Est-ce qu'un des kiosques à journaux vend des journaux étrangers ?

1. Mark still hasn't found his suitcase.
2. Leave the extra bag at the left-luggage office.
3. The porter will take care of the baggage and get us a cab.
4. We're in early. They're not supposed to pick us up until five.
5. Since we have some time, why don't we reconfirm our return flight right now ?
6. Where can I get some change for a phone call ?
7. Please have your baggage checks handy.
8. There's a direct train to get downtown.
9. If you take the train you won't get stuck in the rush-hour traffic.
10. We've to wait for the shuttle bus to go to the hotel.
11. Only taxis are available (at) this time of night.
12. If you haven't made a reservation downtown, you'd better stay here overnight.
13. Most planes have been delayed due to poor weather conditions.
14. Flight # 206 will be 45 minutes late.
15. Does any of the newsstands carry foreign papers ?

relief, soulagement
to get off, sortir
flight, vol
to be packed, être serré, être bondé
to be over, être terminé
to pick up, prendre
bag (US), bagage
luggage, bagages
to find out, trouver
to get into town, aller en ville
information desk, bureau des renseignements
cart, chariot
suitcase, valise
to wonder, se demander
to stay (at), séjourner
location, emplacement
convenient, commode
shopping, faire les magasins
sightseeing, visiter (le fait de) ; tourisme
actually, à vrai dire
on business, pour affaires
centrally located, situé dans le centre
airline terminal, aérogare
heavy, lourd
to run, fonctionner, marcher
limousine, cf. note 13 (VI— 3)
bet, pari
baggage claim exit, sortie des bagages
I guess (US), je crois que, je pense que
newsstand, kiosque à journaux
straight ahead, tout droit
trouble, peine, difficulté
helpful, serviable, utile
to serve, desservir
borough, circonscription

to house, abriter
shuttle flight, navette aérienne
domestic flight, vol intérieur
yellow cab, taxi jaune
checker cab, taxi à « damiers »
fare, prix (à payer)
metered, indiqué au compteur
toll, péage
tip, pourboire
to add, additionner, ajouter
coach, autocar
to operate, fonctionner, faire fonctionner
every half hour, toutes les demi-heures
subway, métro
extra bag, bagage supplémentaire
left luggage office, consigne
porter, porteur
to take care, s'occuper de
to be supposed (to), être censé
to reconfirm, reconfirmer
return flight, vol de retour
change, monnaie
baggage check, récépissé (de bagages)
handy, commode, pratique
downtown, centre-ville
to get stuck, se trouver bloqué
rush-hour, heure de pointe
traffic, circulation
shuttle bus, navette
available, disponible
to stay overnight, passer la nuit
to delay, retarder

A ■ Compléter

1. That was the longest flight I've ever been ...
2. We'd better pick ... our luggage and find ... how to get ... town.
3. I'm here ... business.
4. We'll take a taxi ... the air terminal.
5. It's only a few blocks ...

B ■ Traduire

1. Il y a des bus toutes les 10 minutes.
2. Vous n'aurez aucun mal à trouver l'hôtel.
3. Achetez-moi un journal pendant que vous y êtes.
4. C'est très pratique pour faire les courses.
5. C'est très bien situé.
6. Vous la voyez tous les combien ?

C ■ Traduire en français

The fare from the airport to destinations in counties bordering the city is double the meter amount plus tolls. Fare to other destinations should be agreed upon between driver and passengers before departure.

Corrigé

A ■ 1. on. 2. up ; out ; into. 3. on. 4. to. 5. away.

B ■ 1. There are buses every 10 minutes.
2. You won't have any trouble finding the hotel.
3. (Please) buy me a newspaper while you're at it.
4. It's very convenient for shopping.
5. It's very well located.
6. How often do you see her ?

C ■ Le prix de la course depuis les aérogares jusqu'aux « comtés » entourant la ville est le double du montant indiqué au compteur, augmenté des péages. Le prix à payer pour d'autres destinations devra être fixé d'un commun accord entre le chauffeur et les passagers avant le départ.

C = customer S = salesman

C— Good morning.

S— Good morning.

C— I'd like[1] to see some watches, please.

S— Certainly. Did you have anything in particular in mind ?

C— Yes. In fact I know exactly what I want. I'd like a quartz watch, with an alarm[2], a « snooze »[3].

S— A what ?

C— A snooze.

S— What's that ?

C— It's a built-in[4] alarm. You stop it when it beeps[5] and it goes off[6] again 5 or 10 minutes later automatically.

S— Oh. I'm sorry but I don't really know the merchandise. I'm just filling in[7] for the regular[8] saleswoman. It's her day off[9].

C— Couldn't you get someone who knows ?

S— I'll try. In the meantime have a look at the watches on display[10]. Those over there are on sale[11].

C = customer S = salesperson

S— You wanted to see a « snooze » alarm watch ?

C— Yes. That's right.

S— They're over here.

C— Fine. This one is just what I want. I'll take it. Could you have it gift-wrapped ?[12]

S— Of course. Will that be cash[13] or charge[14] ?

C— Cash. Here's a $ 100[15] (one-hundred-dollar) bill.

S— Oh, dear. I'm afraid I haven't got change.

C— That's a problem because my traveler's checks are hundreds too.

S— Why don't you charge it ? Don't you have any credit cards ?

C— Will VISA do ?

S— Can I see it ?

C— Here it is.

S— VISA. Yes, that's all right. But I'll have to call for an O.K. It only takes a minute.

particular	[pertikiouler]	merchandise	[me:rtchendaïz]
exactly	[igzaktly]	regular	[règiouler]
quartz	[kwo:rtz]	wrapped	[rapt]
built-in	[biltin]	change	[tchéïndj]
alarm	[ela:rm]	visa	[vi:ze]
automatically	[o:tematikeli]		

C = client   V = vendeur

C— Bonjour.

V— Bonjour.

C— Je voudrais voir vos montres, s'il vous plaît.

V— Certainement. Vous avez quelque chose de particulier en vue ?

C— Oui, en fait je sais exactement ce que je veux. Je voudrais une montre à quartz avec une sonnerie, un « snooze ».

V— Un quoi ?

C— Un « snooze ».

V— Qu'est-ce que c'est que ça ?

C— C'est une montre à sonnerie incorporée. Vous l'arrêtez quand ça sonne, et elle sonne à nouveau automatiquement cinq ou dix minutes plus tard.

V— Ah. Désolé, mais je ne connais pas très bien la marchandise. Je ne fais que remplacer la vendeuse qui est ici habituellement. C'est son jour de congé.

C— Vous ne pourriez pas me trouver quelqu'un qui soit au courant ?

V— Je vais essayer. Entre-temps, jetez donc un coup d'œil aux montres qui sont exposées. Celles qui sont là-bas sont en solde.

C = client   V = vendeuse

V— Vous vouliez voir un « snooze » (une montre à répétition) ?

C— C'est exact.

V— Ils sont ici.

C— Bon. Celle-ci est exactement ce qu'il me faut. Je vais la prendre. Est-ce que je pourrais avoir un paquet cadeau ?

V— Bien sûr. Est-ce que vous payez en espèces ou sur un compte ?

C— Comptant. Voici un billet de cent dollars.

V— Mon Dieu ! J'ai bien peur de ne pas avoir la monnaie.

C— C'est ennuyeux, parce que mes chèques de voyage sont également de cent dollars.

V— Pourquoi ne pas payer sur un compte ? Vous n'avez pas de cartes de crédit ?

C— VISA, ça ira ?

V— Puis-je voir ?

C— Voici.

V— VISA. Oui bien sûr. Mais je dois téléphoner pour autorisation. Je n'en ai que pour une minute.

1. **I'd like.** I would like, *j'aimerais,* d'où *je voudrais.* C'est la forme habituelle pour traduire le français *je voudrais.* Attention : **to want** ne se combine guère avec **would** ; **I want to** serait trop impératif.

2. **an alarm,** *alarme, sonnerie d'appel* ; cf. **an alarm-clock,** *un réveille-matin.*

3. **a snooze,** a built-in .alarm, *une sonnerie incorporée.* Probablement de **to snooze** (fam.), *somnoler* (a snooze, *un petit somme*). En effet, après la première sonnerie, on peut somnoler à nouveau avant la deuxième sonnerie.

4. **built-in.** 1er sens (ici) *incorporé* ; 2e sens *inhérent.*

5. **to beep,** *faire bip-bip.* Remarquez la souplesse de l'anglais qui transforme un son en verbe.

6. **to go off,** *se déclencher.*

7. **to fill in for somebody,** m. à m. *remplir à la place de quelqu'un.* **To fill in** : 1) *combler* (un vide) ; 2) *remplir* (un formulaire).

8. **regular saleswoman. regular** signifie *souvent, ordinaire, habituel, normal* (cf. leçon II : **regular (gas),** *essence ordinaire*).

9. **day off. to have, to take a day off,** *avoir, prendre un jour de congé.*

10. **on display,** display, *exposition, étalage ;* **to display** : 1) *exposer* ; 2) *faire preuve de, montrer.* **Display-room,** *salle d'exposition.*

11. **on sale,** attention **sale** signifie, selon le contexte, *vente* ou *solde. En vente,* **for sale.** Notez aussi **bargain sales,** *soldes* ; **clearance sales,** *soldes pour liquidation de stock.*

12. **gift-wrapped,** a gift, *un cadeau* ; **to wrap,** *envelopper.*

13. **cash,** *liquide* ; **cash-payment** : 1) *paiement en espèces* ; 2) *paiement au comptant* (y compris par chèque) ; si l'on tient à préciser en espèces, on peut dire **payment in cash.**

14. **charge,** 1) *somme à payer* ; 2) ici, s'oppose au paiement en liquide et désigne le *prélèvement sur un compte.* **To charge,** *faire payer* ; **to charge an item to an account,** *débiter un compte de la somme correspondant à un article* ; **charge it (to my account),** *mettez ça sur mon compte.*

15. **a $ 100 bill,** remarquez que le symbole du dollar se place avant le chiffre. Remarquez aussi que si on l'écrit en toutes lettres, **a (one) hundred-dollar bill, one hundred dollar** est devenu un adjectif et **dollar** ne se met donc pas au pluriel. De même, **a 42-year-old man,** *un homme de 42 ans.* Mais on dira : **it costs one hundred dollars,** *ça coûte 100 dollars.*

■ TERMES OU EXPRESSIONS DIFFÉRENTS

US	Fr	GB
merchandise	*marchandise*	**goods**
regular	*habituel*	**usual**
cash or charge	*comptant*	**cash or credit**
	ou sur compte	
a ten-dollar bill	*un billet de*	**a ten dollar (bank)**
	10 dollars	**note**

■ USAGES DIFFÉRENTS

don't you have	*vous n'avez-pas de*	**haven't you got**
any credit cards ?	*cartes de crédit ?*	**any credit cards ?**

— L'américain **Do you have...** ? (= **do you possess at this moment ?**) correspond à l'anglais britannique **Have you got ?**
— L'anglais britannique **Do you have** signifie **Do you usually have...** ?

Have you got a light ? *Est-ce que vous avez du feu ?*
Do you have much free time on Fridays ? *Est-ce qu'habituellement vous avez beaucoup de temps libre le vendredi ?*

d'où la plaisanterie : un Américain demande, **do you have children ?** à des Anglais qui répondent, **yes once a year !**

■ ORTHOGRAPHE DIFFÉRENTE

traveler's checks (US)/**traveller's cheques** (GB)

Electronic and video games

Across the United States, people are being turned on by the newest leisure-time craze : electronic games, flashing, beeping, buzzing, ringing little devices.

The **brains** of these little games are microprocessors, tiny memory **chips** that are used in sophisticated computers, weapon systems and electronic appliances.

These plastic boxes — most of them just a little bigger than pocket calculators — are battery-powered and can be carried anywhere. They pit humans against miniature computers, and are programmed to play games ranging from football to blackjack.

Video games use a television-type picture tube and electronic computer circuitry. It is estimated that several million volunteers have already deposited billions of quarters in the slots for the chance to play tennis without straining muscles, to fight off invaders from outer space, to crash racing-cars, destroy rocket ships and pursue evildoers through complex mazes.

Jeux électroniques et vidéo

A travers tous les États-Unis, les gens s'entichent de la dernière folie qui occupe le temps libre, les jeux électroniques, ces petits appareils qui lancent des éclairs, font bip-bip, bourdonnent et sonnent.

Les *cerveaux* de ces petits jeux sont des microprocesseurs, minuscules *puces*, mémoires que l'on utilise dans les ordinateurs et les systèmes d'armes perfectionnés et dans les instruments électroniques.

Ces boîtes en plastique, dont la plupart sont juste un peu plus grosses qu'une calculatrice de poche, fonctionnent sur piles et peuvent être emportées n'importe où. Elle opposent les humains à des ordinateurs miniatures et sont programmées pour jouer à des jeux allant du football au *black-jack*[1].

Les jeux vidéo utilisent un tube du type télévision et des circuits électroniques d'ordinateur. On estime que plusieurs millions de volontaires ont déjà déposé des milliards de *quarters*[2] dans les fentes (des machines) pour avoir la possibilité de jouer au tennis sans se froisser de muscles, de repousser des envahisseurs venus de l'espace, d'entrer en collision avec des voitures de sport, de détruire des vaisseaux spatiaux et de poursuivre des méchants au travers de labyrinthes complexes.

1. Jeu de hasard. (Ancien *vingt et un* français.)
2. Pièce de 25 cents.

1. Est-ce que vous acceptez les chèques de voyage ?
2. C'est pour offrir. Est-ce que vous pourriez me faire un paquet ?
3. C'est le même modèle que celui qui est dans la vitrine.
4. Est-ce qu'on s'occupe de vous ?
5. Je voudrais voir ce que vous avez comme boîtes à musique.
6. Combien vaut ce chapeau ? Est-ce que je peux l'essayer ?
7. Nous avons plusieurs formes et plusieurs tailles.
8. C'est tout ce qui nous reste en ce moment.
9. Je n'arrive pas à me décider. Donnez-les moi tous les deux.
10. Celui-ci me plaît beaucoup plus que le premier.
11. Est-ce que j'aurais des droits de douane à payer ?
12. Ça fait 29 dollars 95, taxe comprise.
13. Je préférerais quelque chose de plus petit.
14. Je n'ai pas trouvé un seul modèle qui me plaise.
15. Je ne fais que jeter un coup d'œil, si ça ne vous fait rien.
16. A quelle heure ouvrez-vous le matin ?
17. Pouvez-vous le faire livrer à mon hôtel ?
18. Est-ce que vous pouvez me le garder ? Je passerai le prendre après déjeuner.
19. Nous faisons (nous avons en stock) toutes les marques connues.
20. J'aimerais réfléchir avant de me décider.

1. Do you take (accept) traveler's checks ?
2. It's a gift. Could I have it wrapped ?
3. It's the same model as the one in the window.
4. Are you being attended to ? (Is someone taking care of you ?)
5. I'd like to see your selection of music boxes.
6. How much is this hat ? May I try it on ?
7. We have several shapes and sizes.
8. This is all we have left at the moment.
9. I can't make up my mind ; I'll take them both.
10. I like this one much better than the first one.
11. Will I have to pay duty on it ?
12. That comes to $ 29.95, tax included.
13. I'd rather have something smaller.
14. I haven't found a single model which appeals to me.
15. I'm just looking, if you don't mind.
16. What time do you open in the morning ?
17. Can you have it delivered to my hotel ?
18. Could you hold it for me ? I'll pick it up after lunch.
19. We carry all the well-known brands.
20. I'd like to think it over before making a decision.

watch, montre
alarm, sonnerie
built-in, incorporé(e)
to beep, faire bip-bip
to fill in for, remplacer
to have a day off, avoir un jour de congé
regular, ordinaire, habituel
on display, en vitrine, exposé
on sale, en solde
to wrap, envelopper
cash, comptant, espèces
charge, cf. VII—3, 15
bill (US), billet
check (US), chèque
an O.K., une autorisation
leisure, loisir
craze, engouement, « folie »
to buzz, bourdonner
device, procédé, appareil
brain, cerveau
tiny, minuscule
chip, « puce », microprocesseur
sophisticated, perfectionné, raffiné
computer, ordinateur
weapon, arme
pocket calculator, calculatrice (de poche)
battery powered, actionner par piles

to pit, opposer
to program, programmer
to range, s'étendre de... à
figure, silhouette, figure, chiffre
billion, milliard
quarter, pièce de 25 cents
slot, fente
to strain, fouler (se)
to fight, combattre
invaders, envahisseurs
to crash, entrer en collision
racing car, voiture de course
to destroy, détruire
rocket, fusée
to pursue, poursuivre
evildoer, méchant
maze, labyrinthe
to attend to, s'occuper de
to take care, prendre soin
music box, boîte à musique
to pay duty on, payer un droit sur
to appeal, 1) plaire ; 2) faire appel
to deliver, livrer
to pick up, passer prendre
well-known, bien connu
brand, marque
to think over, réfléchir
to make a decision, se décider

Vocabulaire complémentaire

to be worth, valoir
to buy, sell on credit, acheter, vendre à crédit
to carry out, to effect repairs, effectuer des réparations
checking account (US), compte en banque
current account, compte courant
coin-op(erated), qui fonctionne avec des pièces de monnaie
discount, remise, rabais
to pay by instalments (GB), **to pay on the installment plan** (US), payer à tempérament
price range, gamme de prix
tag, étiquette
tot, petit enfant
toy, jouet
wallet, portefeuille

A ■ **Traduire en anglais les expressions suivantes**
1. Avoir quelque chose en tête. 2. Mardi est mon jour de congé. 3. Je remplace le vendeur habituel. 4. Être en solde. 5. Est-ce que ceci fera l'affaire ? 6. Être exposé en vitrine.

B ■ **Traduire en anglais**
1. Un billet de 10 dollars. 2. Une femme de 29 ans. 3. Une réunion de 2 heures. 4. Un camion de 16 tonnes. • 5. Un pont de 2 miles de long. 6. Une question à 64 000 dollars. 7. Un retard de 3 heures. 8. Un vol de 6 heures.

C ■ **Traduire en français : A video game : « Defender ».**
In this game the player controls a small jet plane that flies at varying altitudes and speeds over a barren planetscape. He must shoot down a bewildering variety of alien bad guys*, dodge an assortment of missiles and rescue helpless spacemen who appear randomly on the planet's surface. He must also control a joystick that determines altitude and four separate buttons that fire the cannon, change the speed, reverse direction and drop bombs which blow up everything in sight.

Corrigé

A ■ 1. To have something in mind. 2. Tuesday is my day off. 3. I'm filling in for the regular salesman. 4. To be on sale. 5. Will this do ? 6. To be on display in the (shop) window.

B ■ 1. a $ 10 bill. 2. a 29-year-old woman. •3. a 2-hour meeting. 4. a 16-ton truck. 5. a 2-mile bridge. 6. a $ 64,000 question. 7. a 3-hour delay. 8. a 6-hour flight.

C ■ . *Un jeu vidéo : « Défenseur »*
Dans ce jeu, le joueur contrôle un petit avion à réaction qui vole à des altitudes et vitesses variées au-dessus du paysage désolé d'une planète. Il lui faut abattre une ahurissante variété de méchants étrangers, éviter un assortiment de missiles et sauver des cosmonautes sans défense qui apparaissent au hasard à la surface de la planète. Il doit également contrôler un manche à balai qui détermine l'altitude, et quatre boutons différents déclenchant le tir, changeant la vitesse, inversant la direction et lâchant des bombes qui font sauter tout ce qui est en vue.

* Guy (US fam.) : *type*.

T = Tom   H = hostess   J = Joan   D = Dave

T— Good evening.

H— Good evening, gentlemen. A table for two ?

T— Yes, but we're in a rush[1]. Do you think we can be served[2] and out of here in half an hour ?

H— Certainly. Joan, could you take care of these people ? They're in a bit of a hurry[3].

J— Sure. Right this way[4]. Do you wanna[5] see the menu or do you know what you're gonna have[6] ?

T— Let's have a look at the menu. What can you recommend that's fast and good ?

J— If you like steak, have the sirloin. It's tasty as can be[7].

T— That sounds fine. I'll have mine rare[8], with French fries and a mixed salad on the side[9]. What about you Dave ?

D— I'll have the same. But make mine medium rare.

J— What kind of salad dressing will you have ? Thousand Island[10], French, or the House dressing[11] ?

D— I'll try the House.

T— Me too.

J— Beverage[12] ? Coffee, tea, milk ?

T— Two cups of coffee. And would you mind serving[13] us water without ice ?

T— How's your steak ? Mine's out of this world[14].

D— Great. I was afraid it looked too well done[15]. But it's just right.

T— Do you feel like[16] dessert or shall we skip it[17] ?

D— I'd just as soon have dessert after the movie.

T— Fine. If we can get the check now, we'll be just in time for the 8 o'clock show.

D— Miss... the check please.

T— Dutch treat[18], O.K. ?

D— Sure. Separate checks please.

half an hour	[hɑfenaour]	tasty	[téïsti]
certainly	[sə:rtenli]	mixed	[mikst]
wanna	[wone]	medium rare	[mi:diem rèer]
menu	[məniou]	Island	[ɑilend]
gonna	[gəne]	beverage	[bəveridj]
recommend	[rekemənd]	dessert	[dizə:rt]
steak	[stéïk]	separate	[sèpret]
sirloin	[sə:rloïn]		

T = Tom　　H = hôtesse　　J = Joan　　D = Dave

T— Bonsoir.

H— Bonsoir, Messieurs. Une table pour deux ?

T— Oui, mais nous sommes pressés. Pensez-vous que nous puissions avoir fini de manger dans une demi-heure ?

H— Certainement. Joan, voulez-vous vous occuper de ces messieurs ? Ils sont assez pressés.

J— Bien sûr. Par ici. Vous voulez voir le menu, ou vous savez ce que vous voulez prendre ?

T— Voyons le menu. Qu'est-ce que vous nous recommandez de bon et de rapide ?

J— Si vous aimez les biftecks, prenez le faux filet, il a beaucoup de goût.

T— Ça me paraît bien. Je le prendrai bleu, avec des frites et une salade composée en garniture. Et toi Dave ?

D— Même chose pour moi. Mais je le voudrais saignant.

J— Quelle sauce de salade choisissez-vous ? « Mille-îles », française, ou la sauce maison ?

D— Je vais goûter la sauce maison.

T— Moi aussi.

J— Et comme boisson ? Café, thé, lait ?

T— Deux cafés. Et pourriez-vous nous servir de l'eau non glacée ?

T— Comment tu trouves le steak ? Le mien est extraordinaire.

D— Magnifique. J'avais peur qu'il ne soit trop cuit, mais il est exactement comme il faut.

T— Tu as envie d'un dessert, ou on s'en passe ?

D— J'aimerais autant prendre le dessert en sortant du ciné.

T— Bien. Si on pouvait avoir l'addition maintenant, on sera juste à l'heure pour la séance de huit heures.

D— Mademoiselle, la note s'il vous plaît.

T— Chacun paie sa part, d'accord ?

D— Bien sûr. Faites-nous deux comptes, s'il vous plaît.

1. **We're in a rush,** nous sommes pressés, rush, ruée, bousculade, hâte, **rush hour,** heure d'affluence, heure de pointe, « coup de feu ». A **rush order,** une commande urgente. To **rush** : 1) se ruer, se précipiter ; 2) bousculer, précipiter ; 3) expédier à toute vitesse, exécuter d'urgence.

2. **to be served and out of here,** être servi et sorti d'ici.

3. **in a bit of a hurry,** assez pressés, plutôt pressés. Emplois idiomatiques de a bit : **wait a bit,** attendez un peu, **she's a bit older,** elle est un peu plus âgée, **he's a bit of a liar,** il est plutôt menteur.

4. **right this way,** right, souvent, comme ici, renforce le sens. Ex. : **he was shot right through the head,** il reçut une balle en pleine tête. **Put it right against the wall,** mettez le tout contre le mur. **It's right in front of you,** c'est juste en face de vous. **Right at the top,** tout en haut.

5. **Do you wanna see,** do you want to see.

6. **What you're gonna have :** what you are going to have. Notez l'emploi de to **have** au sens de prendre (boisson, nourriture) : **to have tea, to have a steak.**

7. **tasty as can be,** as tasty as can be, aussi savoureux que possible.

8. **rare,** les trois degrés traditionnels de cuisson sont : **well done,** à point ; **medium rare,** saignant ; **rare,** « bleu ». (En réalité, selon les restaurants, **rare** oscille entre saignant et bleu.)

9. **on the side,** m. à m. sur le côté, c'est-à-dire servi(es) en même temps mais séparément.

10. **1.000 Island (dressing),** mayonnaise à laquelle on ajoute des ingrédients tels que chili, poivre vert...

11. **French dressing,** vinaigrette, assaisonnement ; huile et vinaigre (ou jus de citron) plus sel, poivre et moutarde. **The House dressing,** la sauce maison.

12. **beverage,** boisson (m. à m. breuvage). Sens plus étendu que **drink,** qui suggérerait vin ou bière.

13. **would you mind serving,** to mind + forme en -ing.

14. **out of this world,** m. à m. hors de ce monde.

15. **it looked too well done,** m. à m. il avait l'air trop à point.

16. **do you feel like,** to feel like, avoir envie de...

17. **to skip,** omettre, sauter, passer, se passer de.

18. **Dutch treat,** m. à m. façon hollandaise. Se dit d'une sortie, d'un repas, etc. où chacun paie sa part.

■ TERMES DIFFÉRENTS

US	Fr	GB
French fries	*pommes frites*	chips
movie	*film*	film
check, bill	*addition*	bill
too well done	*trop cuit*	overdone
to wait on line	*faire la queue*	to queue up
chopped meat	*viande hachée*	minced meat

■ FORMES DIFFÉRENTES

do you wanna... ?	*voulez-vous... ?*	do you want to... ?
you're gonna...	*vous allez...*	you're going to...

■ PRONONCIATION DIFFÉRENTE

half an hour	US [hafenaouer]	GB [ha:fenaoue]
fast	US [fast]	GB [fa:st]
water	US [wo:der]	GB [wo:te]

VIII – 5　　■ Environnement

A few tips...

■ In some restaurants, you have to wait on line before a waitress or waiter takes you to your table. Don't butt in line. In others you have to wait at the bar after the hostess takes your name. She'll call you when a table is available.

■ Steaks : French and American methods for cutting up a beef carcass are so dissimilar that it is rarely possible to find the same steak cut you could find in France in the USA. Nevertheless here is a selection of what can be found : 1. chopped steak, ground beef ; 2. porterhouse steak ; 3. prime rib, rib roast ; 4. rib steak ; 5. rump steak ; 6. sirloin ; 7. tenderloin ; 8. T-bone steak.

Quelques « tuyaux »

■ Dans certains restaurants, vous devez faire la queue jusqu'à ce qu'une serveuse ou un serveur vous emmène à votre table. Ne resquillez pas. Dans d'autres, il vous faut attendre au bar après que l'hôtesse a pris votre nom. Elle vous appellera quand une table sera disponible.

■ Steaks : les méthodes américaines et françaises pour débiter un bœuf sont si dissemblables qu'il est rarement possible de trouver aux USA le même morceau de viande qu'en France. Néanmoins voici une sélection de ce que l'on peut trouver (équivalents) : 1. steak haché ; 2. entre aloyau, filet et chateaubriant ; 3. côte de bœuf ; 4. entrecôte ; 5. rumsteak ; 6. faux filet ; 7. filet ; 8. viande avec os en forme de T.

■ **Tipping :** the tip earned its name a couple of centuries ago when coffee-houses emerged in London. Customers in a hurry deposited a small amount of money on arrival *to insure promptness* of service : thus TIP. The name of the person who fixed 15 percent as the standard tip has been lost to history. But the rate stuck. Lately however, there have been signs of change. Some restaurants are now including the service charge on the bill. Some customers feel that a tip should be earned. They generally respond to competent or even well-intended service with a 15 percent tip, but feel no pangs about reducing the percentage if the job is not done properly. Surely inattentive service deserves no reward at all. If a waiter's performance is outstanding, a larger tip than normal may be in order.

■ You sometimes bring the check to the cashier and pay yourself.

■ **Dinner time :** earlier than in France (6 p.m. at home ; 5.30 to 9 p.m. in a restaurant).

■ *Donner un pourboire :* le mot *tip* * (pourboire) gagna cette dénomination voilà deux siècles quand les « cafés » firent leur apparition à Londres. Les clients pressés déposaient, à leur arrivée, une petite somme d'argent « pour assurer la promptitude » du service *(to insure promptness)* : d'où le mot *tip.* L'histoire n'a pas retenu (m. à m. : a perdu) le nom de la personne qui fixa à 15 % le niveau du pourboire. Par contre ce taux s'est maintenu. Depuis peu, néanmoins, il y a des signes de changement. Certains restaurants incluent maintenant le montant du service dans l'addition. Certains clients estiment qu'un pourboire doit être gagné. Ils réagissent en général à un service compétent ou bien intentionné par un pourboire de 15 %, mais (en revanche) n'éprouvent aucun remords à réduire ce pourcentage si le travail n'est pas effectué convenablement. Il est certain qu'un service inattentif ne mérite pas du tout de récompense. (Par contre) si la prestation du serveur est exceptionnelle, un pourboire supérieur à la normale peut s'imposer.

■ En général c'est vous-même qui apportez l'addition à la caisse (m. à m. : au caissier) et qui payez.

■ *L'heure du dîner :* plus tôt qu'en France (18 h à la maison ; de 17 h 30 à 21 h au restaurant).

---

* Attention aux différents sens de tip : 1) *bout, extrémité* ; 2) *pourboire* ; 3) « *tuyau* » (fam.).

1. Pouvez-vous me recommander un bon restaurant ?
2. Que prendrez-vous ensuite ?
3. Puis-je jeter un coup d'œil à la carte des vins ?
4. Ils ont une grande variété de vins locaux et étrangers.
5. Ils sont spécialisés dans les produits de la mer.
6. Avez-vous essayé le consommé de palourdes ?
7. Vous pouvez prendre l'apéritif au bar en attendant.
8. J'ai réservé pour quatre, mais à présent nous sommes six.
9. C'est moi qui paie (la tournée, l'apéritif, etc.).
10. Pas question ! Tu as récupéré la note la dernière fois.
11. A quelle heure les restaurants commencent-ils à servir le dîner ?
12. Quelle sorte de bière à la pression avez-vous ?
13. Vous devriez essayer un de nos vins californiens.
14. Notre homard du Maine nous arrive chaque jour par avion.
15. Préférez-vous une chaise haute ou un coussin pour le petit ?
16. Je n'ai plus faim : sers-toi de mon chili.
17. Servez-vous des portions pour enfants ?
18. Quelle est la spécialité locale ?
19. Pourriez-vous transférer la note de bar à notre table ?
20. Pourrions-nous avoir un sac (pour emporter les restes) pour notre chien ?

1. Can you recommend me a good restaurant ?
2. What do you want for the second course ?
3. May I have a look at the wine list please ?
4. They have a wide range of foreign and domestic wines.
5. They specialize in sea-food.
6. Have you tried the clam-chowder ?
7. You can have a cocktail at the bar while waiting.
8. I reserved for four, but now there are six of us.
9. The drinks are on me.
10. No way ! You picked up the tab last time.
11. What time do restaurants begin serving dinner ?
12. What kind of beer do you have on draft ?
13. You should try one of our California wines.
14. Our Maine lobster is flown in daily.
15. Would you rather have a high chair or a booster for the child ?
16. I'm full : help yourself to my chili.
17. Do you serve children's portions ?
18. What's the local specialty ?
19. Can we have the drinks put on our lunch bill ?
20. Could we have a doggie bag ?

sirloin, faux filet
rare, bleu
French fries, frites
on the side, en garniture
medium rare, saignant
dressing, assaisonnement
beverage, boissons
out of this world, extraordinaire
to skip, se passer de
movie, film
check, addition
show, séance
tip, 1) tuyau 2) pourboire 3) extrémité
to wait on line, faire la queue
waiter, waitress, serveur, serveuse
to butt in line, resquiller
to cut up, débiter
meat cut, morceau (de viande)
chopped steak ⎫ steak
ground beef ⎭ haché
porterhouse steak, steak de qualité comportant chateaubriant + filet
prime rib, ⎫ côte de bœuf
rib roast ⎭
rib steak, entrecôte
rumpsteak, rumsteak

T-bone steak, viande genre tournedos et filet mignon
a couple of, une paire de, deux
to stick, stuck, stuck, demeurer, se maintenir
to respond, réagir
pang, remords
properly, convenablement
to deserve, mériter
reward, récompense
performance, 1) prestation, réalisation, performance 2) interprétation (Mus.) 3) représentation, séance
oustanding, exceptionnel
cashier, caissier
course, plat
wine list, carte des vins
range, game
domestic, local
sea-food, produits de la mer
clam-chowder, consommé de palourdes
tab, note (ici addition)
on draft, à la pression
lobster, homard, langouste
booster, coussin
doggie bag, sac pour emporter les restes

Vocabulaire complémentaire

bran, son
cabbage, chou
cauliflower, chou-fleur
custard, flanc
duck, canard
flour [flaouer], farine
game, gibier
garlic, ail
grapes, raisin
gravy, sauce
horseradish, raifort
kidney, rognon
mussels, moules

noodles, nouilles
parsley, persil
peach, pêche
pea, petit pois
peanut, cacahuète
pickle, cornichon
pineaple, ananas
plum, prune
relish, condiment
sauerkraut, choucroute
soybean, soja
tarragon, estragon
zucchinis, courgettes

■ **Traduire le menu**

Appetizers and soups
Fresh grapefruit
Oysters
Shrimp cocktail
Cole slaw
Clam-Chowder

Prime beef entrees
Chopped steak
12 or 16 oz Sirloin Steaks
24 or T-bone Steak
Tenderloin Steak
Cold Roast Beef platter

Fish entrees
Scallops-Deep fried
   or broiled
Deep fried Prawns
Rainbow trout
Maine Lobster

Other entrees
Roast Turkey
Spareribs
Chicken (broiled, roasted,
   fried)

Vegetables and salads
Baked potatoes with sour
   cream and chives
Sauteed Mushrooms
Mixed Green Salad
Tuna fish salad
Corn-on-the-cob
Baked beans

Desserts
Apple Pie
Cheese Cake
Hot Fudge Sundae
Brownies
Danish pastry

Corrigé

Hors-d'œuvre et soupes
Pamplemousse frais
Huîtres
Cocktail de crevettes
Salade de chou blanc
Consommé de palourdes

Viandes
Steak haché
Faux filet de 340 ou 450 g
T-bone Steak de 680 g
Filet de bœuf
Assiette anglaise

Poissons
Coquilles St-Jacques,
   en beignets ou grillées
Beignets de crevettes
Truite arc-en-ciel
Homard du Maine

Divers
Dinde rôtie
Travers de porc
Poulet (grillé, rôti, frit)

Légumes et salades
Pommes de terre au four
   avec crème aigre et
   ciboulette
Champignons sautés
Salade mélangée
Salade de thon
Épi de maïs bouilli
Haricots (au four)

Desserts
Tourte au pommes
Gâteau au fromage
Glace (au chocolat chaud,
   chantilly, noix et cerises)
Gâteaux au chocolat et noix
Pâtisserie Danoise

A = agent   S = Susan

A— Hi. May I help you ?

S— Yes, I'm here to report a missing credit card[1].

A— I see. What's the card number ?

S— The card number ? Gee, offhand[2], I haven't the slightest idea. Does it really matter ?

A— Well, it would speed things up a bit, but it's not absolutely necessary. Do you receive the bills in America or else-where ?

S— In France. Is that a problem[3] ?

A— No, not at all. I'll need to ask you for a few details[4]. First of all, your full name and address.

S— It's Susan McWilliams. M-C-W-I-L-L-I-A-M-S 105, avenue du Président-Kennedy, Paris 16.

A— Thank you. Now, did you say the card was lost or stolen ?

S— Stolen. It was most certainly stolen, and due to careless-ness on my part, I'm afraid. It must have been taken when I laid my purse down[5] on the counter in a department[6] store, while I went into the fitting room[7] to try a dress on. It was only when I went to pay that I realized that I didn't have my credit card anymore.

A— Are there any other papers missing, besides[8] the credit card ?

S— You bet[9] there are ! Passport, checkbook, credit cards, the whole works[10] !

A— Have you notified[11] the Police yet ?

S— Yes. I've already been to the Connecticut Avenue Station. Can't you do something about it ? Someone may be charg-ing things to my account[12] this very minute[13] !

A— You needn't get upset[14], Miss McWilliams. As soon as we check[15] your number, your account will be invalidated all over the world within 30 seconds, simply by informing the terminal. Then the necessary steps[16] will be taken to have a new card issued[17].

S— Oh, I'm so relieved. Thanks ever so much[18].

problem	[problem]	Connecticut	[kenètiket]
detail	di:tél]	upset	[œpsèt]
address	[edrès]	invalidate	[invalidéït]
notify	[nôoutifaï]	terminal	[te:rminel]
police	[pelis]	issued	[ichoud]

A = agent   S = Suzanne

A— Bonjour, [en quoi] puis-je vous être utile ?

S— Voilà, je suis venue vous signaler que ma carte de crédit a disparu.

A— Je vois. Quel est le numéro de la carte ?

S— Le numéro de la carte ? Oh ! comme ça, je n'en ai pas la moindre idée. Est-ce que c'est vraiment important ?

A— A vrai dire, ça accélérerait un peu les choses, mais ce n'est pas absolument nécessaire. Recevez-vous vos factures en Amérique ou ailleurs ?

S— En France. Ça pose un problème ?

A— Non pas du tout. J'ai besoin de quelques renseignements. Tout d'abord votre nom en entier et votre adresse.

S— Suzanne McWilliams, M.C.W.I.L.L.I.A.M.S, 105, avenue du Président-Kennedy, Paris 16ᵉ.

A— Merci. Voyons, vous disiez que la carte a été perdue ou bien volée ?

S— Volée. Elle a très certainement été volée, et en plus, c'est entièrement à cause de mon insouciance, j'en ai bien peur. On a dû me la prendre lorsque j'ai posé mon sac sur le comptoir, dans un grand magasin, pour aller essayer une robe dans une cabine d'essayage. Ce n'est que lorsque je suis allée payer que je me suis rendue compte que je n'avais plus ma carte de crédit.

A— Vous manque-t-il d'autres papiers, à part votre carte de crédit ?

S— Je pense bien ! Mon passeport, mon chéquier, mes cartes de crédit, tout quoi !

A— Avez-vous déjà fait une déclaration à la police ?

S— Oui, je suis déjà allée au commissariat d'Avenue Station. Mais est-ce que vous ne pouvez rien faire ? Il y a peut-être quelqu'un qui s'achète des choses sur mon compte en ce moment même.

A— Il ne faut pas vous inquiéter, Mademoiselle McWilliams. Dès que nous aurons vérifié votre numéro, votre compte sera invalidé dans le monde entier en moins de 30 secondes, simplement en avisant l'unité centrale. Ensuite, le nécessaire sera fait pour vous faire délivrer une nouvelle carte.

S— Oh, je suis tellement soulagée ! Merci beaucoup vraiment.

1. **I'm here to report a missing credit card,** m. à m. *je suis ici pour signaler une carte de crédit manquante.*
2. **Offhand,** *sans préparation, au pied levé, à l'improviste.*
3. **Is that a problem ?** that renvoie à ce qui précède, **this** annonce ce qui suit.
4. **I'll need to ask you for a few details,** m. à m. *j'aurai besoin de vous demander quelques détails.*
5. **I laid my purse down,** laid, prétérit (et participe passé) de to lay, *poser.*
6. **Department,** *rayon* (de magasin).
7. **fitting-room,** m. à m. *salle d'essayage* ; to fit, *aller* (notamment du point de vue de la taille).
8. **besides,** prép. = *en plus de* ; adv. = *en outre.*
9. **you bet,** m. à m. *vous pariez.* D'où : *et comment ! tu parles ! je te crois !* etc.
10. **The whole works,** familier = « *tout* » ; *la totalité.*
11. **to notify,** *notifier, aviser, faire connaître.*
12. **to charge a sum to an account,** *imputer une dépense à un compte.*
13. **this very minute,** *à cette minute même, précise.*
14. **upset, to be, to get upset,** *être ému, bouleversé* ; **you needn't,** m. à m. *vous n'avez pas besoin.*
15. **as soon as we check,** remarquez l'emploi du présent en anglais après la conjonction as soon as. Remarquez aussi qu'il n'est pas nécessaire de dire : **as soon as we have checked,** à la différence du français qui demande « dès que nous aurons vérifié ».
16. **to take steps,** *prendre des mesures, faire des démarches.*
17. **to have a new card issued, to issue,** *émettre, mettre en circulation.* Notez l'emploi de to **have** + complément d'objet + verbe au participe passé. **To have a house built,** *faire construire une maison.*
18. **Thanks ever so much,** *merci mille fois.* Ever est employé avec so dans de nombreuses expressions idiomatiques : **ever so difficult !** *difficile au possible* ; **I'm ever so pleased !** *que je suis content* ; **ever so many times,** *je ne sais combien de fois* ; **ever so simple,** *simple comme bonjour.*

■ PRONONCIATION DIFFÉRENTE

Rappel : remarquez bien, en américain, la sonorisation du **r,** qu'il soit final ou à l'intérieur du mot. En anglais britannique le **r** final n'est pratiquement pas prononcé sauf en liaison.

to issue   US [ichou:]   GB [ichiou:]

■ ORTHOGRAPHE DIFFÉRENTE
Checkbook (US)   *carnet de chèques*   **cheque book** (GB)

IX — 5 ■ Environnement

Credit cards are issued by banks or certain organizations and may be used by the holders to have purchases (goods or services such as meals, accommodation and travel) charged to a bank account. The account is debited for the corresponding amount and the card holder is sent monthly statements of account.

Some credit cards are recognized internationally by many stores, hotels and restaurants. Card-holders may also obtain cash by presenting their card in a local bank, or by using automatic cash machines.

Accreditive cards are issued by banks to their clients and guarantee the solvency of the holders when they pay by checks.

In the USA, it is frequent for stores to open charge accounts for their customers. Instead of paying in cash the buyer only has to produce a numbered card for the purchase to be charged to his account.

Les *cartes de crédit* sont émises par des banques ou certains organismes, et peuvent être utilisées par leur détenteur pour faire facturer leurs achats (marchandises ou services tels que repas, logements et voyages) à un compte en banque. Le compte est débité pour la somme correspondante et le détenteur de la carte reçoit des relevés de compte mensuels.

Certaines cartes de crédit sont honorées internationalement par de nombreux magasins, hôtels et restaurants. Les détenteurs de cartes peuvent également obtenir de l'argent liquide en présentant leur carte à une banque locale ou en utilisant des distributeurs automatiques (de billets).

Les *cartes accréditives* sont émises par des banques à leurs clients et garantissent la solvabilité de leurs détenteurs quand ils payent par chèques.

Aux États-Unis, les magasins ouvrent souvent des comptes à leurs clients. Au lieu de payer comptant l'acheteur n'a qu'à présenter une carte numérotée pour que l'achat soit facturé à son compte.

Credit cards or finger-prints ?

■ Credit cards are soaring in popularity — and with good reason. First, you can delay paying for a purchase by charging it. Second, with credit cards in your wallet you needn't carry much cash. That saves you trips to the bank to cash checks or withdraw cash. The store that accepts them pays a fee to the bank or credit company for prompt redemption of the charge slips. The store, in turn, makes up for this expense by increased sale volume or by increased prices.

■ The credit card companies have to persuade stores to use their particular cards and the sometimes troublesome chore of collecting payments due and overdue. But even if you have eliminated cash and checks you still have the problem of theft, forgery and loss.

■ So another means is needed, something small that we always have with us, that will identify our account, that can't be lost or stolen or forged. The answer is your thumb-print. Everyone's thumb-print could be recorded. The charging device would be a small scanning screen recording the thumb-prints and transmitting them to your bank's central computer...

Cartes de crédits ou empreintes digitales ?

■ La popularité des cartes de crédit a fait un bond et pour de bonnes raisons. D'abord vous pouvez retarder le paiement d'un achat en l'imputant [à votre compte]. Ensuite, muni de cartes de crédit dans votre portefeuille vous n'avez pas besoin de transporter beaucoup d'espèces. Cela vous évite des déplacements à la banque pour toucher des chèques ou retirer du liquide. Le magasin qui les accepte paie une redevance à la banque ou à la société de cartes de crédit contre le remboursement des fiches d'imputation. A son tour le magasin compense ses frais par l'augmentation du volume de ses ventes ou en augmentant ses prix.

■ Les sociétés de cartes de crédit doivent persuader les magasins d'utiliser leurs cartes et ont la tâche parfois difficile de recouvrer les paiements exigibles et en retard. Mais même si vous vous êtes débarrassé des espèces et des chèques vous avez encore le problème du vol, de la contrefaçon et de la perte [des cartes].

■ Aussi avons-nous besoin d'un autre moyen, quelque chose de petit que nous aurons toujours sur nous, qui identifiera notre compte, qui ne peut être perdu, volé ou contrefait. La réponse est votre empreinte digitale. Les empreintes du pouce de chacun peuvent être enregistrées. Le dispositif de facturation serait un petit écran analyseur enregistrant les empreintes et les transmettant à l'ordinateur central de votre banque...

1. Dans quels délais ma carte sera-t-elle remplacée ?
2. Que se passe-t-il si quelqu'un l'a utilisée ?
3. Elle a été émise en France et est valable jusqu'à la fin de l'année.
4. Avez-vous déjà prévenu la police ?
5. Puis-je obtenir des espèces à la banque bien que j'aie perdu la carte ?
6. Quelle est la date d'expiration [de la carte] ?
7. J'ai inscrit le numéro quelque part, je pense que c'est dans mon portefeuille.
8. Pouvez-vous préciser si c'est un vol ou une perte ?
9. Je n'ai pas la carte Américan Express. Prenez-vous la Visa ?
10. Ma carte est périmée. Elle expirait le 12 juin.
11. Veuillez porter votre numéro de carte sur toute correspondance.
12. Vous trouverez ci-joint un formulaire de prélèvement automatique.
13. N'oubliez pas de noter le numéro de votre carte quelque part au cas où elle vous serait volée.
14. Vous recevrez chaque mois un relevé de compte.
15. La plupart des agences de voyages acceptent la carte en règlement d'un billet d'avion.

1. How soon will my card be replaced ?
2. What happens if someone's been using it ?
3. It was issued in France and is valid until the end of the year.
4. Have you already notified the police ?
5. Can I still get cash from the bank even though I've lost the card ?
6. (What's the) expiration date ?
7. I jotted down the number somewhere, it may be in my wallet.
8. Can you specify whether it's been lost or stolen ?
9. I don't have an American Express Card. Will you take Visa ?
10. My card is outdated. It expired on June 1st.
11. Whenever you write to us, be sure to mention your card number.
12. Enclosed, please find a form for automatic withdrawal.
13. You'd be well advised to write your card number down some place, in case it is stolen.
14. You will receive a statement of your account each month.
15. Most Travel Agencies accept credit card payment for airplane tickets.

to report, signaler, rendre compte

missing, manquant, disparu

offhand, à l'improviste

to speed, accélérer

bill, facture

carelessness, insouciance, négligence

purse, sac à main (US)

counter, comptoir

department store, grand magasin

fitting-room, cabine d'essayage

to try a dress on, essayer une robe

to realize, se rendre compte

to notify, aviser, avertir

to charge, imputer, facturer

upset, ému, bouleversé

to invalidate, invalider

central terminal, unité centrale

within 30 seconds, en moins de 30 secondes

step, mesure

to issue, émettre

to replace, remplacer

valid, valable

expiration date, date d'expiration

to jot down, inscrire

to specify, préciser

outdated, périmé

statement, relevé

automatic withdrawal, prélèvement automatique

means of payment, moyen de paiement

holder, détenteur, titulaire

purchase, achat

to debit, débiter

automatic cash machine, distributeur automatique (de billets)

card, carte accréditive

solvency, solvabilité

numbered, numéroté

thumb-print, empreinte digitale (m. à m. du pouce)

fee, frais, honoraires

redemption or refund, remboursement

charge slip, fiche, note, bordereau d'imputation

to make up, compenser, rattraper

troublesome, difficile

chore, tâche

to collect, recouvrer, percevoir

due, exigible, dû

overdue, en retard

theft, vol

forgery, contrefaçon

device, dispositif

scanning screen, appareil, écran analyseur

to scan, balayer, explorer, analyser

computer, ordinateur

Vocabulaire complémentaire

balance, 1) solde ; 2) report

cancellation, annulation

card-holder, titulaire de la carte

complete the attached application, remplir la demande d'adhésion cijointe

to entitle, donner le droit de

itemized bill [aïtemaïzd], note détaillée

out of cash, à cours d'espèces.

print firmly, écrire en appuyant (en majuscules)

record of charges, relevé de frais

services, prestations

A ■ Traduire

1. Je voudrais signaler le vol de ma carte de crédit
2. Dans combien de temps pourrai-je disposer de la nouvelle carte ?
3. Pouvez-vous dire si elle a été perdue ou volée ?
4. Je n'ai pas la moindre idée du numéro de la carte.
5. On me l'a volé(e) dans un grand magasin.
6. Je ne peux pas vous le dire à l'improviste.

B ■ Choisissez la bonne réponse (entre a, b, c ou d)

1. It must have been stolen when I ... my purse down
a) lied - b) lay - c) laid - d) led
2. Are there any other papers missing ... the credit card ?
a) apart - b) despite - c) besides - d) on top
3. You ... get upset
a) don't need - b) needn't - c) have no need - d) don't have any need
4. We'll know as soon as we ... your number
a) have checked - b) will check - c) will have checked - d) checked

C ■ Placez l'accent sur les mots suivants

1. necessary	5. passport	9. terminal
2. America	6. police	10. to upset
3. detail	7. account	11. to invalidate
4. address	8. to issue	12. Connecticut

Corrigé

A ■ 1. I want to report a stolen credit card.
2. How soon will I get a new card ?
   How long will it take to get a new card ?
3. Do you know whether it was lost or stolen ?
4. I haven't the slightest idea what the number of the card is.
5. It was stolen in a department store.
6. I can't tell you offhand.

B ■ 1. c) 2. c) 3. b) 4. a)

C ■

1. necessary	5. passport	9. terminal
2. America	6. police	10. to upset
3. detail	7. account	11. to invalidate
4. address	8. to issue	12. Connecticut

In the United States, payment by credit card is more wide-spread *(répandu)* than payment by check.
The five major credit cards are : American Express, Carte Blanche, Diners Club, Master Charge, Visa.

C : clerk   L : Lady

L— Good morning. I'm expecting a letter at this post office.
My name is Jenkins. Have you received anything for me ?

C— You'll have to inquire at the General Delivery Window[1].

L— I see. I also need some stamps. Can I get them here ?

C— Certainly. Do you want airmail or regular[2] ?

L— Airmail. They're for overseas[3], France.

C— How many do you want ?

L— Five for these letters and twelve air mail stamps for post-
cards.

C— Here you are. Will that be all[4] ?

L— No. I've also got a package going to France and I'd like to
send a telegram as well.

C— I can take the package but you'll have to go to Western
Union[5] for your telegram. We don't handle them in the
P.O.[6]

L— Oh. All right.

C— For your package, just fill out this customs[7] slip[8] stating
contents and value. Do you want to insure it ?

L— I don't think so. It's only clothes.

C— Is that everything now ?

L— Yes. That's all.

C— That'll be $ 8.75[9].

L— Here you are.

C— Thank you very much.

L— Oh, I almost forgot[10]. Could you tell me how long it takes
for a letter to reach France ?

C— France ? It'll take at least five days.

L— By the way, where can I mail these letters ?

C— Just drop them[11] in the airmail slot[12] over there[13] or in the
mailbox out front[14].

L— Thanks so much.

C— Not at all[15].

post office	[pôoustofis]	package	[pakidj]
clerk	[kle:rk]	Western Union	[western iou:nien]
to inquire	[inkwaïer]	telegram	[tèligram]
delivery	[diliveri]	P.O.	[pi:ôou]
overseas	[ôouversi:z]	contents	[kentènts]
France	[frans]	clothes	[klôoużz]

E : employé   D : dame

D— Bonjour. J'attends une lettre à ce bureau de poste. Mon nom est Jenkins. Avez-vous (reçu) quelque chose pour moi ?

E— Il va falloir vous renseigner au guichet Poste Restante.

D— Je vois. J'ai également besoin de timbres. Puis-je les obtenir ici ?

E— Certainement. Vous voulez des timbres ordinaires ou par avion ?

D— Par avion. C'est pour l'étranger, la France.

E— Combien en voulez-vous ?

D— Cinq pour ces lettres-ci, et douze pour des cartes postales (envoyées) par avion.

E— Voici. C'est tout ?

D— Non, j'ai aussi un paquet pour la France, et je voudrais également envoyer un télégramme.

E— Je peux prendre le colis, mais il vous faudra aller à la Western Union pour votre télégramme. La poste ne s'en occupe pas.

D— Ah bon.

E— Pour votre paquet, vous n'avez qu'à remplir cette fiche de douane en indiquant le contenu et la valeur. Voulez-vous l'assurer ?

D— Je ne pense pas. Ce ne sont que des vêtements.

E— Est-ce que ce sera tout à présent ?

D— Oui, c'est tout.

E— Ça fera 8 dollars 75.

D— Voici.

E— Merci beaucoup.

D— Oh, j'allais oublier. Pouvez-vous me dire combien de temps une lettre met pour la France ?

E— La France ? Ça prendra au moins 5 jours.

D— A propos, où puis-je poster ces lettres ?

E— Il vous suffit de les mettre dans la fente marquée « Par Avion » à l'autre bout, ou bien dans la boîte aux lettres juste dehors.

D— Merci mille fois.

E— Il n'y a pas de quoi.

1. **General Delivery Window,** m. à m. *guichet de la distribution générale.* **Delivery** : 1) *livraison* 2) *remise* (d'une lettre), *distribution* (du courrier).

2. **regular,** *régulier,* mais aussi très souvent : *ordinaire, normal, courant.*

3. **overseas,** *au-delà des mers, outre-mer.* Comme adjectif, synonyme de **foreign** : **overseas markets** = **foreign markets,** *marchés étrangers.* Comme adverbe, est devenu synonyme de **abroad, to live overseas** = **to live abroad,** *vivre à l'étranger.*

4. **will that be all ?** m. à m. *Est-ce que cela sera tout ?* Emploi typique de « **that** » : renvoi à ce qui précède.

5. **Western Union,** Société privée qui a le monopole de fait des services télégraphiques aux États-Unis.

6. **We don't handle them in the P.O.,** **to handle** 1) *manier, manipuler, manutentionner* 2) *exécuter, gérer, s'occuper de.*
   P.O. = **Post Office.**

7. **Customs,** *la douane.* Toujours pluriel. **Customs duties,** *droits de douane.* **Customs officer,** *douanier.* **Customs formalities,** *formalités douanières,* etc. Ne pas confondre avec **custom,** *coutume, usage, habitude.*

8. **slip,** *fiche, bordereau, feuille de papier.*

9. **$ 8.75,** **eight dollars seventy five cents** ou **eight point 75 dollars.** Remarquez que le point correspond à la virgule en français : *2,5* s'écrira **2.5** et se prononcera **two point five.**

10. **I almost forgot,** m. à m. *j'ai presque oublié.*

11. **Just drop them,** m. à m. *lâchez-les seulement.* **To drop,** *laisser tomber ; lâcher.*

12. **Slot,** *fente* (pour introduire la monnaie dans un distributeur automatique). **Slot machine,** *distributeur, machine à sous.* Ici *fente d'une boîte aux lettres.*

13. **over there,** m. à m. *là-bas.*

14. **out front,** forme familière pour **out in front,** *à l'extérieur sur la façade.*

15. **Not at all,** m. à m. *pas du tout,* « *de rien* », *ce n'est pas la peine de me remercier* (cf. « **you're welcome** »).

■ TERMES DIFFÉRENTS

US	Fr	GB
General Delivery	*poste restante*	Poste-Restante
window	*guichet*	counter, desk
phone booth	*cabine téléphonique*	phone box
to mail	*poster*	to post
mailbox	*boîte à lettres*	post box
mailman	*facteur*	postman
package	*colis*	parcel
pick-up	*levée (de courrier)*	collection
regular	*ordinaire*	ordinary
to fill out	*remplir (formulaire)*	fill up
out front	*devant, à l'extérieur*	in (the) front
ZIP code (ZIP = zone of improved postage)	*code postal*	postal code

■ PRONONCIATION DIFFÉRENTE

France	US [frans]	GB [fra:ns]
Clerk	US [kle:rk]	GB [kla:k]

X – 5 ■ Environnement

■ **The Western Union Telegraph Co.** : created in 1851 to operate a telegraph line from Buffalo, NY*, to St.Louis, Mo. Western Union is now the second largest U.S. Telegraph company, and is connected to all parts of the world.

■ **Alexander Graham Bell** (1847-1922), inventor of the telephone, conceived in 1865 the idea of transmitting speech by electric waves, organised Bell Telephone Co., to become AT & T (American Telephone & Telegraph). Through 20 principal telephone subsidiaries it provides the bulk of the telephone service in the U.S.

* *Pour la liste des abréviations normalisées des États, voir page 338.*

■ *La Western Union Telegraph Co* : créée en 1851 pour faire fonctionner une ligne télégraphique de Buffalo (État de New-York) à St-Louis (Missouri), la W.U. est maintenant la seconde plus grande compagnie américaine de téléphone, et est reliée à toutes les parties du monde.

■ *Alexander Graham Bell* (1847-1922), inventeur du téléphone, eut en 1865 l'idée de transmettre la parole par ondes électriques et créa la Bell Telephone Co, qui devait devenir AT & T, et qui à travers une vingtaine de ses filiales téléphoniques assure le plus gros du service téléphonique.

Postal Service (in the 19th century)

The U.S. postal system was derived from the colonial service established by England. Postage stamps were first used in 1847 (they had already been adopted in Britain in 1839). As the population moved West, during the 19th century, the huge distances involved created the problem of speed delivery.

From April 1860 to October 1861, the Pony Express provided fast mail service between St. Joseph, Mo. and Sacramento, Ca. Expert riders, chosen for their light weight, rode horses in relays. The route covered 1,838 miles and included 157 stations, from 7 to 20 miles apart.

Each rider would ride from one "Home station" to another thus covering from 75 to 100 miles, and changing horses, from 6 to 8 times. After a rest period, he carried the mail in the other direction. The goal, which was to carry the mail in ten days from St. Joseph to Sacramento, was sometimes achieved. One of the best known Pony Express riders was William Cody ("Buffalo Bill").

Le Service Postal (au 19ᵉ siècle)

Le système postal U.S. provient du service établi sous la colonie anglaise. Les timbres postaux furent utilisés pour la première fois en 1847 (ils avaient déjà été adoptés par l'Angleterre en 1839). A mesure que la population se déplaçait vers l'ouest, au cours du 19ᵉ siècle, les distances impliquées posèrent le problème de la rapidité de distribution (du courrier).

D'avril 1860 à octobre 1861 un service de courrier rapide fut fourni par le Pony Express entre St-Joseph (Missouri) et Sacramento (Californie). Des cavaliers chevronnés, choisis en fonction de leur poids réduit, se relayaient pour monter les chevaux. L'itinéraire couvrait 1,838 miles (2 958 km) et comprenait 157 relais, distants les uns des autres de 7 à 20 miles.

Chaque cavalier se rendait d'un « relai principal » à un autre, parcourant ainsi de 75 à 100 miles, et changeait de cheval de 6 à 8 fois. Après une période de repos, il remportait du courrier en sens inverse. L'objectif, qui était de transporter le courrier en dix jours de St-Joseph à Sacramento, fut parfois atteint. William Cody (« Buffalo Bill ») fut un des cavaliers du Pony Express les plus connus.

1. Pouvez-vous peser ce colis ?
2. À combien faut-il affranchir une lettre pour la France ?
3. « Sommes bien arrivés. Lettre suit ».
4. « Envoyer argent urgence. Mandat international à l'adresse suivante ».
5. Où puis-je acheter des enveloppes et du papier à lettre ?
6. Est-ce qu'il y a du courrier pour moi ?
7. Quelle est l'heure de la dernière levée ?
8. Vous feriez mieux d'envoyer une lettre recommandée.
9. Quelles sont les heures d'ouverture de la poste ?
10. Vous avez oublié le code postal sur toutes ces lettres.
11. Pourriez-vous m'aider à remplir ce formulaire ?
12. À quel guichet dois-je me rendre ?
13. Je voudrais 10 timbres à … cents.
14. Inscrivez le nom du destinataire en masjuscules.
15. Joignez une enveloppe timbrée pour la réponse.
16. Pourrais-je avoir une dizaine d'aérogrammes ?
17. Je voudrais envoyer cette lettre en express.
18. Si vous l'envoyez par courrier ordinaire, cela peut lui prendre trois semaines pour arriver là-bas.

1. Can you weigh this package for me ?
2. How much is an airmail letter to France ? (What is the postage for a letter to France ?).
3. "Arrived safely, will write".
4. "Urgent. Send International Money Order to following address".
5. Where can I buy envelopes and writing paper (stationery) ?
6. Is there any mail for me ?
7. What time is the last pick-up ?
8. You'd better send a registered letter.
9. When is the Post Office open ?
10. You've forgotten the Zip codes on all these letters.
11. Could you help me fill out this form ?
12. Which counter should I go to ?
13. May I have 10 … cent stamps ?
14. Write the name of the addressee in block letters.
15. Enclose a self-addressed stamped envelope (a stamped and addressed envelope).
16. Could I have a dozen aerogram(me)s ?
17. I'd like to send this letter Special Delivery.
18. If you send it surface mail, it may take up to three weeks to get there.

to expect, attendre
to inquire, se renseigner
General Delivery, Poste Restante
package, paquet
to handle, s'occuper de, manier
to fill out, remplir
customs slip, fiche de douane
to state, indiquer
contents, contenu
to insure, assurer
to mail, poster
to drop, jeter, laisser tomber
slot, fente
to derive, provenir
established, établi
involved, impliqué
delivery, distribution
to provide, fournir
weight, poids
to ride, rode, ridden,

aller à cheval
route, itinéraire
station, station, relais
to operate, faire fonctionner
to connect, relier
speech, parole
subsidiaries, filiales
bulk, masse (ici : le gros de)
to weigh, peser
money order, mandat
pick-up, levée
registered letter, lettre recommandée
Zip code, code postal
block letter, majuscule
to worry, s'impatienter
self addressed stamped envelope, enveloppe timbrée pour la réponse
special delivery letter, lettre express
surface mail, courrier ordinaire

Vocabulaire complémentaire

mail train, train postal
outgoing mail, courrier au départ
please forward, faire suivre SVP
post office box, boîte aux lettres
post paid (US) } franco
post free (GB) } de port
printed matter, imprimé
to process, traiter
to redirect, réexpédier
teller, caissier
"with care", « fragile »

to airmail, envoyer par avion
branch office, bureau d'une succursale
care of (c/o), « aux bons soins de... »
cable, câble, télégramme
to deliver the mail, distribuer le courrier
to forward, faire suivre, acheminer
mailbag, sac postal
mailman, postier
mail order, achat par correspondance

Ms [miz] : cette formule tend à être de plus en plus employée pour les femmes mariées ou non. Elle remplace peu à peu la formule **Miss** (mademoiselle) ou **Mrs** (madame)... devant les noms de famille

■ **Traduire en anglais**

Bourges, le 12 avril 19. .

Chers amis,

Nous avons bien reçu votre lettre du 7 avril et nous vous remercions de votre aimable invitation.

Nous arriverons à San Francisco au début de juin, avec l'intention de louer un camping-car et de parcourir la Californie pendant une quinzaine de jours.

Nous serons ravis de nous rendre à Oakland, soit au début, soit à la fin de notre séjour et acceptons avec joie votre hospitalité.

Hélène vous donnera plus de détails dès que nous aurons les billets d'avion.

Toute la famille se réjouit à l'idée de vous revoir.

Amitiés

Corrigé

April 12, 19. .[1]

Dear Bob and Mary[2],

Thank you for your letter of April 7 and for your kind invitation.

We'll arrive in San Francisco at the beginning of June. We plan to rent[3] a camper (a motor-home) and travel around California for about two weeks.

We'll be very pleased to call on you at Oakland either at the beginning or the end of our stay and gladly accept your hospitality.

Helen will give you more particulars as soon as we have reserved[4] the plane tickets.

The whole family is looking forward to seeing you again.

Love to all

1. Pas d'indication de localité. 2. Dear Friends trop formel. 3. (GB) : to hire. 4. (GB) : booked.

■ At the Doctor's[1]

R = receptionist   Mck = Mr. McKay   Dr = Doctor

(On the telephone[2])

R— Hello, Dr. Edelsberg's office.

Mck— Hello. My name's McKay. I'd like to make an appoint-ment[2] to see the doctor as soon as possible.

R— Is it urgent ?

Mck— Well, I've been suffering[3] from severe stomach pains for two days. I don't think it can wait till the end of the week.

R— In that case, the doctor might be able to fit you in[4] between appointments. Why don't you come in this afternoon[5] ?

Dr— What seems to be the trouble[6] ?

Mck— I've had a terrible stomachache since Saturday night[7].

Dr— Any other symptoms ? Headaches, diarrhea, nausea, dizziness ?

Mck— As a matter of fact, I've had all those symptoms[8].

Dr— Can you think of anything you ate[9] last weekend that might have caused it[10] ?

Mck— Actually, I was wondering[11] if it was the fish we had[12] Saturday night. It just didn't taste right[13].

Dr— That may be it[14]. Now, how have you been feeling otherwise[15] ?

Mck— Well, I have been rather tired for quite a while.

Dr— Do you get very much exercise ?

Mck— No, I don't, and I'm afraid I smoke too much, too.

Dr— Well, that could explain why you're so run down[16].

Mck— Yeah, I guess I'm really not in very good shape.

Dr— I'll give you a prescription for those stomach pains. You can have it filled at your neighborhood drugstore[17]. You've got a slight[18] case of food poisoning. But I do[19] recommend that you cut down[20] on the smoking and try to get more exercice. You'll be feeling better in no time.

Mck— Thank you, Doctor.

office	[ofis]	stomachache	[stomekéïk]
McKay	[mekéï]	diarrhea	[daïerie]
urgent	[e:rdgent]	exercise	[èksersaïz]
severe	[sivier]	to recommend	[rèkemènd]
stomach	[stœmak]	neighborhood	[néïberhoud]
case	[kéïs]	poisoning	[poïzniŋ]

R = réceptionniste　　Mck = M. McKay　　Dr = docteur

(Au téléphone)

R— Allô, cabinet du docteur Edelberg.

Mck— Allô, je m'appelle McKay. J'aimerais avoir un rendez-vous pour voir le docteur aussitôt que possible.

R— Est-ce que c'est urgent ?

Mck— Eh bien, je souffre de fortes douleurs à l'estomac depuis deux jours. Je ne crois pas que ça puisse attendre la fin de la semaine.

R— Dans ce cas le docteur pourrait vous prendre entre deux rendez-vous. Voulez-vous venir cet après-midi ?

Dr— Qu'est-ce qui ne va pas ?

Mck— J'ai un mal d'estomac très douloureux depuis samedi soir.

Dr— D'autres symptômes ? Maux de tête, diarrhée, nausée, vertiges ?

Mck— A vrai dire, j'ai eu tout ça.

Dr— Avez-vous mangé quelque chose ce week-end dont vous pensez que ça puisse être la cause de ceci ?

Mck— En fait, je me demande si ce n'est pas le poisson que nous avons mangé samedi soir. Il avait un drôle de goût...

Dr— Ça peut être ça. Voyons, comment vous sentez-vous par ailleurs ?

Mck— Eh bien je me sens un peu fatigué depuis un certain temps.

Dr— Prenez-vous beaucoup d'exercice ?

Mck— Non, et puis je crois que je fume également trop.

Dr— Eh bien, ça pourrait expliquer que vous vous sentiez aussi abattu.

Mck— Oui, je pense que je ne suis vraiment pas en forme.

Dr— Je vais vous faire une ordonnance pour ces maux d'estomac. Vous pourrez la faire exécuter au drugstore le plus proche de chez vous. Vous avez une légère intoxication alimentaire. Mais ce que je vous recommande surtout, c'est de fumer moins et de faire plus d'exercice. Vous vous sentirez mieux en un rien de temps.

Mck— Merci Docteur.

1. **At the doctor's,** sous-entendu office. Cf. **at the baker's,** *chez le boulanger,* etc. Si **doctor** est le terme usuel, l'appellation professionnelle est **physician** (ne pas confondre avec a **physicist,** *un physicien*). *Un chirurgien,* **a surgeon.**

2. **Appointment,** 1) *rendez-vous* ; 2) *nomination* (à un poste). **To appoint,** *nommer à un poste.*

3. **I've been suffering from severe stomach pains for two days,** notez la construction de **to suffer** (avec **from**) et l'emploi du **présent perfect** (avec **for** puisque **two days** indique une durée).

4. **To fit you in,** m. à m. *vous caser, vous loger.* **To fit** : 1) *être à la taille de, aller* ; 2) *adapter, ajuster.* **To fit in** : *emboîter, s'emboîter ; s'accorder.*

5. **Why don't you come in this afternoon ?** l'emploi de « **in** », justifié puisqu'il s'agit de venir à l'intérieur d'un lieu, le cabinet du docteur, donne un tour plus familier et idiomatique à la phrase.

6. **What seems to be the trouble ?** seems (**to seem,** *sembler*) rend la formule moins sèche. Cf. français « *alors, qu'est-ce qui ne va pas ?* ».

7. **I've had a terrible stomachache since Saturday night,** notez l'emploi du **présent perfect** (avec **since** puisque **Saturday night** constitue un point de départ). **Ache,** *douleur,* souvent en composition : **headache,** *mal, maux de tête,* **toothache,** *mal, maux de dents,* **backache,** *douleurs dorsales.*

8. **I've had all those symptoms,** emploi typique de **those,** qui renvoie à ce qui précède.

9. **Anything you ate last weekend,** prétérit (de **to eat**) pour fait passé et daté.

10. **That might have caused it,** m. à m. *qui aurait pu le causer.* « **it** » peut renvoyer à **stomachache,** ou globalement aux symptômes décrits.

11. **I was wondering,** m. à m. *j'étais en train de me demander.*

12. **The fish we had,** to have = (souvent) *prendre de la nourriture, une boisson.* **To have tea, dinner, a steak, a drink,** etc.

13. **It just didn't taste right,** comparer **it tastes good,** *c'est bon* (au goût), **it tastes bad,** *c'est mauvais.* **Just,** ici intensif (renforce l'affirmation).

14. **That may be it.** « **it** » reprend l'ensemble de l'explication donnée (poisson douteux mangé le samedi soir). Correspond ici au français « *ça* ». Cf. **that's it !** *c'est ça !*

15. **How have you been feeling otherwise ?** emploi du pre-
    sent perfect car se rapporte à l'état du patient antérieure-
    ment à la visite.
16. **run down,** pour une personne, *fatigué, à plat (comme
    une batterie).*
17. **drugstore,** *pharmacie,* qui peut également vendre de la
    confiserie, des journaux, des cosmétiques, des boissons,
    etc.
18. **slight,** *léger* au sens de : *de peu d'importance* ; **light,**
    léger (du point de vue du poids).
19. **I do recommend...** do de renforcement (emphatique).
20. **That you cut down on the smoking,** to cut down on
    something, *réduire, diminuer la quantité* ou l'usage de
    quelque chose. **The smoking,** le fait de fumer (on aurait pu
    avoir **your smoking**).

XI – 4   ■ Anglais américain et britannique

■ TERMES DIFFÉRENTS

US	GB
drugstore	**chemist**

• La **chemist's shop** britannique est proche de la *pharmacie* française
et donc vend une gamme de produits bien plus restreinte que le **drugstore** américain (pas de **soda fountain,** boissons non alcoolisées)
notamment (voir leçon 35).

To fill	faire	to make up
a prescription	une ordonnance	a prescription

■ USAGE DIFFÉRENT

neighborhood (adj.)		**local** (adj.)
I guess	*je pense*	**I think**

■ ORTHOGRAPHE DIFFÉRENTE

neighborhood	**neighbourhood**
diarrhea	**diarrhoea**

■ EMPLOI GRAMMATICAL DIFFÉRENT

US : **The fish we had Saturday night.**
GB : **The fish we had on Saturday night.**
La préposition **on** est nécessaire en anglais britannique devant
une date ou un jour de la semaine. Autre exemple :
US : **The store opens March 21st.**
GB : **The store opens on 21st. March.**

■ PRONONCIATION DIFFÉRENTE

can't	US [kant]	GB [ka:nt]
afternoon	US [afternou:n]	GB [a:ftenou:n]
ate	US [éït]	GB [èt]

Health Insurance

■ In the United States, there is no national health insurance besides MEDICARE which is restricted to the elderly (62 years of age for women and 65 for men). MEDICARE is a federally financed system of paying hospital, doctor and other medical bills. You choose your own doctor, who prescribes your treatment and place of treatment.

■ While MEDICARE pays the major share of the cost of any illness requiring hospitalization, it does not offer adequate protection for long-term illness or mental illness. So people subscribe to private insurance companies for personal coverage. Civil Service employers and many large companies provide coverage for their employees. **Blue Cross Blue Shield** is one of the large insurance companies commonly used.

■ Social Security in America refers to retirement payment to workers who have contributed to the fund during their professional life.

Assurance maladie

■ Aux États-Unis, il n'y a pas d'assurance nationale pour la maladie en dehors de MEDICARE, réservé aux personnes âgées (62 ans pour les femmes, 65 pour les hommes). MEDICARE est un système fédéral de financement du paiement des factures des médicaments, du médecin et de l'hôpital. Vous choisissez votre propre médecin qui vous prescrit un traitement et un lieu pour être soigné.

■ Tout en payant la plus grande part des frais de toute maladie nécessitant une hospitalisation, MEDICARE n'offre pas de protection convenable pour les longues maladies ou les troubles mentaux. Aussi on souscrit pour sa couverture personnelle auprès de compagnies d'assurances privées. Les employeurs du secteur de la fonction publique et de nombreuses grandes sociétés assurent la couverture de leurs employés. *Blue Cross Blue Shield** est l'une des grandes sociétés d'assurances communément utilisées.

■ La « sécurité sociale » aux États-Unis se rapporte seulement aux pensions de retraite payées aux travailleurs qui ont côtisé au fonds durant leur vie professionnelle.

---

* *« Croix Bleue-Bouclier Bleu »*.

1. Je ne me sentais pas bien cette nuit.
2. Il se plaint de douleurs dans le dos.
3. J'ai attrapé un rhume avec ce sacré air conditionné.
4. J'ai mal aux yeux.
5. Il ne fait de visites à domicile que le matin.
6. En cas d'urgence, appeler l'hôpital.
7. J'ai très mal à la gorge et je tousse beaucoup.
8. Je voudrais un sirop contre la toux.
9. Prenez deux comprimés par jour.
10. Est-ce que ça vous fait mal ?
11. Il vaudrait mieux faire une radio pour s'assurer que rien n'est cassé.
12. Elle s'est fracturé deux côtes.
13. Il y a tellement de caries dans cette dent qu'il faudrait l'arracher.
14. Voyez d'abord un médecin généraliste.
15. Surveillez votre régime, vous avez tendance à grossir.
16. Votre tension est normale.
17. Il faudra dévitaliser la dent, mais je pense qu'elle peut être sauvée.
18. Avez-vous des allergies ?
19. Je crains de m'être fait une entorse ou peut-être une fracture.

1. I didn't feel well last night.
2. He's suffering from back pain.
3. I caught a cold from that damned air-conditioning.
4. My eyes hurt (or : sting).
5. He only makes house-calls in the morning.
6. If there is an emergency (or in case of…), call the hospital.
7. I have a terrible sore throat and I've been coughing a lot.
8. I'd like some cough medecine.
9. Take two tablets a day.
10. Does this hurt ?
11. We had better take an X-ray to make sure nothing is broken.
12. She broke two ribs.
13. There are so many cavities in this tooth that it should be pulled.
14. You should see a general practitioner first.
15. Watch your diet. You tend to gain weight easily.
16. Your blood pressure is normal.
17. You'll need a root-canal but I think the tooth can be saved.
18. Have you any allergies ?
19. I fear I have a sprain or even a fracture.

appointment, rendez-vous
stomachpain (ache), douleur à l'estomac
headache, mal de tête
diarrhea, diarrhée
nausea, nausée
dizziness, vertige
to feel run down, se sentir abattu
prescription, ordonnance
food poisoning, intoxication alimentaire
to cut down, réduire, diminuer
health insurance, assurance maladie
to subscribe, souscrire
personal coverage, couverture personnelle
civil service, fonction publique
retirement payment, pension de retraite
to contribute, cotiser
to catch a cold, attraper un rhume
to hurt, faire mal
house call, visite à domicile
emergency, urgence
sore throat, mal à la gorge
to cough [kœf], tousser
tablet, cachet
X-ray, rayon X
rib, côte
cavity, carie
to pull a tooth, arracher une dent
general practitioner, médecin généraliste
diet, régime
blood pressure, pression sanguine
allergy, allergie
sprain, entorse

Vocabulaire complémentaire

ailment, indisposition
brace, appareil dentaire
brain, cerveau
catching disease, maladie contagieuse
to come round, revenir à soi
to cure, soigner, guérir
dental surgeon, chirurgien dentiste
diagnosis, diagnostic
to faint, s'évanouir
filling, plombage
flu, grippe
gums, gencives
hay-fever, rhume des foins
ill, illness, malade, maladie
injection, piqûre
kidney, rein
to be laid up, garder le lit
limb, membre
malpractice suit, procès pour faute professionnelle
measles, rougeole
mumps, oreillons
ointment, pommade
operation, opération
pacemaker, stimulateur cardiaque
to pass out, s'évanouir
physician, médecin
pill, pilule
plastic surgery, chirurgie esthétique
recovery, guérison
to relieve, soulager
sick, sickness, malade, maladie
sight, vue
scarlet fever, scarlatine
to sweat, transpirer
surgeon, chirurgien
surgery, chirurgie
to undergo surgery, subir une opération
virus, virus
vitamin, vitamine

■ **Traduire**

1. *Aspirin* may turn out to be the wonder drug of the eighties. Long used for aches, pains, fever as well as hangovers, it is now the subject of multiple investigations of its role in treating many more-serious complaints, including stroke, graft, rejection, diabetes [daïebi:ti:s], even cancer, and at the beginning of 1980 was hailed as a means of prevention of heart attack. Of course, too much aspirin can lead to internal bleeding and damage to the kidneys and liver...

2. *This Emergency Insect Sting Treatment Kit* is designed to relieve quickly a dangerously severe allergic reaction caused by the sting of bees, wasps, hornets. Within minutes after the sting, the patient experiences apprehension, faintness, flushing followed by paleness, tachycardia, thready pulse, a fall in blood pressure, unobtainable pulse and visual changes. Occasionally, unconsciousness, convulsions and abdominal cramps may occur.

Our treatment quickly restores circulating blood volume and blood pressure by constricting the capillary beds. The itching during episodes of hives is promptly relieved.

1. L'*aspirine* pourrait bien se révéler le remède miracle des années 80. Depuis longtemps utilisée contre les maux, les douleurs, la fièvre ainsi que la « gueule de bois », elle fait à présent l'objet de multiples recherches quant à son rôle dans le traitement de nombreuses maladies plus graves, y compris les congestions cérébrales, les rejets de greffes, le diabète, et même le cancer ; au début de 1890, on l'a saluée comme moyen de prévention des attaques cardiaques. Bien entendu, prendre trop d'aspirine peut entraîner des hémorragies internes et des lésions aux reins et au foie...

2. La *trousse d'urgence pour le traitement de piqûres d'insectes* est conçue pour soulager rapidement les réactions allergiques à haut risque provoquées par les piqûres (dards) d'abeilles, de guêpes et de frelons. Quelques minutes après la piqûre, le malade éprouve de l'angoisse, des malaises, passe de l'enchymose (bouffées de chaleur) à une grande pâleur ; il a de la tachycardie, un pouls filiforme, une chute de tension, un pouls impossible à prendre, des troubles de la vision. Parfois surviennent la perte de connaissance, des convulsions et des crampes abdominales. Notre traitement rétablit rapidement la circulation de la masse sanguine et sa pression en exerçant un resserrement des couches capillaires. Les démangeaisons provoquées par les crises d'urticaire sont promptement soulagées.

V = Vicki   J = Jan

V — Hi, Jan. I've been meaning[1] to ask you if you had any plans for the Fourth of July[2].

J — No, not really. Why ?

V — Well, I was thinking[3] of giving a party[4].

J — Sounds like fun[5]. Why not make it a barbecue[6].?

V — That's a terrific[7] idea. We could move the picnic table down to the pool[8] and set up some folding chairs.

J — I'd be glad to help out[9]. What can I bring ?

V — Let's see. We'll have hot-dogs and hamburgers of course, with toasted rolls and barbecue sauce.

J — Why don't I make potato salad and cole slaw[10] ?

V — You're a real doll[11], Jan. Then all I'll need are the drinks. Of course I'll use paper plates and cups and plastic knives and forks.

J — You'd be crazy not to[12].

V — What else is there ? I must have forgotten something.

J — What about dessert ? Watermelon would be refreshing. If the weather keeps up like this, it's bound[13] to be a scor-cher[14].

V — You're probably right. Maybe I should get some block ice for the cooler.

J — There's a machine down by the grocery store.

V — I'd better hurry up[15] and get the invitations sent out[16]. Would you mind checking[17] my list to see that I haven't left anyone out ?

J — Looks good[18] to me. I'll be seeing Tom and Steve tonight. Do you want me to tell them about it ?

V — Oh, please do[19].

J — What time do you want people to show up[20] ?

V — Six-ish[21]. And tell them not to wear anything fancy[22]. It'll be a casual[23] affair.

J — Should they bring their bathing suits ?

V — By all means[24]. One more thing. Could you ask Tom to take care of the music ? John'll handle[25] the fireworks and we'll be all set.

barbecue	[ba:rbikiou]	cole-slaw	[kôoulslo:]
terrific	[tèrifik]	doll	[dol]
hamburgers	[hambe:rgerz]	dessert	[dize:rt]
rolls	[rôoulz]	machine	[mechi:n]
sauce	[so:s]	casual	[kɑjouel]
potato	[petéïtôou]	bathing suits	[béïžiŋ sou:ts]

V = Vicki   J = Jan

V — B'jour Jan. Je voulais te demander si tu avais des projets pour le 4 juillet.

J — Non, pas vraiment. Pourquoi ?

V — Eh bien, je pensais organiser une réunion.

J — Ça me semble amusant. Pourquoi ne pas faire un barbecue ?

V — C'est une idée merveilleuse. On pourrait descendre la table de pique-nique près de la piscine, et installer des chaises pliantes.

J — Je t'aiderais avec plaisir. Qu'est-ce que je peux apporter ?

V — Voyons. On mangera des saucisses et du bifteck haché, bien sûr, avec des petits pains grillés et de la sauce à barbecue.

J — Je ne pourrais pas faire de la salade de pommes de terre et du choux vinaigrette ?

V — Tu es vraiment sympa, Jan. Alors tout ce qu'il me faut c'est la boisson. J'utiliserai des assiettes et des verres en carton, et des couverts en plastique.

J — Ce serait de la folie de faire autrement.

V — Et quoi d'autre encore ? Je suis sûre d'avoir oublié quelque chose.

J — Et le dessert ? De la pastèque, ça serait rafraîchissant. Si ce temps persiste, ça va être une fournaise.

V — Tu as sans doute raison. Je ferai peut-être bien de prendre un pain de glace pour la glacière.

J — Il y a un distributeur près de l'épicerie.

V — Vaut mieux que je me dépêche d'envoyer les invitations. Ça te dérangerait de vérifier ma liste pour voir si je n'ai oublié personne ?

J — Ça me paraît correct. Je vois Tom et Steve ce soir. Tu veux que je leur en parle ?

V — Oh oui, avec plaisir.

J — A quelle heure veux-tu que ces gens débarquent ?

V — Vers les six heures. Et dis-leur bien de ne pas s'habiller ; ça sera sans façons.

J — Est-ce qu'il faut qu'ils prennent leur maillot de bain ?

V — Absolument. Et encore autre chose. Pourrais-tu demander à Tom de s'occuper de la musique ? John se chargera du feu d'artifice, et tout sera en place.

1. **I've been meaning, to mean :** 1) *signifier, vouloir dire* 2) *avoir l'intention.*
2. **Fourth of July or Independence Day,** fête nationale aux États-Unis, pour commémorer l'adoption de la Déclaration d'Indépendance en 1776.
3. **I was thinking of...,** Remarquez la préposition. *Penser à quelque chose :* **to think of something.**
4. **party,** selon les cas *réunion entre amis* (ici), *réception, soirée* ou *groupe* (notamment touristes).
5. **Sounds like fun,** it sounds like fun *(ça à l'air amusant).* Comparez avec : It looks like rain, *on dirait qu'il va pleuvoir.* Do you feel like a drink ? *Avez-vous envie de prendre un verre ? Voulez-vous boire quelque chose ?*
6. **Why not make it a barbecue ?** m. à m. *Pourquoi ne pas en faire un barbecue ? Pourquoi ne pas le faire sous forme de barbecue ?* Remarquez l'emploi de l'infinitif sans **to** après **why** ou **why not.**
7. **Terrific.** « *terrible* » au sens de *formidable.* **Terrible,** *affreux, effrayant.*
8. **Pool,** 1) *swimming pool* 2) *étendue d'eau, flaque, mare.*
9. **To help out,** par rapport à **to help** : insiste sur le désir de « se rendre utile ».
10. **cole-slaw,** salade de choux cru râpé ou en fine lamelles, hors-d'œuvre courant.
11. **A real doll,** (familièrement) *femme adorable, gentille.*
12. **You'd be crazy not to,** sous entendu « **use them** » ou « **do that** ». Comparer avec : I would like to, I don't want to, etc.
13. **It's bound to be,** *cela va forcément être...* idée d'inévitabilité. Exemples : **He's bound to come,** *il va sûrement venir, il ne peut pas ne pas venir.* **It's bound to happen,** *ça va forcément se produire.*
14. **A scorcher,** (familièrement) désigne une journée torride. **To scorch,** *roussir, griller, brûler.*
15. **I'd better hurry up, I'd better** toujours suivi de l'infinitif sans **to.**

16. ... **hurry up and get the invitations sent out.** m. à m. *que je me dépêche et que je fasse que les invitations soient envoyées.* **To get something done,** *faire en sorte que quelque chose soit fait.*
17. **Would you mind checking...,** l'expression « would you mind » est toujours suivie de la forme en **-ING.**
18. **Looks good...,** pour it looks good...
19. **Please do,** m. à m. : s'il te plaît fais-le.
20. **To show up,** (familier) *arriver, se présenter, venir* (à un rendez-vous, une réception).
21. **Six-ish,** -ish donne une idée d'approximation. De même : five-ish voudrait dire *aux environs de 5 heures,* etc.
22. **Fancy,** (adj.) 1) *de fantaisie* 2) (comme ici) *recherché, habillé, de luxe.*
23. **Casual.** 1) *fortuit, accidentel, temporaire* 2) (comme ici) *informel, sans formalité, sans cérémonie, avec simplicité.*
24. **By all means,** 1) *par tous les moyens* 2) (en réponse, comme ici) *mais certainement, bien entendu.*
25. **To handle,** 1) *manier, manipuler* 2) *s'occuper de, gérer.*

XII – 4 ■ Anglais américain et britannique

■ VOCABULAIRE DIFFÉRENT

US	Fr	GB
hi !	*salut !*	**hello !**
you're a real doll	*tu es gentille*	**you're an angel**
cooler	*glacière*	**icebox**
grocery store	*épicier*	**grocer's**
you'd be crazy not to...	*ce serait de la folie de ne pas...*	**you'd be silly not to...**

■ PRONONCIATION DIFFÉRENTE

ask	US [ask]	GB [a:sk]
party	US [pa:rdi]	GB [pa:ti]

- *Barbecue* or *barbeque* or *Bar-B-Q,* may denote :
— a metal rack on which meat and fish are roasted.
— a portable fireplace with such a rack and a revolving spit.
— a hog, steer or other large animal roasted or broiled, whole or split, over an open fire or barbecue pit.
— meat or chicken, cooked on a barbecue.
— a social gathering, generally in the open air, at which people eat meat roasted over a barbecue pit, or cooked any other way.
- *Barbecue Sauce* : there are numerous recipes [rèsipiz]. You may try this one (for 2 lbs spareribs) :
1/4 cup chopped onions
in 1 tablespoon drippings or other fat, add and simmer for 20 minutes :

1/2 cup water	2 tablespoons brown sugar
2 tablespoons vinegar	1 cup chili sauce
1 tablespoon Worcester sauce	3 tablespoon catsup
1/4 cup lemon juice	1/2 teaspoon salt
	1/4 teaspoon paprika

Note : 1 cup : 1/2 pint : $\dfrac{0,47\,l}{2} = 0,235\,l$

- Le mot *barbecue* peut désigner
— un gril métallique sur lequel on fait rôtir de la viande ou du poisson.
— un foyer portable comportant un gril de ce type et une broche (tournante).
— un cochon, un jeune bœuf ou un autre animal de grande taille rôti ou grillé, entier ou en quartier, sur un foyer ouvert ou une fosse à barbecue.
— de la viande ou du poulet cuit au barbecue.
— une réunion d'amis, généralement en plein air, au cours de laquelle on mange de la viande rôtie sur une fosse à barbecue, ou préparée autrement.
- *Sauce barbecue* : il existe de nombreuses recettes. Vous pouvez essayer celle-ci (pour 2 livres de haut de côte) :
1/4 de « tasse » d'oignons hachés
dans : 1 cuiller à soupe de graisse de cuisson ou autre matière grasse, ajouter et faire mijoter pendant 20 minutes :

1/2 tasse d'eau	2 cuillers à soupe de sucre brun
2 cuillers à soupe de vinaigre	1 tasse de sauce au piment
	3 cuillers à soupe de sauce tomate
1 cuiller à soupe de sauce Worcester	1/2 cuiller à café de sel
	1/4 de cuiller à café de paprika
1/4 de tasse de jus de citron	

Note : 1 tasse = environ 1/4 de litre (235 cl).

1. Amenez vos amis avec vous.
2. Je vous présente Annette, la sœur de John, et Mary, la femme de Bob.
3. Toutes mes amitiés à Robert.
4. Comment va votre femme ?
5. N'oubliez pas d'amener vos maillots de bain.
6. Ça fait tellement longtemps qu'on s'est vus !
7. Que deviennent Roger et Jenny ?
8. Espérons qu'il ne pleuvra pas !
9. Je passerai vous prendre en voiture à l'hôtel.
10. A quelle heure faut-il arriver ?
11. Est-ce que je peux vous aider à quelque chose ?
12. Depuis combien de temps êtes-vous aux États-Unis ?
13. J'espère que vous pourrez rester pour le Festival la semaine prochaine.
14. C'est Tony qui s'est chargé des boissons...
15. Maintenant je pense que vous connaissez tout le monde.
16. Avez-vous un produit anti-moustique ? Je suis en train d'être dévoré vivant.
17. Merci encore pour cette merveilleuse soirée.
18. Nous reprenons l'avion demain et ne voudrions pas nous coucher trop tard.

1. Bring your friends along.
2. This is Annette, John's sister and this is Mary, Bob's wife.
3. Give my best to Robert. (Say "hello" to Robert for me).
4. How's your wife ?
5. Don't forget to bring your bathing suits.
6. God I haven't seen you in such a long time.
7. What are Roger and Jenny up to ? (Whatever happened to R & J ?).
8. Let's hope it won't (doesn't) rain.
9. I'll pick you up at the hotel.
10. What time should we come ?
11. May I do something for you ?
12. How long have you been in the States ?
13. I hope you can stay for the Music Festival next week.
14. Tony's taking care of the drinks.
15. Well, I think you've met everyone now.
16. Do you have any mosquito repellent ? I'm getting eaten alive.
17. Thanks again for a lively evening.
18. We're taking the plane tomorrow and wouldn't want to go to bed too late.

party, réunion, réception
fun, amusement
pool, piscine
folding-chair, chaise pliante
to help out, se rendre utile
hot-dog, saucisse
hamburger, bifteck haché
toasted roll, petit pain grillé
cole slaw, choux blanc vinaigrette
doll, poupée (ici quelqu'un de gentil)
paper plate, assiette en carton
cup, 1) tasse 2) voir en XII—8
plastic knive, couteau en plastique
watermelon, pastèque
refreshing, rafraîchissant
to keep up, persister, se maintenir
it's bound..., cela doit, cela va sûrement...
scorcher, fournaise
block ice, pain de glace
cooler, glacière
grocery store, épicerie
to show up, arriver, débarquer
to wear, porter (vêtement)
fancy, 1) de fantaisie 2) habillé

casual, 1) fortuit 2) sans cérémonie
bathing suit, maillot de bain
by all means, 1) par tous les moyens 2) bien entendu
to handle, 1) manier 2) gérer
fireworks, feu d'artifice
all set, en place
rack, gril
meat, fish, viande, poisson
(revolving) spit, broche (tournante)
hog, cochon
steer, jeune bœuf
broiled, grillé
whole or split, entier ou en quartier
open fire, foyer ouvert
pit, fosse
gathering, réunion
recipe, recette
sparerib, travers de porc
drippings, graisse de cuisson
fat, matière grasse
tablespoon, cuiller à soupe
vinegar, vinaigre
brown sugar, sucre brun
chili sauce, sauce au piment
catsup, ketchup, sauce tomate
mosquito repellent, produit anti-moustique

Vocabulaire complémentaire

anchovy, anchois
avocado, avocat
banana, banane
broccoli, brocoli
cider, cidre
coconuts, noix de coco
cucumber, concombre
leek, poireau

pear, poire
pepper, poivre
pickles, cornichons
poultry, volaille
rice, riz
spinach, épinard
strawberry, fraise

« Fines herbes et plantes aromatiques » : voir p. 105.

■ **Traduire**

Barbecue chicken *(six servings)*

• Allow 1/2 chicken per person.
• Clean, then split down the back three broiling chickens.
Brush them with : melted butter.
• Place them on a broiling rack, skin-side down.
Broil them about 5 inches from the heat for 15 minutes, brush
with melted butter, turn and broiled the other side for the same
length of time.
• Turn the chickens a second time. Allow 3/4 to 1 hour in all.
• Bathe them frequently during the last period with : barbecue
sauce.

Corrigé

Poulet au barbecue *(six parts)*

• Prévoir 1/2 poulet par personne.
• Vider et préparer, puis séparer en deux (par le dos) 3 poulets
à griller. Enduire de beurre fondu.
• Les placer sur le gril (posés sur le côté extérieur).
Faire griller à (environ) 15 centimètres du feu (de la chaleur)
pendant 15 minutes, badigeonner de beurre fondu, retourner
et griller l'autre côté (15 minutes également).
• Retourner les poulets une deuxième fois.
Compter de 3/4 d'heure à 1 heure en tout.
• Arroser fréquemment en fin de cuisson avec de la sauce
barbecue (voir XII—5).

---

quelques mesures pour faire la cuisine

1 tsp (teaspoon)	*1 cuillère à café*
1 tb (tablespoon)	*1 cuillère à soupe ou un verre à liqueur*
• 1 cup (= 16 Tb)	*1/4 litre - 2 cuillères à soupe*
2 cups = 1 pint [païnt]	*1/2 litres - 1/2 décilitre*
4 cups = 1 quart [kwo:rt]	*9/10 de litre*

a pinch = *une pincée*

• Pour convertir — les onces en grammes : onces × 28,35
　　　　　　　　　 — les grammes en onces : grammes × 0,035

Herbs and aromatic plants : fines herbes et plantes aromatiques

basil	basilic	**cinnamon**	cannelle	**parsley**	persil
chervil	cerfeuil	**cumin**	cumin	**thyme**	thym
chives	ciboulette	**mint**	menthe	**tarragon**	estragon

A close call[2]

B = Bob   C = Cathy   O = Police Officer

B— Is that an ambulance I hear ?

C— What do you mean ? I don't hear anything.

B— It seems to be coming closer, but I can't see a thing in the rear-view mirror. Could you wipe off the back window please ? It's all fogged up.

C— Bob, bad news[3]. There's a car with a flashing red light[4] following us and it doesn't look like an ambulance to me[5]. I'm afraid it's a police car.

B— Damn[6], that's all we need[7].

C— Bob, you'd better pull over[8]. The policeman is signaling to you.

B— What rotten luck[9] !

C— Now calm down and don't lose your temper, whatever you do. Roll down your window[10].

O— OK Mister[11], do you know what the speed limit is on this highway[12] ?

B— I believe it's 55 m.p.h.[13], Sir.

O— That's exactly right. Now you can tell me how fast you were driving[14] when I stopped you.

B— I suppose I was going about 60[15], Officer[17].

O— 60 ! You must be kidding[16] ? You were doing at least 75 when I spotted you.

B— I'm sorry, Officer, I really wasn't aware[18] I was speeding[19].

O— Let's see your driver's license and registration papers[20].

B— Here's my license.

O— I can't make heads or tails of this[21]. It's not even in English. You're driving without a valid license and speeding on top of it. You'll have to come down to the local precinct[22]. Where's your registration ?

B— Registration ?

O— Yeah, the papers that show you own the car.

B— But I don't own the car.

O— What do you mean you don't own the car ?

B— Please let me explain, Officer. You see, we're on vacation and this is a rented car...

O— I get it[23] You're foreigners. Look[24], I'll let you off[25] this time, but don't let it happen again !

police	[pelis]	calm	[ka:m]
close	[klôous]	m.p.h.	[èm pi éïtch]
ambulance	[æmbioulens]	officer	[ofiser]
rear-view mirror	[rierviou:mirer]	license	[laïsens]
damn	[dam]	precinct	pri:sinkt]
signaling	[signeliŋ]	foreigners	[forinerz]

On l'a échappé belle

B = Bob   C = Cathy   A = Agent

B— Est-ce que c'est une ambulance que j'entends ?

C— Qu'est-ce que tu veux dire ? Je n'entends rien.

B— On dirait que ça se rapproche, mais je ne vois rien du tout dans le rétroviseur. Tu pourrais essuyer la lunette arrière, s'il te plaît ? Elle est couverte de buée.

C— Bob, ça va mal. On est suivis par une voiture avec un gyrophare rouge, et à mon avis, ce n'est pas une ambulance. J'ai bien peur que ce ne soit la police.

B— Bon Dieu, on avait bien besoin de ça.

C— Bob, (il) vaudrait mieux que tu te ranges. Le policier te fait signe.

B— Quel manque de pot !

C— Allons calme-toi, et quoi que tu fasses, ne perds pas ton sang-froid. Baisse ta vitre.

A— Alors mon brave, vous connaissez la vitesse limite sur cette autoroute ?

B— Je pense que c'est 55 miles à l'heure, monsieur l'agent.

A— Tout juste. Et maintenant, dites-moi à quelle allure vous rouliez quand je vous ai stoppé ?

B— Je suppose que je faisais environ 60, monsieur l'agent.

A— 60 ! Vous voulez rire ? Vous alliez à 75 au moins quand je vous ai repéré !

B— Je regrette, monsieur l'agent, je ne me rendais vraiment pas compte que je faisais un excès de vitesse.

A— Voyons votre permis de conduire et la carte grise.

B— Voici mon permis.

A— Je n'y comprends rien. C'est même pas en anglais. Vous roulez sans permis, et en plus vous faites un excès de vitesse. Vous allez me suivre au commissariat. Où est votre carte grise ?

B— La carte grise ?

A— Ben oui, le papier qui indique que vous êtes propriétaire de la voiture.

B— Mais je ne suis pas le propriétaire.

A— Comment ça, vous n'êtes pas le propriétaire ?

B— Laissez-moi vous expliquer, monsieur l'agent, s'il vous plaît. Nous sommes en vacances, voyez-vous, et c'est une voiture de location...

A— Je vois ; alors vous êtes étrangers. Écoutez, je vous laisse aller pour cette fois-ci, mais que ça ne se reproduise plus !

1. **A run in,** rencontre orageuse (échange de propos vifs, altercation, voire rixe). **To run into somebody,** tomber sur quelqu'un, rencontrer quelqu'un à l'improviste, se trouver face à face avec quelqu'un.

2. **a close call,** a narrow escape ; **to have a close call,** a narrow escape, l'échapper belle.

3. **bad news,** m. à m. mauvaises nouvelles ; news a un sens collectif, mais se construit avec un singulier : **what's the news ?** quelles sont les nouvelles ? ; une nouvelle, **a piece of news.**

4. **flashing red light,** **to flash,** émettre, projeter une lumière.

5. **it doesn't look like an ambulance to me,** m. à m. ça ne m'a pas l'air d'une ambulance, remarquez la traduction de **to me** par à mon avis.

6. **damn,** (juron) du verbe **to damn,** maudire.

7. **that's all we need,** m. à m. c'est tout ce dont nous avons besoin.

8. **you'd better pull over, to pull over,** pour un véhicule, se ranger.

9. **rotten luck,** rot, pourriture ; **to rot,** pourrir ; rotten, pourri (au propre et au figuré).

10. **roll down your window, to roll down,** descendre quelque chose en le roulant, faire descendre en tournant.

11. **OK, Mister,** emploi familier de **Mister.** C'est le seul cas où on l'écrit en toutes lettres. Devant un nom propre, on utilise toujours l'abréviation **Mr.**

12. **highway,** autoroute entretenue par un État (**State highway**) ou reliant plusieurs États entre eux (**Interstate highway**).

13. **55 m.p.h.** = 55 miles per hour, soit 90 km/h (1 mile = 1 609 m).

14. **how fast you were driving,** à quelle vitesse vous rouliez... Cf. **how often, how frequently,** avec quelle fréquence ; **how far,** à quelle distance.

15. **I was going about 60** = I was going at about 60.

16. **You must be kidding, to be kidding,** raconter des histoires, plaisanter ; **no kidding ?** c'est sérieux ? c'est pas une blague ?

17. **Officer,** c'est la façon de s'adresser à un policier quel que soit son grade.

18. **I really wasn't aware, to be aware of something,** être conscient de quelque chose.

19. **to speed.** 1) *faire de la vitesse,* 2) *commettre un excès de vitesse* ; **a speeding ticket,** *une contravention pour excès de vitesse.*
20. **registration papers,** to register, *enregistrer* (au sens administratif), *immatriculer* ; **registration,** *enregistrement, immatriculation.*
21. **I can't make heads or tails of this,** *je n'y comprends rien, je m'y perds* ; **heads or tails,** *pile ou face.*
22. **precinct.** 1) *division administrative ou électorale* 2) *division* (d'une ville) du point de vue du contrôle par la police, et par extension, *commissariat* 3) *environs.*
23. **I get it,** *je comprends, j'y suis.*
24. **Look !** familièrement *tenez ! dites ! allez ! écoutez !*
25. **to let off,** *relâcher, laisser partir.* Souvent (ici) idée de « *faire grâce* », de ne pas appliquer la sanction encourue.

XIII – 4   ■ **Anglais britannique et américain**

■ TERMES DIFFÉRENTS

US	Fr	GB
to roll down	*baisser*	**to wind down**
highway	*autoroute*	**motorway**
precinct	*commissariat*	**police station**
vacation	*vacance*	**holiday(s)**
rented	*loué*	**hired**
run in	*rencontre*	**encounter**
to pass	*doubler* (en voiture)	**to overtake**

■ USAGES DIFFÉRENTS

Mister : ne sera pas employé seul en anglais britannique. Ne peut être utilisé que suivi du nom propre (et écrit en abrégé **Mr. Brown**). En anglais américain, il s'agit d'un usage familier, qui peut correspondre au français « *mon bonhomme* », ou, dans certains cas, *mec !*

■ ORTHOGRAPHE DIFFÉRENTE

US	GB	US et GB
license	**licence**	*mais* **to license**
practise	**practice**	*et* **to practise**
signaling	**signalling**	

■ PRONONCIATION DIFFÉRENTE

news	US [nou:z]	GB [niou:z]
fast	US [fast]	GB [fa:st]
vacation	US [véikéïchen]	GB [vekéïchen]

Policemen in the US

■ Apart from the FBI*, which only investigates violations of Federal laws, there is no national police corps in the United States. Police departments are organised and run at city or community level, and the function of chief of police is an elective one. Of course the very notion of violation and the nature of law enforcement differ in some respects from one state to another ; but similar standards nevertheless apply concerning eligibility for appointment, training, duties, salaries, promotions, etc.

■ Most newly recruited policemen begin on patrol duty. Patrolmen may be assigned to such varied areas as congested business districts, outlying residentials areas, or other sections of a community. They may cover their beats alone or with other patrolmen, and they may ride in a police vehicle or walk on "foot" patrol. Patrolmen also watch for stolen automobiles and enforce traffic regulations. They must also prepare reports about their activities and may be called on to testify in court when cases result in legal action.

* **Federal Bureau of Investigation.** division du ministère de la Justice créée en 1908.

Les policiers aux États-Unis

■ En dehors du F.B.I. qui n'enquête que sur les violations des lois fédérales, il n'existe pas aux États-Unis de corps national de police. Les services de police sont organisés et administrés à l'échelon municipal ou local, et la fonction de chef de la police est élective. Bien entendu la notion même de violation de la loi et la nature de l'application de la loi diffèrent à certains égards d'un État à l'autre ; cependant des critères similaires sont appliqués en ce qui concerne l'éligibilité pour le poste, la formation, les fonctions, les salaires, la promotion, etc.

■ La plupart des agents de police fraîchement recrutés débutent leurs fonctions en effectuant des rondes. Les policiers en patrouille peuvent être affectés à des endroits aussi variés que les quartiers d'affaires encombrés, les zones résidentielles éloignées, ou d'autres secteurs de la communauté. Ils peuvent effectuer leur ronde seuls ou avec d'autres agents et se déplacer dans un véhicule de police ou patrouiller à pied. Les policiers en patrouille sont également à l'affût des voitures volées et font appliquer les règlements de circulation. Ils doivent également préparer des rapports sur leurs activités et peuvent être appelés à témoigner devant les tribunaux quand les affaires ont des suites judiciaires.

1. A combien se monte l'amende ?
2. Sa voiture a été mise en fourrière.
3. Il a brûlé un feu rouge.
4. L'accident a fait deux morts et un blessé.
5. Je me suis fait voler mes papiers d'identité et ma carte grise.
6. Il faut signaler le vol à la police.
7. Quel est le numéro d'immatriculation de votre voiture ?
8. En tant que témoin vous serez convoqué devant le tribunal.
9. J'ai eu beaucoup de mal à expliquer mon cas à la police.
10. La limite de vitesse varie selon les États.
11. Elle a été blessée par un chauffard qui a pris la fuite.
12. J'étais en train de doubler quand on m'a contrôlé au radar.
13. Si vous vous garez devant une bouche d'incendie, votre voiture sera sûrement enlevée.
14. La police locale est très stricte pour le parking en double file.
15. Vous rendez-vous compte que vous êtes dans un sens interdit ?
16. Le fichier d'empreintes digitales du FBI est mis sur ordinateur, et on dit que c'est le plus grand au monde.

1. How much is the fine ?
2. His car has been towed away by the police.
3. He went through a red light.
4. Two people were killed and one injured in the accident.
5. My driver's licence and registration papers were stolen.
6. You have to report the robbery to the police.
7. What's your license plate number ?
8. You'll be called in to court as a witness.
9. I had a lot of trouble explaining my case to the police.
10. The speed limit varies from state to state.
11. She was (has been) injured by a hit and run driver.
12. I was passing when I was checked by radar.
13. If you park in front of a fire hydrant, your car will surely be towed away.
14. The local police is very strict about double parking.
15. Do you realize you're going the wrong way on a one-way street ?
16. The FBI fingerprint file is computerized and is said to be the largest in the world.

rear-view mirror, rétroviseur

back window, lunette arrière

fogged up, couvert de buée

to pull over, se ranger

to signal, faire signe

to calm down, se calmer

to lose one's temper, perdre son sang-froid

to roll down, baisser (vitre)

speed limit, limite de vitesse

to be kidding, plaisanter

to spot, repérer

to speed, faire de la vitesse

driver's license, permis de conduire

registration paper, carte grise

heads or tails, pile ou face

precinct, commissariat

vacation, vacance

to let off, laisser aller

to investigate, enquêter

violation, violation

Federal law, loi fédérale

to run, administrer

law enforcement, application de la loi

standards, critères

eligibility, éligibilité

appointment, nomination

training, formation

duties, fonctions, devoirs

recruited, recruté

patrol, ronde, patrouille

congested, encombré

outlying, éloigné

to cover a beat, effectuer une ronde

patrolman, policier

regulation, règlement

to testify in court, témoigner au tribunal

legal action, suite judiciaire

fine, amende

to tow away, enlever, mettre en fourrière

to pass, doubler (en voiture)

to report, signaler

robbery, vol

license plate number, numéro d'immatriculation

to injure, blesser

hit and run driver, chauffard

to check, contrôler

fire hydrant, bouche d'incendie

double parking, stationnement en double file

one-way street, sens unique

fingerprint file, fichier d'empreintes digitales

computerized, mis sur ordinateur

Vocabulaire complémentaire

to bribe, corrompre

to charge with, inculper de

clue, indice

complaint, plainte

to convict, condamner

damages, dommages et intérêts

evidence, preuve(s)

to indict, inculper

jail, prison

lawyer, juriste, avocat

offender, délinquant

penalty, pénalité, sanction

perjury, faux témoignage

sharpshooter, tireur d'élite

trial, procès

warrant, mandat

to yield right of way, laisser la priorité

Traduire et répondre

The following statements are often used in traffic exams for police officers. Mark T (true) or F (false) in the corresponding boxes.

☐ 1. The approach for a right turn and the right turn of an automobile should be made as close as practical to the right curb.

☐ 2. The driver of an automobile may make a right turn from a two way street by driving on the wrong side of the street to pass vehicles stopped at an intersection.

☐ 3. The majority of motor vehicle accidents in which women are involved are of minor nature.

☐ 4. When a vehicle stands on a steep incline it should be parked so that when the brakes are released it will run into the curb.

☐ 5. A driver may pass to the right or to the left in overtaking a vehicle on a one-way street.

☐ 6. A driver proceeding straight ahead with a green signal has the right of way over any driver making a turn.

☐ 7. A vision test is given to all applicants for a learner's permit.

☐ 8. Accidents due to the car being hit in the rear are always due to fault of the driver behind.

Les affirmations suivantes sont souvent utilisées dans les examens sur la circulation subis par les policiers. Inscrivez V (vrai) ou F (faux) dans les cases réponses.

☐ 1. L'approche d'un virage à droite et le virage à droite d'une auto devraient s'effectuer aussi près que possible du bord du trottoir de droite.

☐ 2. Dans une rue à double sens un conducteur peut tourner à droite en passant du mauvais côté de la rue, pour doubler des véhicules à l'arrêt à un carrefour.

☐ 3. La majorité des accidents dans lesquels des conductrices sont impliquées sont de nature mineure.

☐ 4. Quand un véhicule est à l'arrêt sur une pente raide, il devrait être garé de telle sorte que, les freins relâchés, il rencontrera le bord du trottoir.

☐ 5. Un conducteur peut passer à droite ou à gauche en doublant un véhicule dans un sens unique.

☐ 6. Un conducteur qui va tout droit, à un feu vert, a priorité sur tout conducteur effectuant un virage.

☐ 7. Tous les candidats au permis (de conduire) provisoire doivent subir un test d'acuité visuelle.

☐ 8. Dans les accidents dus à un choc à l'arrière, la faute incombe toujours au conducteur qui vient derrière.

Réponses : 1 : T ; 2 : F ; 3 : T ; 4 : T ; 5 : T ; 6 : T ; 7 : T ; 8 : F.

M = Myra   B = Bruce   S = stewardess

M— Come on[2], Bruce, they've just announced our flight. It's boarding[3] at gate 23.

B— Take it easy[4]. I've got time to buy a newspaper and a pack[5] of cigarettes. It'll only take a minute.

M— Well, hurry up. I've been looking forward to this trip[6] for so long. It'd be a shame[7] to miss the plane now.

B— O.K. I'm all set. Sorry, I didn't mean[8] to make you nervous. We've still got plenty of time.

M— Never mind[9]. Have you got the boarding passes ?

B— What did I do with those damned things ? The clerk[10] gave them to me when we checked in the luggage[11]. Oh, here they are in my pocket.

S— Hello. May I have your boarding passes please ?

B— Here you are.

S— Your seats are in the middle of the plane, row J[12], on the left. It's the non-smoking section. Is that what you requested ?

B— Yes. That's fine. Myra, would you like the window or the aisle[13] seat ?

M— I don't really care. Why don't you sit by the window ? I'd just as soon be able[14] to get up and walk around.[15]

B— Well, let's just relax and enjoy[16] it now.

M— How about[17] a drink to celebrate ?

B— Sure. Excuse me, stewardess !

S— Yes ?

B— We'd like to order cocktails[18].

S— I can take your order now, but you'll have to wait until the plane takes off[19] to be served.

B— I'll have a scotch on the rocks[20]. What about you, honey[21] ?

M— I don't feel like anything alcoholic, but I am thirsty. I'll have a Perrier with a twist[22] of lemon.

S— O.K. Do you all want headphones[23] for the movie ?

B— We sure do. By the way, this is a direct flight, isn't it ?

S— No, I'm afraid there's a stopover[24] in Vegas. But you'll be in San Francisco in no time at all.

gate	[géït]	aisle	[aïl]
cigarettes	[sigerèts]	relax	[rilɑks]
nervous	[nəːrves]	celebrate	[sèlibréït]
passes	[pɑsiz]	stewardess	[stouərdis]
damned	[damd]	honey	[hœni]
clerk	[cleːrk]	alcoholic	[alkehɔlik]
row	[rôou]	Vegas	[véïges]

M = Myra   B = Bruce   S = l'hôtesse de l'air

M— Dépêche-toi Bruce, ils viennent d'annoncer notre vol. On embarque (à la) porte 23.

B— T'en fais pas (Du calme). J'ai le temps d'acheter un journal et un paquet de cigarettes. Ça ne prendra qu'une minute.

M— Eh bien, dépêche-toi. Ça fait si longtemps que j'attends ce voyage, ça serait regrettable de manquer l'avion maintenant.

B— D'accord, je suis paré. Désolé, je ne voulais pas te mettre dans tous tes états. On a largement le temps.

M— Ça ne fait rien. Tu as les cartes d'embarquement ?

B— Qu'est-ce que j'ai fait de ces fichus machins ? L'employé me les a donnés quand nous avons enregistré les bagages. Ah, les voici, ils étaient dans ma poche…

S— Bonjour. Voulez-vous me donner vos cartes d'embarquement s'il vous plaît ?

B— Les voici.

S— Vos places sont au milieu de l'avion, rangée J, sur la gauche. C'est la section non-fumeurs. C'est bien ce que vous aviez demandé ?

B— Oui, parfait. Myra, tu veux le siège près de la fenêtre ou près du couloir ?

M— Ça m'est égal. Assieds-toi près de la fenêtre. J'aime autant pouvoir me lever pour me dégourdir les jambes.

B— Bon, eh bien on n'a plus qu'à se détendre et à profiter du voyage.

M— Et si on prenait un verre pour fêter ça ?

B— Bien sûr. Excusez-moi Mademoiselle.

S— Oui ?

B— Nous voudrions commander l'apéritif.

S— Je peux prendre votre commande maintenant, mais vous devrez attendre qu'on ait décollé pour être servis.

B— Je prendrai du whisky avec des glaçons. Et toi chérie ?

M— Je n'ai pas envie d'alcool, mais j'ai soif. Je prendrai un Perrier avec un zeste de citron.

S— Très bien. Voulez-vous des écouteurs pour le film ?

B— Bien entendu. A propos, c'est un vol direct, n'est-ce pas ?

S— J'ai bien peur que non, il y a une escale à Las Vegas. Mais vous serez à San Francisco en un rien de temps.

1. **On the plane,** on indique que l'on est *à bord* d'un véhicule, en particulier de transport en commun : **on a bus, on a plane, on a train, on a ship.**
2. **Come on.** 1) (ici) *viens, venez, dépêche-toi, dépêchez-vous.* 2) (indiquant l'incrédulité) *allons !, allons donc !*
3. **It's boarding,** m. à m. *il embarque.* it reprend **flight** c'est-à-dire les passagers du vol.
4. **to take it easy,** *prendre les choses calmement, ne pas s'en faire, ne pas s'inquiéter.* Également : *se la couler douce, ne pas se fatiguer.*
5. **pack,** synonyme ici de **packet.** Signifie aussi *emballage,* « pack » (bière, etc.).
6. **I've been looking forward to this trip.** Dans to **look forward to,** to est une préposition introduisant le nom **trip.** Le verbe qui suit cette expression est donc à la forme en **-ing.** *Je me réjouis de vous revoir :* **I'm looking forward to seeing you again.**
7. **It'd be a shame,** it would be a shame, m. à m. *ce serait une honte.* (Prononciation de **It'd** : [itead].)
8. **I didn't mean to... to mean** 1) *signifier, vouloir dire* 2) *avoir l'intention.*
9. **Never mind,** *ne faites pas attention* (de to **mind,** *faire attention à, se préoccuper de*). D'où la traduction : *ça ne fait rien, ça n'a pas d'importance.*
10. **clerk,** *employé, commis,* mais aussi *vendeur* (US).
11. **when we checked in the luggage,** to **check in** vérification ou formalité à l'arrivée ou à l'entrée **(to check in (to) a hotel),** to **check out** vérification ou formalité au départ ou à la sortie ; **check out counters,** *caisses d'un supermarché* ; **to check out of a hotel,** *quitter un hôtel* (en réglant la note).
12. **J,** attention à la prononciation [djeï] ; inversement le **G** anglais se prononce [dji:] : **GM** (General Motors) [dji:èm].
13. **aisle,** *passage, couloir, allée* entre des rangées de sièges (salle de spectacle, autobus, etc.). À l'origine *bas-côté d'une église.*
14. **I would just as soon be able,** *j'aimerais autant.*
15. **walk around,** m. à m. *marcher alentour.* D'où *se dégourdir les jambes,* qui peut se dire aussi to **stretch** *(étirer)* **one's legs.**

16. **enjoy it,** to enjoy, *apprécier, prendre plaisir à.* it a ici un sens général et s'applique à la situation, au voyage.
17. **How about,** *que dirais-tu de...*
18. **cocktails,** fréquents aux États-Unis pour l'apéritif.
19. **until the plane takes off,** m. à m. *jusqu'à ce que l'avion décolle.*
20. **on the rocks,** *avec de la glace, avec des glaçons. Un glaçon* (pour l'apéritif) : **an ice-cube.**
21. **honey,** *miel* ; et aussi : *chéri(e).*
22. **twist,** de to twist, *(se) tordre, (se) tortiller.* Origine : lamelle de citron tordue.
23. **a stopover,** *une escale.* To stopover, *faire escale.* Stopovers first, *les voyageurs en transit d'abord.*

XIV – 4 ■ Anglais américain et britannique

■ TERMES DIFFÉRENTS

US	Fr	GB
pack	*paquet*	**packet (cigarettes)**
honey	*chéri(e)*	**dear**
movie	*film*	**film**

■ USAGES DIFFÉRENTS

aisle	*couloir*	**gangway**

Anglais britannique : **aisle** uniquement *nef latérale* de l'église.

scotch   **whisky**

US : **whisky** ou **whiskey** — comprend le **rye** (whisky à base de seigle) et le **bourbon** (à base de maïs).
GB : **whisky** = *whisky écossais.* Si on désire une autre variété, il faut le spécifier.

do you all want   **do you both want**
                                 (puisqu'il n'y a que deux personnes)

we sure do   **we certainly do**

■ PRONONCIATION DIFFÉRENTE

	US	GB
boarding	[**bo**:rdiŋ]	[**bo**:diŋ]
newspaper	[nou:zp**éï**per]	[niou:zp**éï**pe]
cigarette	[**si**geret]	[siger**èt**]
pass	[pas]	[pa:s]
clerk	[kle:rk]	[kla:k]
stewardess	[stoue:rdis]	[sti**ou**edès]
order	[**o**:rder]	[**o**:de]

Airplane Travel

Since the United States is such an enormous country (the distance between New York and San Francisco is nearly 5,000 kilometers), traveling by plane is the only sensible way to tour the country if you want to visit most of the 50 States. Air travel is inexpensive (about 35 % cheaper than in Europe), service is frequent (more than 25 flights a day between New York and San Francisco) and connections speedy.

On domestic flights, if you have your ticket and a reservation, all you need to do is be at the airport an hour before flight time. You can even buy your ticket on the plane on the Eastern Airlines shuttle between Washington and New York and New York and Boston. There are flights every hour and no reservation is needed.

■ US airlines are divided into several groups :

• *Trunk airlines* : 10 major companies handle cross-country flights.

• *Regional airlines* : 7 companies serving around 600 cities, often providing the only service available.

L'avion

Les États-Unis sont un pays si vaste (il y a près de 5 000 km entre New York et San Francisco) que l'avion est le seul mode de transport à envisager si vous désirez visiter une bonne partie des 50 États. L'avion est bon marché (environ 35 % moins cher qu'en Europe), les services sont fréquents (plus de 25 liaisons par jour entre New York et San Francisco) et les transferts rapides.

Pour emprunter un vol intérieur, si vous avez votre billet et une réservation, il suffit en général d'arriver une heure à l'avance à l'aéroport. Vous pouvez même acheter votre billet dans l'avion entre New York et Washington ou entre New York et Boston, si vous empruntez le système de navettes de la Compagnie Eastern Airlines (départs toutes les heures sans réservation).

■ Les compagnies aériennes américaines se divisent en plusieurs groupes :

• *Trunk airlines**. 10 compagnies principales assurent des vols transcontinentaux.

• *Regional Airlines**. 7 compagnies desservent environ 600 villes, et en assurent souvent la seule desserte aérienne existante.

* Voir XIV—8.

1. Attachez vos ceintures et éteignez vos cigarettes.
2. Nous survolons actuellement l'Islande.
3. Ce sac ne tient pas dans le casier.
4. Nous atterrirons à Boston dans 20 minutes.
5. Je n'arrive jamais à dormir dans un avion.
6. Nous n'avons toujours pas récupéré du décalage horaire.
7. Le vol 257 a 2 heures de retard.
8. Voulez-vous que nous changions de place avec vous ?
9. Il y aura un retard d'un quart d'heure, car il n'y a pas de piste disponible.
10. Attendez, je vais voir si mon collègue a de la monnaie.
11. Mes écouteurs ne marchent pas.
12. Je n'arrive pas à abaisser le dossier de mon siège.
13. Est-ce que vous avez des journaux français ?
14. Peux-tu fermer le rideau ? Le soleil me gêne.
15. Essayez de le glisser sous le siège.
16. Je me demande ce que j'ai encore fait des billets ?
17. Essaie de le garder (en cabine) comme bagage à main.
18. On se place comme on veut. Les sièges ne sont pas réservés.
19. Nous allons décoller à l'heure prévue.
20. Est-ce que cela vous dérangerait de vous pousser d'un siège ?

1. Fasten your seat belts and extinguish your cigarettes.
2. We are flying over Iceland at the moment.
3. This bag won't fit in the overhead compartment.
4. We will be landing in Boston in 20 minutes.
5. I can never sleep in an airplane.
6. We haven't gotten over the jet lag yet.
7. Flight 257 is two hours late.
8. Would you like us to change seats with you ?
9. There will be a 15 minute delay, as there are no runways available.
10. Wait a minute. I'll go see if my colleague has change.
11. My earphones don't work.
12. I can't get my seat to recline.
13. Do you have any French newspapers ?
14. Could you pull the curtain ? The sun is bothering me.
15. Try to fit it (slide it) under the seat.
16. What on earth did I do with the tickets ?
17. Try to keep it with you as carry-on baggage.
18. You can sit where you like. These are unreserved seats.
19. We are going to take off on schedule.
20. Would you mind moving over one seat ?

flight, vol
to board, embarquer, monter à bord
gate, porte
boarding pass, carte d'embarquement
clerk, employé
to check in, enregistrer, se faire enregistrer
row, rangée
aisle, couloir
headphones, écouteurs
stopover, escale
to tour, visiter, parcourir (en touriste)
inexpensive, bon marché
speedy, rapide
domestic flight, vol intérieur
shuttle, navette
to handle, opérer, assurer

un service
cross-country flight, vol transcontinental
to reconfirm, reconfirmer
return flight, (vol de) retour
seat belt, ceinture de sécurité
overhead compartment, casier
to land, atterrir
jet lag, décalage horaire (déphasage dû au voyage en jet)
delay, retard
runway, piste
earphones, écouteurs
carry-on baggage, bagage(s) à main
to take off, décoller
on schedule, à l'heure, en respectant l'horaire

Vocabulaire complémentaire

aircraft, avion(s), appareil(s)
air-hostess, hôtesse de l'air
baggage allowance, franchise pour les bagages
bumps, trous d'air
business class, classe affaires
connecting flight, (vol de) correspondance
crew, équipage
to cruise, voler (à vitesse et altitude de croisière)
economy fare, tarif économique, classe touristes
emergency exit, issue de secours
engine, moteur

gangway, passerelle
to highjack, détourner (pirates)
highjacker, pirate de l'air
highjacking, détournement
life vest, gilet de sauvetage
night fare, tarif de nuit
open jaw, avec interruption de parcours
route, itinéraire, ligne
safety instructions, consignes de sécurité
undercarriage, train d'atterrissage
unlimited mileage, forfait en kilométrage illimité
wing, aile

A ■ Traduire

Airport terminals are crowded these days, but we have several ways to help you get through them faster. You can reserve a seat on any flight — over the phone, up to 11 months in advance. When you arrive at the airport you can check in completely at the counter (or in most airports, even at the gate) in one simple operation. And we can give you all your boarding passes at once — up to 30 days before you fly — so you can avoid the lines for your connecting and return flights.

B ■ Traduire en anglais

1. Est-ce que je pourrais changer de place ? J'aimerais être plus près de l'écran et je vois qu'il reste des places vides. 2. Qu'est-ce que vous voulez comme boisson avec votre repas ? 3. Je n'arrive pas à régler mon siège inclinable. 4. Attachez vos ceinture de sécurité et cessez de fumer. 5. Il y aura un léger retard au décollage en raison de l'encombrement des pistes.

Corrigé

A ■ Les aérogares sont encombrées de nos jours, mais nous avons plusieurs façons de vous aider à y passer le moins de temps possible. Vous pouvez réserver une place sur n'importe quel vol — par téléphone, et jusqu'à onze mois à l'avance. Quand vous arrivez à l'aéroport, vous pouvez opérer toutes les formalités au guichet (ou même dans la plupart des aéroports, à la porte d'embarquement) en une seule fois. Et nous pouvons vous remettre toutes vos cartes d'embarquement à la fois — jusqu'à 30 jours avant votre départ — afin de vous éviter d'avoir à faire la queue pour vos correspondances et vols de retour.

B ■ 1. May I change my seat ? I'd like to be nearer to the screen and I see there are some free seats. 2. What would you like to drink with your meal ? 3. I can't get my seat to recline. 4. Please fasten your seat belts and refrain from smoking. 5. We'll be slightly delayed taking off due to traffic (on the runways).

US AIRLINE COMPANIES

* **Trunk airlines :** American Airlines, Braniff International Airways, Continental Airlines, Delta Air Lines, Eastern Air Lines, Northwest Orient Airlines, Panam, Trans World Airlines, United Airlines, Western Air Lines.

* **Regional Airlines :** Air New England, Frontier Airlines, Ozark Air Lines, Piedmont Aviation, Republic Airlines, Texas International Airlines, USAir.

W = Wendy   J = Julie

(On the telephone)

W— Hi Julie, this is Wendy.

J— Oh, hi, Wendy. How are you[1] ?

W— Just fine. Listen, I was thinking of going downtown[2] to one of the department stores to have a look at the sales. You know it's Washington's Birthday[3]. How would you like to come along ?

J— I may as well[4]. Could you pick me up ?

W— Of course. Can you be ready in half an hour ?

J— Sure. I just have to shower and dress.

W— We ought to get there early to avoid the crowds.

J— I couldn't agree with you more. The place'll be mobbed[5] by 11:00 o'clock.

W— O.K. then. I'll be over around 9:30.

(At the Department Store)

W— I never expected there would be so many people.

J— Oh, this is nothing. In another hour, you won't even be able to move around and there won't be anything decent left either.

W— Let's go upstairs. It'll be less crowded on the second floor[6]. I wanted to look at clothes for myself and I need a present for my nephew.

J— There's the directory[7], over by the escalator.

W— Let's see, first floor... lingerie, cosmetics, footwear. Second floor... sportswear... ladies clothing. Third floor... records... toy department. Fourth floor... housewares[8]... furniture. We can skip that[9].

J— Let's go directly to the second floor. We can look for the gift later.

W— Here's a gorgeous outfit[10]. Jacket and pants to match[11], all wool too. Size 12. Well, I've gained so much weight[12], it'll probably fit me[13].

J— Why don't you try it on ?

W— I think I will. I see the fitting rooms are over there. You wanna come[14] ? Well, what do you think, Julie ?

J— Terrific. It looks great on you. A perfect fit and it's half-price ?

W— Well, I dunno...

J— Oh come on, Wendy. Charge it[15] and let's get going.

decent	[di:snt]	housewares	[haouswèerz]
escalator	[èskeléïter]	furniture	[fe:rnitcher]
lingerie	[lœnjereï]	wanna	[wone]
cosmetics	[kosmètiks]	dunno	[dœne]

W = Wendy   J = Julie

(Au téléphone)

W — Bonjour Julie, c'est Wendy à l'appareil.

J — Oh bonjour Wendy. Comment ça va ?

W — Très bien. Dis-moi, je pensais aller dans le centre pour faire les soldes. Tu sais que c'est l'Anniversaire de la naissance de Washington ? Ça te dirait de m'accompagner ?

J — Pourquoi pas ? Tu peux passer me prendre ?

W — Bien sûr. Tu peux être prête dans une demi-heure ?

J — Certainement. Juste le temps de me doucher et de m'habiller.

W — Il faudrait y être tôt pour éviter la foule.

J — Je suis on ne peut plus d'accord. Ça sera pris d'assaut dès onze heures.

W — Alors c'est d'accord. Je serai chez toi vers 9 h 30.

(Au grand magasin)

W — Jamais je n'aurais cru qu'il y aurait tant de monde !

J — Et ce n'est rien. D'ici une heure, on ne pourra même plus circuler et en plus, il ne restera plus rien de convenable.

W — Montons, il y aura moins de monde au premier étage. Je voulais voir des vêtements pour moi, et il me faut un cadeau pour mon neveu.

J — Le panneau est là-bas, près de l'escalier roulant.

W — Voyons... rez-de-chaussée... lingerie... produits de beauté... chaussures. Premier étage... vêtements de sport... prêt-à-porter féminin. Deuxième... disques... rayon des jouets. Troisième... articles ménagers... ameublement. Ça, on peut laisser tomber.

J — Montons directement au premier. On cherchera ton cadeau après.

W — Voici un ensemble splendide : veste et pantalon assortis et pure laine en plus ! Taille 42. Bah, j'ai tellement grossi, ça va probablement m'aller.

J — Pourquoi ne pas l'essayer ?

W — Je crois que je vais le faire. Je vois que les cabines d'essayage sont là-bas. Tu viens ? Eh bien, Julie, qu'est-ce que tu en dis ?

J — Formidable. Ça te va parfaitement. Juste à ta taille, et puis c'est à moitié prix.

W — Tu crois ? Je sais pas...

J — Allez Wendy. Fais-le mettre sur ton compte et continuons.

1. **How are you ?** appelle mêmes réponses que le français *Comment allez-vous ? comment ça va ?* Par contre **How do you do ?** (Fr *enchanté*) appelle comme réponse **How do you do ?**

2. **downtown,** quartier central et commerçant d'une ville américaine.

3. **Washington's Birthday.** (22 février) fête chômée dans la plupart des États. George Washington (1732-1799) premier président des États-Unis (1789-1797).

4. **I may as well,** m. à m. *je peux aussi bien* → *pourquoi pas ?*

5. **The place will be mobbed.** mob, *foule agitée* en état d'émeute. To mob : 1) *malmener, molester, lyncher* (pour une foule) 2) *s'attrouper, se précipiter en foule, faire foule autour, assiéger.*

   The singer was mobbed by autograph hunters, *le chanteur était assiégé par des chasseurs d'autographes.*

   The Mob, *la Mafia* ; **a mobster,** *un membre de la Mafia, un mafioso.*

6. **second floor.** voir IV—7 vocabulaire complémentaire.

7. **directory,** en général *annuaire, indicateur* (téléphone, professions...). Ici le *panneau* indiquant les différents rayons.

8. **housewares,** *articles de ménage et d'entretien* ; **wares,** *marchandises,* ne s'utilise plus guère qu'en composition ou pour désigner des productions artisanales.

9. **We can skip that,** 1) *sauter, sautiller* 2) *omettre, sauter, passer, éviter* 3) (familier) *se sauver, filer, décamper.*

10. **gorgeous outfit.** gorgeous, *splendide, magnifique, superbe, épatant* ; outfit, 1) (vêtements) *ensemble* 2) *attirail, équipement* 3) (familier) *organisation, équipe, entreprise.*

11. **to match,** *être assorti, assortir, (s')accorder, (s')harmoniser, aller avec.*

12. **to gain weight,** *prendre du poids, grossir.*

13. **to fit,** *aller, convenir* (taille). Comparez avec to suit, *convenir, aller* (goût).

14. **You wanna come** = (do) you want to come (langue parlée). Cf. Well, I dunno = well, I don't know.

15. **Charge it** = charge it to your account, have it charged to your account, *fais-le porter (débiter) sur ton compte* : compte courant (**current account**), *compte ouvert* à un client dans un magasin, ou correspondant à une carte de crédit (**charge account**).

■ EMPLOIS DIFFÉRENTS

US	Fr	GB
mobbed	*pris d'assaut*	**packed out**

• Les Britanniques comme les Américains emploient **to be mobbed** au sens d'être attaqué ou pressé par la foule. Les Américains l'emploient aussi pour indiquer qu'un lieu est envahi par une foule en mouvement.

housewares	*articles ménagers*	**household goods**

• **household** existe aussi en américain.

second floor	*1ᵉʳ étage*	**first floor**
first floor	*rez-de-chaussée*	**ground floor**

• **directory** parfois (ici) US, *panneau, tableau* ; GB, toujours *annuaire*.

pants	*pantalon*	**trousers**

• GB **pants**, *slip, caleçon* (**underpants** en américain).

Charge it suffira en américain pour signifier *mettez-le sur mon compte*. Les Britanniques diront **charge it to my account.**

■ PRONONCIATION DIFFÉRENTE

either	US [**i**:żer]	GB [**aï**że]
half	US [haf]	GB [ha:f]
nephew	US [**nè**fiou]	GB [**nè**viou]
pants	US [pants]	GB [pa:nts]

XV – 5   ■ Environnement

Saks Fifth Avenue

If you aspire to gracious living in a decidedly ungracious age, and if you still believe that the customer is always right, you love Saks. It's that simple.

You're having a baby ? Lucky baby. Lucky you. Saks has probably the most complete layette department in New York and the most knowledgeable salespeople. And if Henry turns out to be Henrietta, Saks will change every bit of blue to pink.

Saks Cinquième Avenue

Si vous aspirez au bien-vivre à une époque qui manque singulièrement de savoir-vivre, et si vous pensez que le client a toujours raison, alors vous aimez Saks. Ça n'est pas plus compliqué que cela.

Vous allez avoir un enfant ? Quelle chance pour lui, quelle chance pour vous ! Saks a probablement le rayon layette le plus complet de New York et les vendeurs les plus compétents. Et si Henri se révèle être une petite Henriette, Saks vous reprendra tout le bleu pour le remplacer par du rose.

Macy's

Flying home from London this summer, we sat next to a lady visiting New York for the first time. « What would you most like to see ? » we asked her. « *Macy's* », she replied. « And then, if I have time, the Statue of Liberty ».

Macy's, the world's largest department store, deserves its own chapter in *The Guinness Book of World Records.* It has six restaurants (a seventh is planned). It has its own branch of the United States Post Office. Up to 80 languages are available through personal shopping. You can buy theater tickets, telescopes, rare coins and stamps ; you can book a trip, order wine, buy an organ, piano, or fridge, get fitted for contact lenses or a hearing aid, and a full-time doctor is always on call. Macy's, it's vast, it's awesome. Macy's is a microcosm of New York. Or perhaps New York is a macrocosm of Macy's. Regardless, don't miss it.

Macy's

Dans l'avion qui nous ramenait de Londres cet été, nous étions assis à côté d'une dame dont c'était la première visite à New York. « Qu'est-ce que vous voulez voir en priorité ? », lui avons-nous demandé. « *Macy's* », nous a-t-elle répondu. « Et puis, si j'ai le temps, la statue de la Liberté ».

Macy's, le plus grand des grands magasins du monde, mérite le chapitre qui lui est consacré dans le *Livre des Records du Monde* édité par Guinness. On y trouve six restaurants (on envisage d'en construire un septième). Il dispose de son propre bureau de poste. Jusqu'à 80 langues peuvent être pratiquées par les clients, grâce à un service de prise en charge individuelle. On peut acheter des billets de théâtre, des télescopes, des pièces et des timbres rares (de collection), on peut réserver pour un voyage, commander du vin, acheter un orgue, un piano, ou un réfrigérateur, se faire prendre ses mesures pour des lentilles de contact ou des appareils auditifs et il y a un médecin de garde en permanence. Macy's, c'est immense, c'est impressionnant. Macy's est un microcosme de New York. Ou c'est peut-être New York qui est un macrocosme de Macy's. En tout cas, ne le manquez pas.

1. Le rayon des soldes est au sous-sol.
2. Je trouve que celui-ci est davantage à ma taille.
3. Pourriez-vous m'indiquer le rayon des vêtements pour enfants, s.v.p. ?
4. Celui-ci me plaît beaucoup. Puis-je l'essayer ?
5. Pouvez-vous me faire un paquet-cadeau, s.v.p. ?
6. A quelle heure les magasins ferment-ils ?
7. Où pourrais-je acheter du papier à lettres et des enveloppes ?
8. Est-ce que vous faites les accessoires Nikon ?
9. Quel est le prix de ceci ? Il n'y a pas d'étiquette.
10. Demandez à la vendeuse qui s'occupe de ce rayon.
11. Je voudrais le modèle que j'ai vu en vitrine.
12. La plupart des magasins sont dans le centre.
13. Il y a de nombreuses boutiques de luxe au rez-de-chaussée.
14. Je n'ai pas les moyens de me le payer. De toutes façons, c'est au moins aussi cher qu'en France.
15. N'oubliez pas qu'il vous faut payer la taxe locale en plus du prix.
16. Je crains que cet article ne soit épuisé dans votre taille.

1. The sales are in the basement.
2. I think this one is more my size.
3. Could you tell me where the Children's department is please ?
4. I like this one very much. May I try it on ?
5. Can you gift-wrap it for me please ?
6. What time do the stores close ?
7. Where can I buy writing paper and envelopes ?
8. Do you carry Nikon camera attachments ?
9. How much is this ? There's no price tag anywhere.
10. Ask the saleswoman in charge of this department.
11. I'd like the one I saw in the window.
12. Most of the stores are downtown.
13. There are a lot of fancy shops on the first floor.
14. I can't afford it. Anyway, it's just as expensive as in France.
15. Don't forget you have to pay sales tax on top of the price.
16. I'm afraid we're all sold out of your size.

department store, grand magasin

sales, soldes

to pick s.o. up, passer prendre quelqu'un

to shower, prendre une douche

to be mobbed, 1) être attaqué par une foule 2) être envahi par une foule

directory, 1) annuaire 2) tableau d'affichage

escalator, escalier roulant

cosmetics, produits de beauté

footwear, chaussures

sportswear, vêtements de sport

records, disques

housewares, articles ménagers

to skip, éviter, omettre

gorgeous, splendide, magnifique

outfit, 1) équipement 2) ensemble

jacket, veste

pants, pantalon

to match, aller, être assorti

to fit, aller, être à la taille

to try on, essayer *(vêtement)*

fitting rooms, cabine(s) d'essayage

suit, tailleur *(femme)* ; complet *(homme)*

to deserve, mériter

branch, agence, succursale

fridge, réfrigérateur, « frigo »

contact lenses, verres de contact

full-time, à temps plein

to be on call, être de service, de garde

customer, client

salespeople, vendeurs

basement, sous-sol

to gift-wrap, faire un paquet cadeau

to carry, 1) porter, transporter 2) avoir en magasin, « faire » un article

attachment, accessoire

price-tag, étiquette *(de prix)*

saleswoman, vendeuse

window, vitrine

to afford, 1) permettre 2) se permettre, avoir les moyens de

sold out, épuisé (vendu)

Vocabulaire complémentaire

after sales service, service après-vente

bargain, affaire, occasion

bargain basement, rayon des soldes (au sous-sol)

client, client *(régulier ou dans le domaine des services)*

claims department, bureau des réclamations

cooling-off period, délai de réflexion

to display, exposer, mettre en vitrine

door to door selling, vente à domicile *(démarchage)*

to patronize, être un client régulier, un habitué

refund, to refund, remboursement, rembourser

shop, 1) boutique 2) atelier (= **workshop**)

to shrink, rétrécir

to stretch, se détendre, s'élargir

to take back, reprendre

to wear, 1) porter 2) s'user

A ■ **Traduire en français**

Browsing in New Orleans is a fascinating way to explore the city. The shops and galleries here are definitely out of the ordinary. New Orleans has more than its share of artists and craftsmen. In this city, if you can't find what you want, you can usually just have it made.

Antiques abound — the rare and exquisite or the little nostalgic goodies and everything in between. The city's appreciation of its past has also produced a wealth of fine reproductions of old furniture, brass, wrought iron and wicker. And, of course, in an old sea and river port city, there is a fascinating array of nautical items. The camera stores here are well stocked and happy to take care of your photographic needs. So, whether you need a souvenir, a gift for someone at home, or a treasure for yourself — in New Orleans, the choices are unlimited and the shopping is fun.

B ■ **Traduire en anglais**

1. Ça fait combien ? **2.** Je n'ai plus de monnaie. **3.** Où se trouve le rayon de jouets ? **4.** Je regarde simplement (ce que vous avez). **5.** Ce sera tout. **6.** Est-ce que je peux l'essayer ?

Corrigé

A ■ Flâner à la Nouvelle-Orléans est une manière fascinante d'explorer la ville. Les boutiques et galeries sortent vraiment de l'ordinaire. La Nouvelle-Orléans est particulièrement riche en artistes et artisans. Dans cette ville, si vous ne trouvez pas ce que vous cherchez, vous pouvez en général le faire faire.

Les antiquités abondent — le rare et le raffiné ou les petits souvenirs, et toute la gamme intermédiaire. L'intérêt que porte la ville à son passé a aussi fourni une multitude de belles reproductions de mobilier ancien, cuivre, fer forgé et osier. Et bien entendu, dans ce vieux port maritime et fluvial, il y a une fantastique variété d'objets de marine. Les magasins d'articles photographiques sont bien pourvus, et heureux de satisfaire vos besoins en matière de photo. Aussi, que vous cherchiez un souvenir, un cadeau à rapporter à un ami ou un bel objet pour vous-même, à la Nouvelle-Orléans, le choix est sans limites. Et quel plaisir de faire les magasins...

B ■ **1.** How much is it ? **2.** I haven't any change left. **3.** Where is the toy department ? **4.** I'm just looking. **5.** That'll be all. **6.** May I try it on ?

P = Paul   L = Lynn   R = receptionist

P— I was wondering[1] if you'd have a room available for the four of us[2].

R— Let me check the register[3]. I'm afraid the hotel is just about full at the moment. It's Labor Day[4] Weekend, you know.

L— Paul, I told you we should have made reservations.

P— Yes, dear, you're quite right. (To hotel manager) I understand you're all booked up[5], but I'd really appreciate it, if you could manage something for us.

R— How many nights did you want to stay ?

L— Two. We were planning[6] to leave the day after tomorrow[7], but we'd settle for just one night[8], if that's all you've got.

R— Well, all I can offer you at this point is a double with two queen-size beds[9], but for one night only. However, if something opens up[10] for tomorrow night, we'll let you know.

P— Tell me, what are the rates on your rooms ?

R— The regular rate for a double is 43 dollars, plus tax, but yours is 50. The extra charge is for the water bed. There's a full bath[11], cable TV, air-conditioning, the whole works.

L— Well, I'm afraid we haven't got much choice, we'd better take it[12].

P— O.K., then. I wanted to ask if you can turn the air conditioning off ? I just can't stand the humming[13] noise. And my wife catches a cold[14] everytime we sleep with air-conditioning.

R— Don't worry about that. The porter'll show you how to turn it off.

P— Fine. One more thing, we'd like a wake-up call[15] at 7:00. Can you take care of that ?

R— Sure thing. Have a nice evening.

P— Oh, I almost forgot. I have a friend staying here by the name of Lesser. Could you try his room[16] and see if he's in[17] ?

R— You can do that yourself, Sir. Use the house phone on the counter over there. If there's no answer, I'll be glad to have him paged[18] in the lobby[19] or the cocktail lounge[20].

hotel	[hôoutel]	to appreciate	[epri:chiéït]
available	[evéïlebel]	to manage	[mɑnidj]
register	[rèdjister]	extra change	[èkstre tchéïnj]
moment	[môoument]	air conditioning	[èer kendichniŋ]

P = Paul   L = Lynn   R = réceptionniste

P— Bonjour, je voulais savoir si vous auriez une chambre pour nous quatre.

R— Laissez-moi vérifier. J'ai bien peur que nous soyons à peu près complets en ce moment. C'est le week-end de la fête du travail, vous le savez.

L— Je te le disais, Paul, que nous aurions dû retenir.

P— Bien sûr, chérie, tu as raison. (Au directeur) Si je comprends bien, c'est complet, mais je vous serais vraiment reconnaissant si vous pouviez faire quelque chose pour nous.

R— Vous comptiez rester combien de nuits ?

L— Deux. Nous avions décidé de rester jusqu'à après-demain, mais nous resterions une seule nuit, si c'est tout ce que vous avez à nous proposer.

R— Eh bien, tout ce que je peux vous offrir au point où nous en sommes, c'est une chambre avec deux grands lits, mais pour une seule nuit. Toutefois, si quelque chose se présente pour demain soir, nous vous le signalerons.

P— Dites-moi, quel est le tarif de vos chambres ?

R— Le tarif normal pour une chambre double est de 43 dollars, taxe en sus, mais la vôtre fait 50 dollars. Le supplément est pour le matelas d'eau. Il y a une salle de bains complète, la télévision par câble, l'air conditionné, tout y est. Le grand jeu en somme.

L— Bon, eh bien, je crains que nous n'ayons pas le choix, nous ferions mieux de la prendre.

P— Alors c'est d'accord. Je voudrais savoir si on peut couper l'air conditionné ? Je ne supporte pas le bourdonnement. Et ma femme attrape un rhume chaque fois que nous dormons avec l'air conditionné.

R— Ne vous inquiétez pas. Le portier vous montrera comment le couper.

P— Parfait. Une chose encore ; nous aimerions être réveillés à 7 heures. Vous pouvez vous en occuper ?

R— Bien sûr. Passez une bonne soirée.

P— Ah, j'allais oublier : j'ai un ami nommé Lesser qui séjourne ici. Pourriez-vous essayer de voir s'il est dans sa chambre ?

R— Vous pouvez le faire vous-même, monsieur. Vous utilisez le téléphone intérieur sur le comptoir là-bas. S'il n'y a pas de réponse, je me ferai un plaisir de le faire demander par un chasseur dans le hall ou au bar-salon.

1. **I was wondering.** m. à m. *je me demandais.*
2. **the four of us.** de même **the three of us,** *nous trois* ; **the five of us,** *nous cinq,* etc.
3. **Let me check the register.** m. à m. *laissez-moi vérifier le registre.*
4. **Labor Day.** 1er lundi de septembre, jour férié aux États-Unis et au Canada en l'honneur de la fête du travail.
5. **you're all booked up.** to book, *réserver,* d'où **to be booked up,** *être réservé en totalité, complet.*
6. **We were planning.** to plan, *faire des plans, projeter, se proposer de, compter, avoir l'intention de.*
7. **to leave the day after tomorrow.** m. à m. *de partir après-demain.*
8. **we'd settle for just one night.** to settle : 1) *régler* (une somme, un conflit) ; 2) *s'installer, se fixer, s'établir.* To settle for something, *se contenter de quelque chose.*
9. **a double with two queen-size beds.** a double : a double room, *une chambre à deux lits.* Ne pas confondre avec a double bed, *un lit à deux places.* **Queen-size,** m. à m. *de taille royale.*
10. **if something opens up.** pour comprendre ce verbe, pensez à **opening,** *ouverture, occasion* (favorable), *opportunité.*
11. **fullbath,** fullbathroom, *salle de bains complète,* par opposition à un simple lavabo ou une simple douche.
12. **we'd better take it.** inf. sans to après **I'd better.**
13. **humming noise.** to hum, *bourdonner* (insecte, etc.), *ronfler* ; également *fredonner, chantonner.*
14. **to catch a cold.** *attraper un rhume* ; distinguez de to catch cold, *attraper froid.*
15. **a wake-up call.** m. à m. *un appel de réveil* (to wake up : 1) *réveiller* ; 2) *se réveiller*).
16. **Could you try his room.** m. à m. *pourriez-vous essayer sa chambre ?*
17. **and see if he's in.** to be in, *être chez soi* ; to be out, *être sorti, ne pas être là.*
18. **to have him paged.** a page, *un chasseur* (aussi a bell-boy). To page somebody, to have somebody paged, *faire demander quelqu'un par un chasseur.*
19. **lobby.** *vestibule, hall d'entrée, antichambre.* The lobby of the House, *les couloirs du Parlement* (où les demandeurs viennent tenter de rencontrer les parlementaires). D'où, 2e sens : *groupe de pression.*
20. **lounge.** *salon d'un appartement privé* (living-room) ou *d'un lieu public* (hôtel, bar, etc.).

■ TERMES DIFFÉRENTS

US	Fr	GB
queen-size	*(grand lit) pour deux*	king-size(d), de luxe
bell-boy	*chasseur*	page-boy

■ USAGES DIFFÉRENTS

regular	*ordinaire*	normal, standard

■ ORTHOGRAPHE DIFFÉRENTE

labor	*main-d'œuvre, travail*	labour

■ PRONONCIATION DIFFÉRENTE

bath [baś]		bath [ba:ś]

XVI – 5 ■ Environnement

■ Hotel bars are a common meeting place in the United States. Also, you are often asked to have a drink at the bar, while waiting for a table in a restaurant. People drink large quantities of beer and whiskey, but most characteristic is the great number and variety of cocktails available.

■ Alcohol for your heart : according to some studies, liquor — no more than three « drinks » a day — may significantly decrease your risk of a heart attack. Moderate drinkers experience about 30 percent fewer heart attacks than teetotalers* — they also have lower blood pressure than both total abstainers and heavy drinkers.

* qui s'abstient totalement de toute boisson alcoolisée.

■ Les bars d'hôtels sont souvent un lieu de rendez-vous aux États-Unis. C'est également au bar qu'on vous fera patienter en attendant qu'une table soit libre au restaurant. Il s'y consomme d'impressionnantes quantités de bière et de whisky mais ce qui est frappant, ce sont les nombreuses variétés de « cocktails » qui y sont proposées.

■ De l'alcool pour votre cœur : selon certaines études, l'alcool — trois « verres » par jour au maximum — peut diminuer de façon significative les risques de crise cardiaque. Les buveurs modérés connaissent environ 30 % de crises cardiaques en moins que les non-buveurs ; ils ont également une tension inférieure à celle à la fois des abstinents complets et des gros buveurs.

• **Manhattan :** 1/2 oz. Italian (sweet) vermouth, 1 jigger (1 1/2 oz.) bourbon or rye. Dash angostura bitters (optional). Stir with cracked ice. Add cherry.

• **Old-Fashioned :** Dash angostura bitters, 1 tspn sugar (optional), 1/2 oz. sparkling water, 1 jigger (1 1/2 oz.) bourbon or rye. Stir bitters, sugar, water in glass. Add ice cubes, liquor. Top with orange slice, cherry.

• **Dry Martini :** 1 part French (dry) vermouth, 4 parts gin or vodka. Stir with cracked ice. Strain into chilled cocktail glass. Add green olive, pearl onion or twist of lemon peel.

• **Margarita :** 1 jigger (1 1/2 oz.) white tequila, 1/2 triple sec, 1 oz. lime or lemon juice. Moisten cocktail glass rim with fruit rind. Spin rim in salt. Shake ingredients with cracked ice. Strain into glass.

? **Planter's Punch :** juice of 1/2 lemon,. juice of 1/2 orange. 4 dashes curaçao, 1 jigger (1 1/2 oz.) Jamaica rum. Shake. Pour into tall glass filled with cracked ice. Stir. Decorate with fruit.

• *Manhattan :* 1 mesure de vermouth italien (moelleux), 1 mesure et demie de bourbon ou de rye. Trait d'angustura (facultatif). Mélanger avec de la glace pilée. Ajouter cerise.

• *Old-fashioned :* Trait d'angustura, 1 cuil. sucre (facultatif) ; 1/2 mesure d'eau gazeuse, 4,5 cl de bourbon ou de rye. Mélanger l'amer, le sucre et l'eau dans un verre. Ajouter les glaçons et l'alcool. Terminer avec un quartier d'orange et une cerise.

• *Dry Martini :* une partie de vermouth français (sec), quatre parties de gin ou de vodka. Mélanger avec glace pilée. Passer dans un verre à cocktail givré. Ajouter olive verte, oignon grelot ou zeste de citron.

• *Margarita :* 4,5 cl de tequila blanche. 2,5 cl de triple sec, 1 once de citron (vert). Humecter le bord du verre avec l'écorce du fruit. Tourner dans du sel. Mélanger les ingrédients dans un shaker avec de la glace pilée. Passer dans les verres.

• *Planter's Punch :* le jus d'un demi-citron et celui d'une moitié d'orange. 4 traits de curaçao, 4,5 cl de rhum de la Jamaïque. Mélanger. Verser dans un grand verre rempli de glace pilée. Décorer avec des fruits.

---

1 **oz** = 1 **ounce** ; 1 **once** = *3 centilitres* (traduit ici par « *mesure* »).
1 **jigger** = 1 1/2 **oz.** (env. *4,5 cl*, soit *1 mesure et demie*).
tspn = **teaspoon (full) :** (la valeur d'une) *cuiller à café*,
L'orthographe **whiskey** se rencontre en Irlande et aux États-Unis.

1. Allo, la réception ? Ma télévision ne fonctionne pas.
2. Pouvez-vous me réveiller à 6 heures demain matin ?
3. Nous voudrions partir de bonne heure demain matin.
4. Est-ce que je peux appeler Paris, France, de ma chambre ?
5. Je voudrais une chambre avec un grand lit.
6. Il nous faudrait une chambre à un lit pour ma femme et moi, et une chambre à 2 lits pour les enfants.
7. Mettez les clefs dans la boîte en sortant.
8. Où est-ce que je peux laisser la voiture ?
9. Est-ce que je vous paye tout de suite pour le coup de téléphone ?
10. Nous comptons rester deux nuits.
11. Je vais payer pour l'ensemble du groupe.
12. Pouvons-nous avoir une note détaillée ?
13. Est-ce que je pourrais faire repasser des chemises ?
14. Je quitte l'hôtel à midi. Puis-je laisser mes bagages ici jusqu'à cinq heures ?
15. A quelle heure ferme le bar ?
16. Est-ce que je peux avoir du liquide contre des chèques de voyage ?
17. Pouvez-vous me faire monter une bouteille de whisky ?
18. Est-ce qu'il y a un service de nettoyage à sec ?

1. Hello, is this the reception desk ? My television's not working.
2. Can you wake me up at 6:00 a.m. tomorrow morning ?
3. We'd like to leave early tomorrow morning.
4. Can I call Paris, France, from my room ?
5. I'd like a room with a double bed.
6. We need a room with a double bed for my wife and myself and a room with twin beds for the children.
7. Put the keys in the box as you leave.
8. Where can I leave the car ?
9. Should I pay you right away for the telephone call ?
10. We plan to stay two nights.
11. I'll pay for the whole group.
12. Can we have an itemized bill ?
13. Could I have some shirts ironed ?
14. I'm checking out at noon. Could I leave my luggage here until 5:00 o'clock ?
15. What time does the bar close ?
16. Can you cash travelers checks ?
17. Can you have a bottle of whiskey sent up to my room ?
18. Is there a dry cleaning service ?

available, disponible, libre

register, registre, livre de comptes

to make reservations, retenir, louer

manager, directeur, gérant

to be booked up, être complet

to settle, s'installer, s'établir

a double, une chambre double

queen-size bed, lit pour deux

rates, prix, tarif, taux

air-conditioning, air conditionné

humming noise, bourdonnement

to catch a cold, s'enrhumer

porter, 1) portier (d'hôtel) 2) porteur

to turn off, éteindre, couper

to page somebody, faire une annonce pour demander quelqu'un

lobby, hall d'hôtel

cocktail lounge, salon de bar

alcohol, alcool (pur)

heart, cœur

liquor, spiritueux, alcool

drink, boisson, « verre »

to decrease, diminuer

heart attack, crise cardiaque

to experience, faire l'expérience de, éprouver

teetotaler, qui ne boit pas d'alcool

blood pressure, pression sanguine, tension

abstainer, qui s'abstient (de boire), abstinent

dash, trait

sprig, brin

to stir, remuer, mélanger

to strain, filtrer, passer

itemized bill, note détaillée

to iron, repasser

to check out, quitter l'hôtel

dry-cleaning, nettoyage à sec

Vocabulaire complémentaire

American plan (AP), pension complète

bartender, barman

bell-captain, concierge (d'hôtel)

bourbon, whisky américain à base de maïs

efficiency, chambre avec kitchenette (dans un hôtel)

European plan (EP), chambre seule

Modified American Plan (MAP), demi-pension

rye, whisky américain obtenu par distillation du seigle

single room, chambre pour une personne

suite, appartement (dans un hôtel)

bottoms up ! cul-sec

cheers ! à votre santé !

I'm on the wa(g)gon, j'ai cessé de boire

it's on me, c'est ma tournée

it's on the house, c'est la tournée du patron

let me buy (GB : **stand) you a drink,** je vous offre un verre

Traduire

Conseils concernant l'hôtellerie

■ *Réservations.* Dans les grandes villes, ainsi que dans les parcs nationaux et les stations de vacances, il vaut mieux réserver les chambres. Même si vous n'êtes que légèrement en retard, il est préférable de prévenir, car de nombreux hôtels annuleront automatiquement votre réservation si vous ne vous êtes pas manifesté avant 18 h, et à 16 h dans les parcs nationaux. Les jeunes de moins de 18 ans partageant la chambre des parents sont en général hébergés gratuitement.

— Assurez-vous toujours que votre chambre est fermée à double tour lorsque vous la quittez, et laissez la clé à la réception quand vous sortez. (Sauf à New York et dans certaines grandes villes, où vous gardez toujours votre clé sur vous.) La nuit, fermez-là également à double tour ou mettez la chaîne de sécurité.

— Avant d'utiliser vos rasoirs ou autres appareils électriques, vérifiez toujours la tension du courant*.

— Vous pouvez boire sans crainte l'eau du robinet ; la législation aux États-Unis est très sévère pour ce qui est des questions sanitaires.

* 110/115 volts et 60 périodes (50 périodes en France).

Corrigé

Hotel tips

■ **Reservations.** In big cities, as in national parks and resorts, it is best to make reservations. Even if you are only slightly late, it is wise to call and request that the room be held, since many hotels automatically cancel reservations, if you don't show up before 6 o'clock and 4 o'clock for the national parks. There is usually no extra charge for children under 18 who share a room with their parents.

— Be sure your room is double-locked when you go out, and leave the key at the reception desk. (Except in New York and some large cities where you keep your key.) At night, double-lock your door or fasten the security chain.

— Before using razors or other electrical appliances be sure to check the voltage specifications.

— Drinking tap water is perfectly safe ; sanitation legislation in the United States is very strict.

On peut, de sa chambre, obtenir par téléphone :
— **maid service,** femme de chambre, gouvernante d'étage
— **room service,** pour se faire servir un repas
— **valet service,** chaussures à cirer, vêtements à nettoyer.

Rerouting[1] a plane ticket

A = Airline ticket agent   T = traveler

A— Hi, what can I do for you ?

T— Hi. I'd like to have my ticket rerouted. Is this the right counter[2] ?

A— Is it a domestic[3] or a transatlantic flight ?

T— Domestic. It's the 14-day[4] "Tour the USA Special".

A— Certainly. I can handle that for you. What's your problem ?

T— Well, I'm scheduled to fly[5] from Washington to New Orleans on April 4th, but I'd like to make a stopover[6] in Miami on the way.

A— There are several daily flights from Washington to Miami. Would you prefer a morning or an evening flight ?

T— If they serve dinner[7] on the evening flight[8], I may as well[9] take that one.

A— They do indeed[10]. I'll book you on it[11], then.

T— Fine. I assume you'll cancel my other reservation.

A— No problem. That's taken care of automatically[12].

T— Now, I'll need a reservation from Miami to New Orleans two days later.

A— We've got a morning flight out of Miami[13] at 10:00 a.m. arriving in New Orleans 11:45. Would that be alright ?

T— Fine. Now, can I postpone departure[14] from New Orleans for 2 days ?

A— Sure, you can do that as long as you stay within the 15-day limit for the entire trip. However, there may be a slight charge, if there's additional mileage[15], but I'll calculate that for you afterwards.

T— I'd just like to tell you that you've been very helpful and I appreciate it[16].

A— Well, that's what I'm here for[17]. You're welcome.

agent	[éïdjent]	reservation	[rèzervéïchen]
to reroute	[rirout]	New Orleans	[nou:o:rli:nz]
domestic	[domèstik]	to postpone	[pôoùstpôoun]
transatlantic	[tranzetlantik]	departure	[dipa:rtcher]
tour	[touer]	entire	[intaïer]
special	[spèchl]	afterwards	[a:fterwedz]
to schedule	[skèdjoul]	additional	[edichenl]
Miami	[maïami]	mileage	[maïlidj]
stopover	[stopôouver]	calculate	[kalkiouléït]
automatically	[otematikeli]	appreciate	[epri:chiéït]

Changement d'itinéraire (de billet) d'avion

E = Employé (à la billetterie)   V = Voyageur

E— Bonjour, qu'y a-t-il pour votre service ?

V— Bonjour. Je voudrais faire changer l'itinéraire de mon billet d'avion. Je suis (bien) au bon guichet ?

E— C'est un vol intérieur ou un vol transatlantique ?

V— Intérieur. C'est le « Spécial visite des États-Unis » valable 15 jours.

E— Certainement. Je peux m'en occuper. Quel est votre problème ?

V— Eh bien, il est prévu que je prenne l'avion de Washington à la Nouvelle-Orléans le 4 avril, mais je voudrais faire une halte à Miami sur le trajet.

E— Il y a plusieurs vols quotidiens de Washington à Miami. Préféreriez-vous un vol du matin ou du soir ?

V— Si on sert un repas sur le vol du soir, j'aimerais autant prendre celui-là.

E— C'est le cas. Alors je vous réserve sur celui-ci ?

V— Très bien. Je présume que vous annulerez mon autre réservation.

E— Sans problème. Ça se passe automatiquement.

V— Ensuite, je voudrais une réservation de Miami à la Nouvelle-Orléans deux jours plus tard.

E— Nous avons un vol le matin qui part de Miami à 10 heures pour arriver à la Nouvelle-Orléans à 11 h 45. Est-ce que ça vous conviendrait ?

V— Très bien. Maintenant, est-ce que je peux retarder mon départ de la Nouvelle-Orléans de deux jours ?

E— Bien sûr, vous pouvez le faire tant que vous restez dans la limite de 15 jours pour la totalité du voyage. Toutefois, il se peut qu'on vous demande un léger supplément en cas de kilométrage supplémentaire ; mais je vous calculerai ça plus tard.

V— J'aimerais simplement vous dire que vous avez été très aimable et que j'y suis sensible.

E— Oh, c'est pour ça que je suis ici. A votre service.

1. **rerouting,** a route, *un itinéraire* ; to route, *établir un itinéraire, faire suivre un itinéraire ; acheminer, router.* To reroute, *modifier un itinéraire, faire suivre un autre itinéraire ; réacheminer.*

2. **counter,** 1. *comptoir* 2. *caisse, guichet.*

3. **domestic flight,** cf. a domestic **arline,** *une compagnie aérienne intérieure* ; **domestic trade,** *le commerce intérieur* — s'oppose souvent à **foreign.**

4. **It's the 14-day Tour,** 14-day a valeur d'adjectif, d'où absence de pluriel pour **day** et trait d'union.

5. **I'm scheduled to fly,** a schedule, *horaire, emploi du temps, calendrier, plan de travail.* To schedule, *programmer, indiquer la date, l'horaire.* The meeting is scheduled on May 2nd, *la réunion est prévue pour le 2 mai.* I'm scheduled to... (suivi d'un verbe + une indication de date), *il est prévu que je...* Scheduled flights, *vols réguliers* (par opposition à **charter(ed) flights,** *vols charters*).

6. **a stopover,** *une escale* (avion) ; aussi *un passager qui fait escale.* Stopovers first, *les passagers en transit d'abord.* To stopover, *faire escale.*

7. **If they serve dinner,** m. à m. *s'ils servent le dîner.*

8. **On the evening flight,** notez l'emploi de la préposition « on » avec **flight.** Cf. **on a plane, on a train, on a bus** *(= à bord de).*

9. **I may as well,** m. à m. *je peux aussi bien.*

10. **They do indeed,** m. à m. *ils le font effectivement (do reprend* to **serve dinner).**

11. **I'll book you on it,** to book, *réserver* (une chambre, etc.). To book somebody on a flight ; to book a seat for somebody on a flight. Cf. to book somebody in a hotel ; to book a room for somebody at (in) a hotel.

12. **That's taken care of automatically,** to take care of something, *s'occuper de quelque chose.* They take care of it, *ils s'en occupent, ils y veillent* ; ici à la voix passive.

13. **a morning flight out of Miami,** notez cet emploi idiomatique de **out of** au sens de « *qui part de* ».

14. **can I postpone departure for two days ?,** to postpone, *retarder, remettre à plus tard.* Notez l'emploi de la préposition **for.** The meeting has been postponed for a week, *la réunion a été retardée d'une semaine.*

15. **Mileage,** *nombre de miles parcourus, distance en miles.*
16. **You've been very helpful and I appreciate it,** m. à m.
    vous avez été très serviable et je l'apprécie.
    Helpful, *utile, qui rend service.*
17. **That's what I am here for,** remarquez le sujet de la
    préposition à la fin de la phrase, nécessaire ici (on ne dirait
    pas **that's for what I am here**).

XVII – 4   ■ Anglais américain et britannique

■ USAGES DIFFÉRENTS

Hi : ce salut familier est largement utilisé par les jeunes en
Grande-Bretagne, mais pas dans le genre de situation décrite
ici (sauf si le guichetier et le client sont des jeunes qui se
connaissent). On entendra plutôt **Hello,** ou plus conventionnel-
lement, **Good morning, Good afternoon** ou **Good evening.**

■ PRONONCIATION DIFFÉRENTE

	US	GB
schedule	[skèdjou:l]	[chèdiou:l]
to assume	[esou:m]	[esiou:m]
afterwards	[afterwerdz]	[a:ftewedz]
New Orleans	[nou: o:rli:nz]	[niou: o:li:nz]

■ ORTHOGRAPHE DIFFÉRENTE

alright, all right   *d'accord*   **all right**

XVII – 5   ■ Environnement

Baggage identification : Airline regulations require the passenger's name be on the outside of each piece of baggage that
is checked. Airlines are not permitted to accept baggage for
checking that does not comply with this requirement. For your
convenience, baggage identification labels are available free of
charge.

Identification des bagages : les règlements sur les transports
aériens exigent que le nom du passager figure à l'extérieur de
tout bagage enregistré. Les compagnies aériennes n'ont pas le
droit d'accepter à l'enregistrement des bagages qui ne sont pas
en conformité avec ce règlement. Pour votre commodité, des
étiquettes pour bagages sont à votre disposition gratuitement.

■ The immensity of the United States makes air travel commonplace. The more so as the passenger train network cannot compare with its European counterpart in terms of density and quality standards. On major routes between large centers there are even shuttle services — up to 50 flights daily — which make one think of bus more than air transport. All you need is a boarding pass to get a seat on the next plane. You'll pay en route. Fares are comparatively low, and numerous discount air fares are available.

■ *Carry-on baggage.* Safety regulations limit the dimensions of carry-on luggage and personal belongings such as briefcases, umbrellas, hat boxes, cameras, musical instruments, binoculars, packages, etc. so that they may be stowed under a passenger seat or in an overhead latched cabin compartment. Acceptability for storage in the overhead compartment is dependent on the weight of the baggage.
Excess baggage: baggage that does not quality as free allowance will be charged for at published tariff rates.

■ L'immensité des États-Unis rend banale l'utilisation de l'avion, d'autant que le réseau ferroviaire voyageur est loin d'avoir la densité et la qualité des réseaux européens. Sur les parcours importants qui desservent les grands centres, il existe même des navettes — jusqu'à 50 vols par jour — qui évoquent davantage l'autobus que les transports aériens. Vous n'avez qu'à prendre (fn. à m. : tout ce dont vous avez besoin, c'est d'une...) une carte d'embarquement et vous installer à bord du premier avion en partance ; vous paierez en route. Les tarifs sont relativement peu élevés, et de nombreux types de réduction sont offerts aux usagers.

■ *Bagages à main.* Les règlements de sécurité limitent les dimensions des bagages à main et des objets personnels tels que porte-documents, parapluies, cartons à chapeaux, appareils photo, instruments de musique, jumelles, paquets, etc., de façon à ce qu'ils puissent être logés sous un siège ou dans un des casiers de cabine sans en gêner la fermeture. Le bagage ne pourra être placé dans ce casier situé en hauteur que si son poids n'est pas excessif.
Excédent de bagages : les bagages qui ne sont pas couverts par la franchise seront transportés aux prix indiqués sur les tarifs officiels.

1. Est-il possible de prolonger la période de validité du billet ?
2. Le forfait n'est pas valable pour le Canada.
3. Le tarif de nuit permet d'obtenir 20 à 25 % de réduction sur certains vols entre 9 heures du soir et 6 heures du matin.
4. Je voudrais un vol direct pour Los Angeles en 1ʳᵉ classe.
5. Je ne savais pas qu'il fallait reconfirmer le vol.
6. Vos bagages ont été embarqués sur un autre avion par erreur. Nous les livrerons à votre hôtel dès leur arrivée.
7. Ces billets « sans réservation » sont économiques, mais comportent un risque : vous n'embarquez que s'il y a de la place.
8. Vous voulez un aller simple ou un aller et retour ?
9. Y a-t-il une limitation sur le poids des bagages ?
10. Ce colis est trop volumineux pour un bagage à main. Vous ne pouvez pas le prendre en cabine.
11. Cette réduction n'existe pas sur toutes les lignes.
12. N'oubliez pas de faire enregistrer vos bagages une heure avant le décollage.
13. Le billet devrait être prêt cet après-midi.
14. Ne perdez pas votre récépissé de bagage.
15. J'aimerais réserver deux places.

1. Is it possible to extend the validity of this ticket ?
2. This pass is not valid in Canada.
3. There is a 20 to 25 % reduction on the night rate on certain flights between 9:00 p.m and 6:00 a.m.
4. I'd like a direct flight to Los Angeles, first class.
5. I didn't know the flight had to be reconfirmed.
6. Your bags were put on another plane by mistake. We'll have them delivered to your hotel as soon as they arrive.
7. These unreserved tickets are inexpensive but risky : you only get on if there's room.
8. Do you want a one-way or a round-trip ticket ?
9. Is there any limitation on the baggage weight ?
10. This package is too bulky for hand luggage. You cannot carry it onto the aircraft.
11. This discount does not exist on all air routes.
12. Don't forget to register your bags an hour before take-off.
13. The ticket should be ready this afternoon.
14. Don't lose your baggage check.
15. I'd like to reserve two seats.

to reroute, changer l'itinéraire

counter, guichet

domestic flight, vol intérieur

to schedule, programmer

to cancel, annuler

to postpone, retarder

charge, somme à payer

network, réseau

discount air fare, tarif aérien avec réduction

carry-on baggage, bagage à main

safety regulations, consignes de sécurité

personal belongings, objets personnels

briefcase, porte-documents

camera, appareil photographique

binoculars, jumelles

to stow, arrimer, ranger, placer (bagages)

storage compartment, casier

excess baggage, excédent de bagages

to qualify, remplir les conditions

free allowance, franchise

to deliver, livrer

one-way ticket, aller simple

round-trip ticket, aller et retour

to register, enregistrer

fare, prix du voyage (billet)

baggage check, récépissé (coupon) bagage(s)

to honor, accepter, honorer

Vocabulaire complémentaire

air fares, tarifs aériens

airlines reservations, service de réservation des compagnies aériennes

cancellation, annulation

charter(ed) flight, vol charter

coach air fares, tarifs aériens en classe touriste

coach flight, vol en classe touriste

to collect one's luggage, prendre livraison de ses bagages

to comply with requirements, respecter les règlements

free of charge label, étiquette (à coller) gratuite

liability, responsabilité

liable, responsable

low-season, hors saison

minimum stay, (durée de) séjour minimum

off-peak, hors saison, en heures creuses

open-jaw, avec interruption de parcours

to proceed to gate 5, se rendre à la porte 5

to retrieve one's bags, récupérer ses bagages

scheduled flight, vol régulier

stand-by, sans réservation

supersaver, (billet, tarif) superéconomique

tag, étiquette (qui s'attache)

take off, décollage

tour operator, organisateur de voyages

travel agent, agent de voyages

vacation package, forfait-vacances

A ■ Traduire le passage suivant

LIABILITY : The Company's liability for loss or damage to baggage is limited to the amount published in official tariffs.

Reconfirmation of continuing or return reservations may be necessary when your itinerary includes a stopover of more than 72 hours, and the flight following the stopover is to or from an international point on **another airline.** To reconfirm, contact the other airline by telephone or in person at least 72 hours prior to the scheduled departure of your flight. Failure to do so may subject your reservations to cancellation.

B ■ Traduire les mots et expressions suivantes

1. correspondance
2. voyageurs en transit
3. classe touriste
4. vol intérieur
5. horaire
6. billet aller-retour
7. bagages à main
8. aller classe touriste
9. forfait tour
10. heure de départ prévue
11. vol régulier
12. une économie de 20 %
13. règlements de sécurité
14. carte d'embarquement

Corrigé

A ■ RESPONSABILITÉ : la responsabilité de la compagnie en cas de perte ou de dommages causés aux bagages est limitée à la somme figurant sur les barèmes officiels. La reconfirmation des vols suivants ou de retour peut être nécessaire lorsque votre itinéraire comporte une escale de plus de 72 heures, et que le vol faisant suite à l'escale est à destination ou à partir d'un centre international sur une *autre compagnie aérienne.* Pour reconfirmer, contactez l'autre compagnie aérienne par téléphone ou présentez-vous au moins 72 heures avant l'heure de départ prévue pour le vol, faute de quoi votre réservation peut être annulée.

B ■
1. connecting flight
2. stopovers or connecting passengers
3. coach accommodation
4. domestic flight
5. timetable or schedule
6. round-trip ticket
7. carry-on baggage
8. one-way coach fare
9. packaged tour
10. scheduled departure time
11. scheduled flight
12. a saving of 20 %
13. safety regulations
14. boarding pass

D = Dad (Jeff)   M = Mom   J = Jim   A = Ann

D— O.K. gang[1], everybody out. Here we are in Disneyland.

M— Wait a minute, we'd better[2] not forget where we parked. This is the most enormous parking lot I've ever seen.

D— J-12. Jot that down[3], honey.

A— Mom, can we take one of those little trains ? I bet they drive you to the entrance.

M— Oh, good. Let's do that[4]. Did you bring the movie camera[5], Jeff ?

J— I've got it, Mom.

M— Great. Don't forget your hats. It's bound to be hot[6] as hell[7]. Let's get going[8].

D— What kind of tickets should we get[9] ?

M— I was told[10] the ticket books are the best deal[11]. If you pay for each ride[12] individually, it's much more expensive.

D— There's an admission fee[13], too, isn't there[14] ?

M— No, that's only if you don't buy the coupons[15].

D— Well, in that case, it's not so expensive. We may as well get four coupon books.

M— This is unreal ! It really is a fairyland. I feel just like a little kid, Jeff. Come on, let's try everything.

A— Look at that funny old train in Frontierland[16] ! Can we go on it[17] ?

D— You mean the steam engine ? Sure. But, don't you think it would be better to take the monorail first, to get a bird's eye view of the whole place ?

J— That's a good idea, especially since the line doesn't look too bad[18].

D— O.K. Then we'll get off in Adventureland for the Jungle Cruise.

M— That may be a bit scary[19] for Ann. How about it if I take her to Fantasyland for « Small World » while you two go on the cruise ? Then we could meet in Tomorrowland.

D— O.K. by me.

M— Hey, let's not forget lunch. I could go for some junk food[20].

D— Well, you won't have any trouble finding that here !

entrance	[èntrens]	engine	[èndjin]
movie camera	]mou:vi kamere]	monorail	[monoréil]
individually	[individioueli]	especially	[ispècheli]
admission fee	[edmichen fi:]	Adventureland	[edvèntcherland]
coupon	[kou:pon]	cruise	[krou:z]
frontierland	[froentierland]	scary	[skèeri]

P = Papa (Jeff)   M = M(a)man   J = Jim   A = Ann

P— Bon alors, tout le monde dehors les gars. Nous voici à Disneyland.

M— Attends un instant, vaudrait mieux ne pas oublier où on est garés. C'est le parking le plus gigantesque que j'aie jamais vu.

P— J-12. Note donc ça, chérie.

A— M'man, est-ce qu'on peut prendre un de ces petits trains ? Je suis sûre qu'ils conduisent à l'entrée.

M— Oui, bon, d'accord. Tu as pris la caméra, Jeff ?

J— C'est moi qui l'ai, M'man.

M— Parfait. N'oubliez pas vos chapeaux. Il va forcément faire une chaleur d'enfer. En route !

D— Quel type de billets est-ce qu'on doit prendre ?

M— On m'a dit que les carnets, c'est ce qui est le plus avantageux. S'il faut prendre un billet spécial pour chaque attraction, c'est beaucoup plus cher.

P— Il faut aussi payer l'entrée, non ?

M— Non, seulement si on n'achète pas les coupons.

P— Alors, dans ce cas, ce n'est pas trop cher. On a intérêt à prendre quatre carnets.

M— Ce n'est pas croyable ! C'est vraiment le royaume des fées. J'ai vraiment l'impression d'être une gosse, Jeff. Allez, on essaie tout ce qu'il y a.

A— Regardez ce drôle de vieux train, au pays du Far-West. On peut le prendre ?

P— Tu veux dire la locomotive à vapeur ? Certainement. Mais est-ce que vous ne croyez pas que ce serait mieux de prendre d'abord le monorail ? On aurait une vue d'ensemble sur la totalité des lieux.

J— C'est une bonne idée, d'autant que la queue n'a pas l'air trop longue.

P— Bien. Ensuite on descendra au Pays de l'Aventure pour la Croisière dans la Jungle.

M— Ça risque d'être un peu terrifiant pour Ann. Et si je l'emmenais au Pays de l'Imaginaire voir *le Monde des Petits*, pendant que vous allez faire la croisière tous les deux ? Ensuite on pourrait vous retrouver au Pays du Futur.

P— Pour moi c'est d'accord.

M— Hé, n'oublions pas de déjeuner. Je me laisserais bien tenter par de la « bouffe camelote ».

P— Alors tu n'auras pas de mal à trouver.

1. **gang.** 1) *groupe, bande de personnes* ; 2) *équipe d'ou-vriers* ; 3) *bande* (de malfaiteurs). Ici formule familière pour s'adresser à un groupe, une bande d'amis.
2. **we'd better :** we had better, *nous ferions mieux de* (+ inf. sans to).
3. **Jot that down.** to jot down, *prendre en note.*
4. **Let's do that.** *faisons cela* (**that** renvoie à ce qui précède).
5. **movie camera.** camera (sans **movie**), *appareil photo-graphique.*
6. **It's bound to be hot.** *il va certainement faire chaud.*
7. **Hot as hell.** m. à m. *chaud comme l'enfer* (très familier).
8. **Let's get going.** *allons-y ! Mettons-nous en route.* Et aussi, *mettons-nous au travail.*
9. **should we get....** m. à m. *devrions-nous prendre...*
10. **I was told.** *on m'a dit* (m. à m. *j'ai été dit*). Rappel : le **on** français est souvent rendu par la voix passive en anglais.
11. **the best deal.** m. à m. *la meilleure affaire* ; **a deal,** *une affaire, une transaction, un marché.*
12. **ride.** *promenade, trajet à bicyclette, à cheval, en voi-ture.* Ici divertissement dans un parc d'attraction : *ma-nège, roue, petit train,* etc. Notez aussi l'expression **to take someone for a ride,** *tromper quelqu'un, berner quelqu'un* (allusion à la pratique des gangsters emmenant quelqu'un en voiture avant de l'assassiner).
13. **admission fee.** *droit d'entrée.*
14. **isn' there ?.** *n'est-ce pas ?* (reprise de **there,** sujet du membre de phrase qui précède).
15. **coupons.** *coupon, ticket* (détachable), *bon.* Fait en géné-ral partie d'un carnet, d'une liasse.
16. **Frontierland.** « **the frontier** », limite entre le monde civi-lisé et les nouveaux territoires lors de la conquête de l'Ouest. Frontière d'un pays : **border.**
17. **Can we go on it.** to go on a train, a bus, a coach, *prendre* (monter à bord d')*un train, d'un autobus, d'un car.*
18. **since the line doesn't look too bad.** signifie qu'il n'y a pas trop de monde à faire la queue (un des sens US de **line**).
19. **scary.** de to scare, *effrayer, terrifier* ; **a scare,** *une pani-que, une alarme, une terreur.*
20. **junk food.** *nourriture médiocre, servie en série et bon marché* ; **junk,** *camelote.*

■ TERMES DIFFÉRENTS

US	Fr	GB
parking lot	*parking*	**car park**
movie camera	*caméra*	**cine-camera**

■ USAGES DIFFÉRENTS

O.K. gang !	*Bon, tout le monde !*	**right everyone !**
hot as hell	*chaleur d'enfer*	**a scorcher**
unreal !	*incroyable !*	**fantastic !**
best deal	*la meilleure affaire*	**best bet**
O.K. by me	*d'accord pour moi*	**O.K. with me**
scary	*effrayant*	**frightening**

■ En anglais britannique, on entend à peine le r dans park, enormous, forget et à la fin de frontier.

■ ORTHOGRAPHE DIFFÉRENTE

US	**Mom**	*Maman*	GB	**Mum**

XVIII – 5 ■ Environnement

« Disneyland really began when my two daughters were very young », Walt Disney said. « Saturday was always Daddy's Day, and I would take them to the merry-go-round, and sit on a bench eating peanuts, while they rode. And sitting there, alone, I felt there should be something built, some kind of family park, where parents and children could have fun together... By the early 1960's, Disneyland was world-renowned. « All the crowned heads of Europe want to see it », the State Department told Disney officials. « We love to entertain Kings and Queens », Walt Disney responded, « but at Disneyland every guest receives the VIP treatment ».

« Disneyland débuta réellement alors que mes filles étaient très jeunes », racontait Walt Disney. « Samedi était toujours la Journée de Papa et je les emmenais faire un tour sur les chevaux de bois et m'asseyais sur un banc en mangeant des cacahuètes, tandis qu'elles tournaient. Et assis là, seul, je ressentis qu'il faudrait construire quelque chose, une sorte de parc familial, où parents et enfants pourraient s'amuser ensemble... » Au début des années 60, Disneyland était connu dans le monde entier. « Toutes les têtes couronnées d'Europe veulent le voir », dit le Département d'État aux responsables de Disney. « Nous aimons distraire les Rois et les Reines », répondit ce dernier, « mais à Disneyland chaque visiteur est reçu comme un hôte de marque ».

The Magic Kingdom in Walt Disney World clearly extends traditional Disney themes : the wonder worlds of Nature, the classic stories of childhood, and the spirit of America as we prize it — the nostalgia of the past, and the abiding faith and dreams for man's future.

There are several basic steps in creating a show for the Magic Kingdom. First the story line is developed. No Disney attraction ever got off the ground without extensive development of the story.

Once the story is established, a scale model of the attraction is built. It is used first in studying what the audience will see from a boat or theater seat, and second by the engineers and draftsmen as a guide for this construction drawings. In the third step, all figures, both animated and inanimate, are sculpted full-size in clay. Then permanent molds are taken from the clay sculptures and skilled technicians fabricate the figures and many other elements of the show. At the same time, background sets and proper props are being built, painted and dressed. And finally the stars of the show are programmed to move and sing and talk.

from The Story of Walt Disney World

A *Disneyworld,* le Royaume Magique prolonge nettement les thèmes traditionnels de Disney : les merveilles de la Nature, les histoires classiques de l'enfance, et l'esprit de l'Amerique tel que nous l'apprécions : de la nostalgie pour le passé, et une foi bien ancrée et des rêves pour l'avenir de l'humanité.

La création d'un spectacle pour le Royaume magique demande plusieurs étapes de base. On développe d'abord un sénario. Aucune attraction de Disney n'a jamais vu le jour sans un développement important de l'histoire...

Une fois que l'histoire est établie, on construit, à l'échelle, un modèle de l'attraction. Il est d'abord utilisé pour étudier ce que les spectateurs verront depuis le siège d'un bateau ou d'un théâtre et en second lieu par les ingénieurs et les dessinateurs comme guide pour les schémas de cette construction. Pour la troisième étape, tous les personnages, à la fois animés et inanimés, sont sculptés grandeur nature en argile. Puis des moules définitifs sont exécutés à partir des sculptures en argile et des techniciens spécialisés fabriquent les personnages et de nombreux autres éléments du spectacle. Au même moment décors et accessoires appropriés sont contruits, peints et installés. Finalement on programme les vedettes du spectacle de façon à ce qu'elles remuent, chantent et parlent.

1. Quatre carnets, s'il vous plaît, pour 2 adultes et 2 enfants.
2. Par quoi voulez-vous commencer ?
3. Je vous propose d'aller voir la maison hantée tout de suite : il n'y a pas trop de queue.
4. On n'aura pas le temps de tout voir avant la fermeture.
5. Ce carnet vous donne droit à 11 attractions.
6. Les enfants voudraient se faire photographier à côté de Mickey.
7. Si on se perd, rendez-vous à l'entrée principale.
8. J'ai beaucoup aimé le pot-pourri de musique américaine.
9. Qu'est-ce qu'on peut manger sur place ?
10. Regarde ! La parade avec tous les personnages de Walt Disney !
11. Il y en a pour 1/4 d'heure à faire la queue, mais ça vaut vraiment le coup.
12. On n'a pas eu le temps de faire la descente de la rivière en bateau à roue à aube.
13. Il vaut mieux éviter les fins de semaine : c'est franchement la cohue.
14. On s'est amusés au moins autant que les enfants.
15. Je croyais que ce n'était pas de mon âge, mais je ne regrette pas d'être venu.
16. C'est le plus grand parc d'attractions que j'aie jamais visité.
17. Maintenant, voyons si nous pouvons retrouver la voiture.

1. Four booklets for two adults and two children please.
2. What do you want to do first ?
3. Let's go to the « Haunted House » first. The line's not too bad.
4. We won't be able to see everything before it closes.
5. You get 11 attractions with one booklet.
6. The children want to have their picture taken with Mickey Mouse.
7. If you get lost, let's meet at the main entrance.
8. I really liked the American music medley.
9. What can you eat there ?
10. Look at the parade with all the Walt Disney characters !
11. There's a fifteen-minute wait, but it's really worth it.
12. We didn't have the time to go down the river in a paddle-wheel boat.
13. It's best to avoid the weekends. I'ts really a mob scene.
14. We enjoyed ourselves as much as the children.
15. I thought I was too old for this, but I'm not sorry I came.
16. It's the biggest amusement park I've ever been to.
17. Now let's see if we can find the car.

gang, bande, groupe, équipe

parking lot, parking

to jot down, noter

honey, chéri(e)

to bet, parier

entrance, entrée

movie camera, caméra

it's bound to, il va forcément...

hell, enfer

to get going, se mettre en route

deal, affaire, transaction

ride, promenade (cf. note 12 : XVIII—3)

admission fee, droit d'entrée

coupon, ticket détachable

fairyland, royaume des fées

steam engine, locomotive à vapeur

bird's eye, vue d'ensemble

line, queue

cruise, croisière

scary, terrifiant

junk, camelote

merry-go-round, manège

bench, banc

peanuts, cacahuètes

fun, amusement

world-renowned, de renommée mondiale

crowned heads, têtes couronnées

to entertain, distraire

King, Roi

Queen, Reine

guest, invité

V.I.P. (Very Important Person), personnalité

to extend, prolonger

wonder, merveille

childhood, enfance

to prize, apprécier, faire grand cas de

abiding, qui demeure, qui est ancré

faith, foi, confiance

step, étape

show, spectacle

story line, scénario

to develop, développer

to get off, (ici) voir le jour

extensive, important, vaste

to establish, établir

scale model, modèle à l'échelle

attraction, attraction

audience, spectateurs

engineer, ingénieur

draftsman, dessinateur

drawing, dessin

figure, silhouette, personnage

animated, animé

inanimate, inanimé

full-size, grandeur nature

clay, argile, glaise

mold (GB mould), moule

skilled technician, technicien qualifié

to fabricate, fabriquer

background, arrière-plan

sets, décors

proper, qui convient

prop, accessoire

dressed, habillé

to program, programmer

talk, parler

booklet, carnet

Haunted House, Maison Hantée

main entrance, entrée principale

medley, pot-pourri

character, personnage

to be worth, valoir

paddle-wheel, roue à aube

to avoid, éviter

mob scene, cohue, émeute

to enjoy, profiter, jouir de

A ■ Translate into French
EPCOT* Center

The center is a permanent showplace where guests can actually experience, in entertaining and dramatic ways, the systems, technologies and challenges of the future and better understand the cultures and peoples, the differences and underlying common aspirations of many nations in today's world.

Location : in the heart of the 27,400 acre Walt Disney World site, 20 miles from Orlando, Florida.

Scope : two major areas, Future World, presenting the alternatives and choices of the future, and World Showcase, where many nations present their culture, commerce, tourism and architecture.

* Experimental Prototype Community of Tomorrow.

B ■ Translate into English
1. Ce globe est la plus grande structure de ce type au monde. **2.** Ce bâtiment génère du courant grâce à son propre système d'énergie solaire. **3.** Les effets spéciaux les plus raffinés vous montreront la Terre comme vous ne l'avez jamais vue auparavant. **4.** Vous y verrez une variété de prototypes des véhicules de demain.

Corrigé

A ■
Le Centre EPCOT[1]

Le centre est une vitrine permanente où les visiteurs peuvent expérimenter réellement, de façon divertissante et frappante les systèmes, technologies et défis du futur et mieux comprendre les cultures et les peuples, les différences et les aspirations communes de nombreuses nations du monde d'aujourd'hui.

Emplacement : au cœur de 27 400 acres[2] (9 600 ha) de Disneyworld à 20 miles (32 km) d'Orlando, Floride.

Domaine d'application : deux zones principales, le Monde Futur, les autres solutions et choix de l'avenir, et la Vitrine du Monde, où de nombreuses nations présentent leurs culture, commerce, tourisme et architecture.

1. Communauté prototype expérimentale de Demain.
2. 1 acre = 40 ares ou 0,4 hectares (100 ares = 1 hectare = 10 000 m²).

B ■
1. This globe is the largest structure of its kind anywhere. **2.** This building generates power via its own solar energy roof system. **3.** The most sophisticated special effects will show you Earth as you have never seen it before. **4.** There you'll see a variety of prototypes of tomorrow's vehicles.

K = Ken   D = Dick

K— Thanks a lot for showing us around[2] this afternoon. Listen, we'd like you to be our guest[3] for dinner tonight.

D— Gee, I'd love to[4].

K— Tell me, do you like Chinese[5] ?

D— I sure do.

K— Great. You must know tons of restaurants.

D— Well Chinatown would be the place to go. You'll enjoy the atmosphere there.

K— Is it really authentic or just put on[6] mainly for the tourists ?

D— Oh no, it's the real thing. They still wear the traditional garb[7] and speak Chinese too. Even the phone booths look Chinese. Why don't you go early and have a look around ?

K— Is it very far away ?

D— Not really. You take the Bart[8] and get off at the Powell Street Station. Then the cable car[9] at Powell and Market[10] will take you right into Chinatown.

K— Why don't we decide on a restaurant now and we could meet there later.

D— There are quite a few good ones. What kind of Chinese food do you like ? Cantonese, Hunan style ?

K— Hunan, what's that ?

D— It's very spicy[11].

K— I guess we'd prefer Cantonese.

D— Let me think[12]. There is an excellent one over on Pacific Avenue[13]. If I can only remember[14] the name. Oh, yeah. "The House of Mings", that's what it's called[15].

K— Where do we get off the cable car[16] ?

D— Pacific Avenue. Then walk downhill[17] 'till you cross Kearney Street. You'll see it on your left. There's a big neon sign with a red and green pagoda. You can't miss it[18].

K— Fine. Let's meet there around eight.

Chinatown	[tchaïne taoun]	excellent	[èkselent]
restaurants	[rèsterents]	Pacific	[pesifik]
Chinese	[tchaïni:z]	neon	[ni:on]
Cantonese	[kanteni:z]	sign	[saïn]
booths	[bou:żs]	pagoda	[pegôoude]
Hunan	[hiounen]		

K = Ken   D = Dick

K — Merci beaucoup de nous avoir fait visiter la ville cet après-midi. Dites, on aimerait bien vous inviter à dîner ce soir.

D— Eh bien, ça me ferait grand plaisir.

K— Dites-moi, aimez-vous la cuisine chinoise ?

D— Bien sûr.

K— Parfait. Vous devez connaître des tas de bons restaurants ?

D— C'est à Chinatown qu'il faut aller. L'ambiance vous plaira.

K— Est-elle vraiment authentique, ou bien est-ce que c'est pour les touristes ?

D— Oh non, c'est vraiment ça. Ils continuent de porter le costume traditionnel, et ils parlent également chinois. Même les cabines téléphoniques ont l'air chinois. Pourquoi ne pas y aller de bonne heure pour visiter ?

K— Est-ce que c'est loin ?

D— Pas très. Vous prenez le métro, et vous descendez à la station de Powell Street. Puis le train à crémaillère à l'angle de Powell et de Market Street vous mènera en plein Chinatown.

K— Pourquoi ne pas choisir un restaurant maintenant, pour s'y retrouver plus tard ?

D— Eh bien, il y en a quelques-uns de vraiment bons. Mais quel genre de cuisine chinoise aimez-vous ? La cuisine de Canton, de Hunan ?

K— Hunan, c'est quoi ?

D— C'est très épicé.

K— Je crois que nous aimerions mieux un cantonais.

D— Voyons... Il y en a un excellent sur Pacific Avenue. Si seulement je pouvais me rappeler le nom. Ah oui ; « la Maison des Mings », voilà comment ça s'appelle.

K— Où est-ce qu'on descend du tram ?

D— A Pacific Avenue. Puis vous descendez à pied jusqu'au carrefour avec Kearney Street. Vous le verrez sur votre gauche. Il y a une grande enseigne au néon représentant une pagode rouge et verte. Vous ne pouvez pas ne pas le voir.

K— Parfait. Rencontrons-nous là vers vingt heures.

1. **Chinatown,** de façon générale, le quartier chinois d'une ville. Désigne le quartier chinois de San Francisco. Au 19e siècle, une importante population chinoise s'est fixée dans cette ville, après avoir travaillé à la construction du chemin de fer Est/Ouest.

2. **for showing us around,** we'll show you around the city, *nous vous ferons visiter (voir) la ville* ; I'll show you round the house, *je vais vous faire visiter la maison.*
   To show, prend souvent le sens d'*accompagner, indiquer le chemin, piloter* : to show someone into a room, *faire entrer quelqu'un dans une pièce* ; to show somebody to his seat, *conduire quelqu'un à sa place.*

3. **we'd like you to be our guest,** m. à m. *nous aimerions que vous soyez notre invité.* Le contexte indique que Ken et sa femme, qui n'habitent pas San Francisco, souhaitent inviter Dick à dîner dans un restaurant.

4. **I'd love to,** (plus fort que **I'd like to**) *j'en serais ravi, ça me plairait beaucoup.* Notez l'emploi idiomatique de to que l'on retrouve dans des formules du genre : **will he do it ? He's not supposed to** *Le fera-t-il ? Il n'est pas censé le faire.*

5. **Chinese,** ici a Chinese restaurant, ou **Chinese food.** *Les Chinois,* the Chinese ; *un Chinois, une Chinoise,* a Chinese ; *chinois,* **Chinese.**

6. **just put on...,** to put on indique souvent l'exagération, l'affectation, l'idée d'« en rajouter », d'« en remettre ».

7. **garb,** costume ou uniforme typique d'une profession ou d'un groupe.

8. **Bart,** (sigle) = **Bay Area Rapid Transport ; Bay Area** : *Région de la Baie* (de San Francisco).

9. **cable car,** ici *tramway* (à câble souterrain) ; peut signifier *funiculaire, téléférique.*

10. **at Powell and Market,** désigne — en sous-entendant **Street** — le lieu ou se croisent les deux rues.

11. **spicy,** de spice, *épice.*

12. **Let me think,** m. à m. *laissez-moi penser.* On pourrait avoir aussi : **let me see.** En langue parlée familière, on entendra parfois : **lemme** [lèmi] pour **let me.**

13. **over on Pacific Avenue,** on est souvent utilisé devant un nom de rue là où le français dit *de.* The stores on Lincoln Street. *Les magasins de la rue Lincoln.* In est également possible, mais moins idiomatique. **Over** n'ajoute au sens qu'une idée d'éloignement relatif, et qui rend la tournure plus naturelle.

14. **If I can only remember,** m. à m. *si seulement je peux* ou *je pouvais me rappeler.* Plus optimiste que **If I could only...** qui indique qu'il est peu probable qu'on se le rappelle.

15. **that's what it's called,** notez bien cet emploi de what. De même : *Comment appelez-vous ça ?* What do you call that ?
16. **Where do we get off the cable car ?** to get off a bus, a train, *descendre d'un bus, d'un train*. Notez qu'off est ici une préposition ; to get on a bus, a train, *monter dans* (à bord d') *un bus, un train.*
17. **Then walk downhill,** m. à m. *Puis marchez en descendant la colline.*
18. **You can't miss it,** m. à m. *vous ne pouvez pas le manquer.*

XIX – 4 ■ Anglais américain et britannique

■ TERMES DIFFÉRENTS

US	Fr	GB
railway car	*wagon de chemin de fer*	**railway carriage**
subway car	*wagon de métro*	**underground, tube carriage**

■ USAGE DIFFÉRENT

I guess	*je pense*	**I think**

Rappel : to guess signifie deviner en anglais GB/US.

■ PRONONCIATION DIFFÉRENTE

afternoon	US [afternoun]	GB [ɑːftenoun]
restaurant	US [rèsterent]	GB [rèstrā]

XIX – 5 ■ Environnement

Although there is no Chinatown in Britain comparable to those in the United States, there is a large Chinese community in Soho in the centre of London.

Here, one finds some excellent Chinese restaurants and there is an annual procession with dragons and firecrackers, to celebrate the Chinese New Year.

Bien qu'il n'y ait aucun quartier chinois en Grande-Bretagne comparable à ceux des États-Unis, il existe une importante communauté chinoise à Soho au centre de Londres.

On y trouve d'excellents restaurants chinois et il s'y déroule une procession annuelle avec dragons et pétards, pour célébrer le Nouvel An chinois.

San Francisco's Chinatown in the 20's

San Francisco's Chinatown jumps out of the shopping district at California Street and runs north to the Latin Quarter — a strip two blocks wide by six long. Before the fire[1] nearly twenty-five thousand Chinese lived in those dozen blocks. I don't suppose the population is a third of that now.

Grant Avenue, the main street and spine[2] of this strip, is for most of its length a street of gaudy shops and flashy chop-suey[3] houses catering to the tourist trade, where the racket of American jazz orchestras drowns the occasional squeak of a Chinese flute. Farther out, there isn't so much paint and gilt, and you can catch the proper Chinese smell of spices and vinegar and dried things. If you leave the main thoroughfares and showplaces and start poking around in alleys and dark corners, and nothing happens to you, the chances are you'll find some interesting things — though you won't like some of them.

Dashiel Hammett
("Dead Yellow Women", in "The Big Knockover", 1924)

1. allusion au tremblement de terre suivi d'un incendie, qui détruisit la ville en 1906. 2. m. à m. : colonne vertébrale, épine dorsale. 3. plat traditionnel chinois.

Le Quartier chinois de San Francisco
dans les années 20

Le Chinatown de San Francisco prend naissance dans le quartier commerçant à la hauteur de California Street et s'étend au nord du Quartier Latin sur une bande qui comprend 2 « blocs » en largeur et six en longueur. Avant l'incendie, près de 25 000 chinois habitaient cette douzaine de blocs d'immeubles. Je ne pense pas qu'il en vive plus d'un tiers aujourd'hui.

L'avenue Grant, la rue principale autour de laquelle s'articule le quartier, est sur presque toute sa longueur bordée de boutiques voyantes et de restaurants aux couleurs criardes, voués à l'accueil des touristes ; le vacarme des orchestres de jazz américain y noie les trilles occasionnelles d'une flûte chinoise. Plus à l'écart, on trouve moins de peinture et de dorure, et l'on perçoit l'arôme authentiquement chinois d'épices, de vinaigre et d'aliments séchés.

Si vous quittez les principales artères et les endroits touristiques pour fureter dans les ruelles et les recoins sombres, et que rien ne vous arrive, il est probable alors que vous allez trouver des choses intéressantes — même si certaines ne sont pas de votre goût.

1. Prenez la deuxième rue à droite après les feux rouges.
2. Pouvez-vous m'indiquer ou se trouve la poste ?
3. A quelle heure les banques ferment-elles ?
4. Est-ce que le stationnement est réglementé ?
5. Pardon, pouvez-vous m'indiquer la rue... SVP ?
6. Vous continuez tout droit jusqu'à une station de taxi et là vous tournez à gauche.
7. Vous êtes en voiture ou à pied ?
8. N'y allez pas par là, c'est un sens interdit.
9. Ça fait environ 10 minutes à pied.
10. Vous avez intérêt à prendre le passage souterrain.
11. Je ne sais pas, je ne suis pas d'ici.
12. Pas de chance, le restaurant est fermé.
13. On peut se donner rendez-vous à l'entrée du parc.
14. Je passerai vous prendre en voiture à votre hôtel.
15. Ça fait une demi-heure que je cherche le musée.
16. J'attends depuis une heure. Ils ont dû se tromper sur le lieu de rendez-vous.
17. Il faut des jetons pour le métro.
18. Jamais je ne retrouverai l'hôtel.
19. On tourne en rond. On s'est sûrement trompés.

1. Take the second right after the traffic lights.
2. Can you tell me where the post office is ?
3. What time do the banks close ?
4. Is parking limited ?
5. Excuse me, can you direct me to... Street please ?
6. You continue straight ahead until you come to a taxi stand, then turn left.
7. Do you have a car or are you walking ?
8. You can't go that way, it's a one-way street.
9. It's about a ten minute walk.
10. You'd be wise to take the underpass.
11. I don't know. I'm from out-of-town.
12. Bad luck. The restaurant's closed.
13. We could meet at the park entrance.
14. I'll pick you up (by car) at your hotel.
15. I've been looking for the museum for half an hour.
16. I've been waiting for an hour. They must have gotten the meeting place wrong.
17. You need tokens for the subway.
18. I'll never find the hotel again.
19. We're going around in circles. We've certainly made a mistake.

to show around, faire visiter

to put on, (ici) « en remettre, en rajouter »

garb, costume, uniforme typique

phone booth, cabine téléphonique

Bart, métro de San Francisco (Bay Area Rapid Transport)

to get off, descendre

cable car, tramway, funiculaire

right into, en plein

spicy, épicé

to walk downwards, descendre à pied

neon sign, enseigne au néon

shopping district, quartier commerçant

to run north, s'étendre au nord

strip, bande

block, « bloc », pâté de maisons

spine, colonne vertébrale, épine dorsale

gaudy, voyant

flashy, criard

to cater, approvisionner

racket, vacarme

squeak, trille

farther out, plus éloigné

paint, peinture

gilt, doré

smell, odeur, arôme

spices, épices

dried, séché

thoroughfare, artère

showplace, lieu touristique

to poke around, fureter

alley, ruelle

dark corners, recoins sombres

the chances are, il est probable que…

traffic lights, feux rouges/verts

straight ahead, tout droit

one-way street, sens unique

wise, sage, avisé ; **you'd be wise to,** vous auriez intérêt à…

underpass, passage souterrain

to be from out-of-town, ne pas être d'ici

bad luck, pas de chance

to pick up, passer prendre

to look for, chercher

meeting place, lieu de rendez-vous

to get sth wrong, se tromper

token, jeton

subway, métro

mistake, erreur

friendly, amical

Vocabulaire complémentaire (Cf. XIX—8)

slaves, esclaves

freedom, liberté

to demand, exiger

to migrate, émigrer, se déplacer

contractor, entrepreneur

century, siècle

bulk, masse, plus grande partie

labor, main-d'œuvre

eventually, finalement

to settle, s'installer

to complete, terminer, achever

pidgin, désigne un jargon anglais utilisé par les Chinois

A ■ **Traduire en français**

Not officially classified as slaves at any time, the Chinese were exploited and mistreated to a degree that left them little enjoyment of their "freedom". They had, however, enough independence of spirit to demand their rights, as in the following Pidgin English assertion :

> *Eight hours a day good for white man,*
> *all the same good for Chinaman.*

Although the Chinese were more willing to migrate than the Blacks or Indians, they were frequently taken advantage of by unscrupulous contractors and shipped to places where they had no desire to go. During the second half of the 19th century, they provided the bulk of the cheap labor necessary for the construction of the transcontinental railroads.

Many of them eventually settled in San Francisco after the line was completed.

B ■ **Traduire en anglais**

1. Comment appelez-vous ça ? **2.** C'est très épicé. **3.** Ma femme nous a retenu une table. **4.** Vous descendez à la deuxième station. **5.** Quel genre de cuisine chinoise aimez-vous ?

Corrigé

A ■ Jamais officiellement classés comme esclaves, les Chinois furent exploités et maltraités jusqu'à un point qui leur laissait peu de temps pour jouir de leur « liberté ». Ils avaient cependant assez d'indépendance d'esprit pour réclamer leurs droits, comme dans la revendication suivante formulée en *pidgin* :

> *Huit heures par jour bon pour homme blanc*
> *bon pour Chinois tout pareil*

Bien qu'ils fussent plus disposés à émigrer que les Noirs ou les Indiens, ils furent très souvent exploités et abusés par des pourvoyeurs de main-d'œuvre sans scrupules et expédiés dans des endroits ou ils ne désiraient aucunement se rendre. Pendant la deuxième moitié du 19° siècle, ils fournirent le gros de la main-d'œuvre bon marché nécessaire à la construction des chemins de fer transcontinentaux.

Beaucoup d'entre eux s'installèrent en fin de compte à San Francisco après l'achèvement de la ligne.

B ■ **1.** What do you call that ? **2.** It's very spicy. **3.** My wife booked a table for us. **4.** You get off at the second station. **5.** What kind of Chinese food do you like ?

D = Don　　P = Pat

D— Wanna come over[1] tonight and watch[2] *Gone With The Wind* on TV ?

P— Is it on *The Late Show*[3] ? I didn't see it on the network listings.

D— That's 'cause[4] it's on cable. Didn't I tell you I got a cable subscription[5] last year ?

P— You might have mentioned it, but it must have slipped my mind[6]. How is it ?

D— Great ! I can hardly believe it. I've got 3 channels with nothing but sports. One channel gives regular Stock Market reports and there's one with 24-hour news[7] and weather. Plus there're two channels that show nothing but old movies.

P— You must spend all your time watching TV.

D— At first I did, but the thrill[8] eventually wears[9] off. Now I've gotten[10] more choosy[11].

P— Boy, if I had the cable, I'd do nothing else but watch TV. Does it cost a lot ?

D— There's a 50 dollar installation fee[12] and then you pay 20 dollars a month.

P— Oh, you pay by the month ?

D— That's right.

P— Can you cancel it any time you want[13] ?

D— Sure. And another great thing about it is that there's no advertising ! You can watch a movie straight through[14] without commercials[15] every ten minutes.

P— I guess that's what you're paying for[16]. Do you think it's worth it[17] ?

D— Definitely[18]. Another thing, you get great reception all the time — no static[19]. So what do you say, are you coming tonight ?

P— Yeah, I'd like to. See you later.

cable TV	[kéïbl ti: vi:]	choosy	[tchou:zi]
wanna	[wone]	installation	[insteléïchen]
network	[nœtwe:rk]	advertising	[advertaïziŋ]
subscription	[sebskrïpchn]	commercials	[kemœ:rchelz]
mentioned	[mœnchend]	worth	[we:rš]
channel	[tchanel]	reception	[risœpchen]
regular	[rœgiouler]	static	[statik]

D = Don   P = Pat

D – Tu veux venir voir *Autant en emporte le vent* à la télé ce soir ?

P— Ça passe au *Dernier Spectacle* ? Je ne l'ai pas remarqué dans les programmes.

D— C'est parce que c'est par câble. Je ne t'ai jamais dit que je m'y étais abonné l'an dernier ?

P— Il se peut que tu me l'aies dit, mais ça m'aura échappé. C'est comment ?

D— Magnifique ! J'ai peine à y croire. J'ai trois chaînes qui ne passent que du sport. Une chaîne donne régulièrement les comptes rendus de la Bourse, et une autre les nouvelles et la météo 24 heures sur 24. En outre il y a deux chaînes qui ne passent que des films anciens.

P— Tu dois passer tout ton temps à regarder la télé ?

D— Au début, oui ; mais l'attrait de la nouveauté finit par s'émousser. À présent, j'ai appris à choisir.

P— Mon vieux, si j'avais la télé par câble, je ne ferais rien d'autre que la regarder. Ça coûte cher ?

D— Il y a 50 dollars de frais d'installation, ensuite on paie 20 dollars par mois.

P— Ah, on paie au mois ?

D— C'est ça.

P— Est-ce que tu peux annuler quand tu veux ?

D— Bien sûr. Et ce qu'il y a de bien, aussi, c'est que ça ne passe pas de publicité. On peut regarder un film d'un bout à l'autre sans (avoir) la publicité toutes les dix minutes.

P— J'imagine que c'est pour ça que tu paies. Tu crois que ça vaut le coup ?

D— Absolument. Autre chose encore : tu as une bonne réception en permanence, pas de parasites. Alors qu'est-ce que tu dis, tu viens ce soir ?

P— Oui, j'aimerais bien. A plus tard.

XX – 3   ■ **Remarques**

1. **wanna come over,** do you want to come over ?
2. **watch,** to watch TV, *regarder la télé.* **TV viewers,** *téléspectateurs.*
3. **Late Show,** dernier programme de la soirée (en général un film).
4. **'cause,** contraction familière de **because.**
5. **subscription,** *abonnement* ; to subscribe, *s'abonner* ; a subscriber, *un abonné.*

6. **it must have slipped my mind,** *ça a dû me sortir de l'esprit.* To slip : 1) *glisser* ; 2) *se tromper, faire une faute d'étourderie.* A slip : 1) *glissement, faux pas* ; 2) *faute d'inattention.*

7. **24-hour news,** 24-hour a ici rôle d'adjectif ; d'où le trait d'union et l'absence de s.

8. **thrill,** *émotion, frisson* ; to thrill, *émouvoir, faire frissonner, faire frémir* (de peur, de joie). D'où un **thriller,** un roman qui produit de tels effets.

9. **to wear off,** *effacer, faire disparaître, disparaître, s'effacer* (par usure, usage, passage du temps).

10. **I've gotten,** forme fréquente en américain du participe passé got (de même on trouve **proven,** *prouvé, démontré,* de to **prove**).

11. **choosy,** *difficile* (à contenter), qui réfléchit avant de choisir ; adjectif familier venant de to **choose**.

12. **fee,** 1) toute rémunération qui n'est ni **wage** *(salaire)* ni **salary** *(traitement)* mais *honoraire, cachet, vacation,* etc. 2) *redevance, droit* : entrance fee, *droit d'entrée (ou d'admission)* ; registration fee, *droit d'inscription* ; subscription fee, *abonnement, cotisation.*

13. **any time you want ?** = when you want, at any time.

14. **straight through,** *du début à la fin, sans interruption.*

15. **commercials,** *annonces, films publicitaires* patronnés, financés, produits **(sponsored)** par une marque **(brand).** Ce terme comme celui de **spot** (émission de moins de 60 secondes) s'emploie pour la radio et la TV.

16. **that's what you are paying for,** remarquer le rejet de la préposition for à la fin.

17. **Do you think it's worth it ?** rappel : lorsque to be worth est suivi d'un verbe, ce dernier est à la forme en -ing. **This book is worth reading,** ce *livre vaut la peine d'être lu* (qu'on le lise).

18. **Definitely,** *précisément, exactement, nettement, sans aucun doute.*

19. **static,** 1) *électricité statique ;* 2) *parasites* (radio, télé) *provenant de décharges électriques dans l'atmosphère qui brouillent la réception.*

■ **TERMES DIFFÉRENTS**

US	Fr	GB
show	*programme* (radio, TV)	**programme**

• Remarque : **show** en anglais britannique, comme en américain, signifie également *salon* (**motor show**, *salon de l'auto*), *exposition* (**dog show**, *exposition canine*).

network listings	*programmes TV*	**TV times** or **TV page**
movie	*film*	**film**

• Cependant la BBC a maintenant un **Midnight Movie**.

boy !	*sapristi !*	**gosh !**
Stock Market	*Bourse (des valeurs)*	**Stock Exchange**

• Remarque : on rencontre également **Stock Exchange** en américain.

■ **USAGES DIFFÉRENTS**

I guess	*imaginer, penser, supposer*	**I suppose**

• Remarque : **to guess**, sens premier : *deviner* (GB/US).

■ **FORME DIFFÉRENTE**

gotten   **got**

L'anglais GB n'a qu'une forme de participe passé pour to get.

■ **ORTHOGRAPHE DIFFÉRENTE**

program	*programme*	**programme**

■ **PRONONCIATION DIFFÉRENTE**

last US [last], GB [la:st] ; **news** US [nou:z], GB [niou:z].

XX – 5 ■ Environnement

■ **CATV :** in the late fifties.the people of a small Oregon city, blocked off by mountains from receiving a television signal directly at their homes, organized a company that built an antenna on a high point and then fed the programs by cable to various homes in the community. Thus began what is now called community-antenna television (CATV) or cable TV.

■ *Télévision par câble :* à la fin des années 50, les gens d'une petite ville de l'Oregon que des montagnes empêchaient de recevoir des signaux de télévision directement chez eux, créèrent une société qui installa une antenne dans un endroit élevé puis distribua les programmes par câble aux divers foyers de la communauté. Ainsi commença ce que l'on nomme télévision par antenne communautaire ou télévision par câble.

Big Brother* is watching you

« *The telescreen received and transmitted simultaneously. Any sound that Winston made could be picked by it. Moreover, he could be seen, as well as heard. There was no way, of course, of knowing whether you were being watched at any given moment.* »

This was a passage from « *1984* », a novel written by the British writer George Orwell, where he imagines a society deprived of all privacy.

With cable TV this threat has arrived, in theory. For any cable that brings television signal into your home has the capacity to carry signals the other way : some companies now offer systems that almost continuously record what the subscriber is watching, and even let the viewer vote on issues discussed on TV programs. (This is the concept of interactive — or two way television — : viewers can send electronic signals to the studio, the result of their votes is flashed on the screen.) As the subscriber will also be able to use the cable to order goods or services, his tastes and finances will be recorded. So the cable company will in fact know more about him than his credit card company or the FBI...

Le Grand Frère vous regarde

« *Le télécran recevait et transmettait simultanément. Il pouvait capter tout son émis par Winston. Et qui plus est, il pouvait être vu aussi bien qu'entendu. Il n'y avait pas moyen, bien sûr, de savoir si on était surveillé ou non à un quelconque moment.* »

Ces lignes sont extraites de « *1984* », un roman de l'écrivain britannique George Orwell dans lequel ce dernier imagine une société d'où toute vie privée a été bannie.

Avec la télévision par câble, cette menace est, en théorie, devenue une réalité. Car tout câble qui apporte chez vous des signaux de télévision a la capacité de transporter les signaux dans l'autre sens. Certaines compagnies (de télé par câble) offrent maintenant des systèmes qui enregistrent de façon presque ininterrompue ce que l'abonné regarde, et permettent même aux téléspectateurs de voter sur des points débattus au cours de programmes télévisés. (C'est le concept de télévision interactive ou « *à voie de retour* » : les spectateurs peuvent envoyer des signaux électroniques au studio, les résultats de leurs votes sont annoncés sur l'écran.) Comme l'abonné sera également en mesure de commander des marchandises et des services, ses goûts et moyens financiers seront enregistrés. Ainsi la compagnie de TV par câble en connaîtra sur lui en fait plus que la société de carte de crédit ou le FBI...

---

* **Big Brother**, *Le Grand Frère*, dictateur dans le roman « 1984 ».

1. Combien de chaînes pouvez-vous prendre ?
2. Comment branche-t-on la télévision ?
3. Quel est le prix moyen d'un poste de télévision couleurs ?
4. Combien coûte l'abonnement au câble ?
5. L'image est complètement déréglée.
6. Le poste de télévision est tombé en panne.
7. Pourriez-vous m'indiquer un bon réparateur ?
8. Le réseau Cable News présente des informations 24 heures sur 24.
9. Cette station ne donne que les informations locales.
10. Ici le nombre des programmes TV est suffisant mais le câble améliore la qualité de réception.
11. Cette compagnie de TV par câble, en plus de la transmission des programmes des trois grands réseaux, offre des programmes de dessins animés.
12. Notre communauté est trop petite pour faire vivre une station de TV, mais par le câble nous recevons de nombreux programmes.
13. Avec cette société de TV par câble, on reçoit des films en 1re exclusivité.
14. La TV par câble peut être utilisée pour relever les compteurs à gaz et électriques.
15. Le côté local du câble permet aux commerçants d'atteindre leurs clients plus directement par leurs annonces.

1. How many channels do you get ?
2. How do you plug in this TV set ?
3. What is the average price of a color TV set ?
4. How much does subscription to the cable cost ?
5. The image is completely out of order (detuned).
6. The TV set broke down.
7. Could you tell me about someone good to fix it ?
8. Cable News Network features round-the-clock news.
9. They only give the local news.
10. Here, the number of TV programs is adequate, but cable improves the quality of reception.
11. This cable company, in addition to transmitting the programs of the three networks, offers cartoon shows.
12. Our community is too small to sustain its own TV station but we receive many TV programs through the cable.
13. Via this pay-cable company we get first-run movies.
14. Cable-TV can be utilised for reading gas and electricity meters.
15. The local nature of cable allows shopkeepers to advertise more directly to their customers.

late show, dernier programme de la soirée

network, réseau

network listings, programmes TV (m. à m. des réseaux)

subscription, abonnement

channel, chaîne, canal

Stock Market, Bourse

24-hour news, nouvelles 24 h sur 24

movies, films

to wear off, s'effacer

choosy, difficile (à contenter)

installation fee, frais d'installation

to pay by the month, payer au mois

advertising, publicité

commercial, annonce publicitaire

to be worth, valoir

reception, réception

static, parasites

CATV, community antenna TV

late fifties, (à la) fin des années 50

to block off, empêcher

antenna, antenne

to feed, nourrir, distribuer

to watch, regarder, observer, surveiller

to receive, recevoir

to transmit, transmettre

sound, son

to pick up, capter

way, moyen

novel, roman

to deprive, priver

privacy, vie privée

TV signal, signal TV

to record, enregistrer

to vote, voter

issue, question, point, problème

two-way television, television interactive, à voie de retour

viewers, spectateurs

to flash, annoncer

to order, commander

goods, marchandises

finance, finance

to plug in, brancher

TV set, poste de TV

average, moyen (adj.), moyenne (n.)

to break down, tomber en panne

to fix, réparer

to feature, présenter

round-the-clock, 24 h sur 24

cartoon show, programme de dessins animés

to sustain, faire vivre

pay-cable TV, télévision payante, TV « à péage »

first run, en exclusivité

to read a meter, relever un compte

to advertise, faire de la publicité

Vocabulaire complémentaire

CCTV (Closed Circuit Television), télévision en circuit fermé

consumer electronics, électronique grand public

to distribute, distribuer

home terminal, terminal domestique

pay per view TV, TV à la carte

satellite [satelaït], satellite

video-cassette, vidéocassette

videodisc, vidéodisque

VHS (Video Home System), magnétoscope

A ■ **Traduire en français**

Nearly one in five TV homes now receives the non-network offerings of a cable subscription service, as against one in 25 households about a decade ago. Of today's cable subscribers 1.6 millions viewers are shelling out extra monthly fees for special pay-cable channels, which offer primarily first-run Hollywood movies but possess the potential for unlimited offbeat fare — all free of commercials.

Some pay-cable channels are experimenting with a system which permits viewers to talk back to their sets by responding to questions with an electronic device. While two-way TV is still far around the corner, do-it-yourself TV has clearly arrived. The nation's hottest new toy is the video-cassette recorder, which allows owners to preserve on tapes programs presented when they are away from the TV set.

B ■ **Traduire en anglais**

1. chaîne TV **2.** abonnement **3.** publicité **4.** émission publicitaire **5.** à la télé, à l'antenne **6.** télespectateurs **7.** les informations **8.** présentateur.

Corrigé

A ■ Près d'un foyer sur cinq reçoit maintenant les présentations d'un service d'abonnement au câble (alors qu'il n'y en avait qu'un sur vingt-cinq il y a environ dix ans). Parmi les abonnés au câble aujourd'hui, 1,6 million de spectateurs déboursent une somme mensuelle supplémentaire pour des canaux à péage particuliers qui offrent en premier lieu des films d'Hollywood en exclusivité mais ont le potentiel pour des sujets non conventionnels illimités — et sans publicité.

Certaines chaînes de télévision par câble expérimentent un système qui permet au spectateur de répondre à leur récepteur en répondant à des questions à l'aide d'un système électronique. Tandis que la télévision à voie de retour est encore loin d'être à nos côtés, la télé « à faire soi-même » est nettement arrivée. Le jouet le plus recherché du pays est le magnétoscope qui permet à leurs propriétaires de conserver sur des bandes des programmes présentés quand ils étaient loin de leur poste.

B ■ **1.** channel **2.** subscription **3.** advertising **4.** commercial **5.** on TV, on the air **6.** TV viewers **7.** the news **8.** announcer.

The MTA*

M = Man   W = Woman

M— Excuse me.

W— Yes ?

M— Could you tell me how to get to Harvard Yard[1] ?

W— Sure. You can take the MTA. Just walk across the Commons[2]. The station is on the other side.

M— Which line goes to the University ?

W— The red one. Go down the stairs and take the train to Harvard Square[3].

M— Don't I have to change[4] ?

W— No, it's direct. And it's rather a pleasant ride[5] too, because you come up and go over the Charles River[6]. You get a nice view of the State House[7].

M— How do you pay ?

W— You just buy a token[8], put it in the slot and go through the turnstile.

M— You mean it's all one fare[9] ?

W— That's right.

M— Well, it sounds easy enough[10]. You said to get out at Harvard Square, didn't you ?

W— Yes.

M— Will I have any trouble finding[11] the University ?

W— I don't think so[12]. When you get out[13], just look around and you'll see the University buildings. Have you got that straight[14] now ?

M— I think so. You've been a big help[15].

W— Don't mention it[16]. Bye now.

* **MTA** = Metropolitan Transit Authority, the underground in Boston, called **the metro** in Washington, **Bart**[17] in San Francisco, **the subway** in New York City[18].

MTA	[èm ti: éï]	token	[tôouken]
Harvard	[ha:rverd]	turnstile	[te:rnstaïl]
Commons	[komenz]	fare	[fèer]
University	[iou:nive:rsiti]	transit	[transit]
to change	[tchéïndj]	authority	[o:soriti]
direct	[daïrèkt]	underground	[œndergraound]
pleasant	[plèzent]		

Le métro de Boston*

H = homme   F = femme

H— S'il vous plaît ?

F— Oui ?

H— Sauriez-vous me dire comment me rendre à Harvard Yard ?

F— Bien sûr. Vous pouvez prendre le MTA. Vous n'avez qu'à traverser le Commons à pied. La station est de l'autre côté.

H— Quelle ligne mène à l'Université ?

F— La rouge. Descendez l'escalier et prenez le train jusqu'à Harvard Square.

H— Je n'ai pas besoin de changer ?

F— Non, c'est direct. Et d'ailleurs, c'est un trajet plutôt agréable, car ça monte et on traverse le (fleuve) Charles. On a une jolie vue sur le Parlement.

H— Comment paie-t-on ?

F— Il vous suffit d'acheter un jeton, de l'introduire dans la fente et de passer le tourniquet.

H— Vous voulez dire que c'est un prix unique ?

F— Exactement.

H— Eh bien ça me semble assez facile. Vous m'avez bien dit de descendre à Harvard Square, n'est-ce pas ?

F— Oui.

H— Est-ce que j'aurai du mal à trouver l'Université ?

F— Je ne pense pas. En sortant, vous n'avez qu'à regarder autour de vous, vous verrez les bâtiments de l'Université. Vous avez bien compris maintenant ?

H— Je pense. Vous avez été très aimable.

F— Il n'y a pas de quoi. Au revoir.

* **MTA** : le métro de Boston. A Washington on dit le **Metro**, à San Francisco **Bart**, à New-York « **Subway** ».

1. **yard,** *cour* (de maison, de ferme, d'école, etc.).
2. **Just walk across the commons,** l'action principale (traverser) est indiquée par la préposition (**across**), le verbe (**to walk**) précisant la manière. Cf. **to drive across town** : *traverser la ville en voiture.*
   Commons, terrain communal planté d'herbe, sorte de jardin public.
3. **square,** *place* (carrée ou rectangulaire) entourée de bâtiments.
4. **Don't I have to change,** l'emploi de l'auxiliaire **to do** est justifié car il se combine ici avec l'expression verbale **to have to** (devoir) et non le simple auxiliaire **to have.**
5. **ride,** souvent utilisé pour les transports publics (**a ride on a train, on a bus, a bus ride,** etc.).
6. **river,** *rivière* ou *fleuve.*
7. **State House,** siège du Parlement d'un État. Également : **State Capitol.**
8. **token,** 1) *marque, gage, témoignage* (d'amitié, etc.) ; 2) *jeton.*
9. **fare,** *prix du transport* (à bord d'un véhicule).
10. **easy enough,** enough se place toujours après l'adjectif. Mais il peut se placer soit avant, soit après un nom : **money enough, enough money,** *assez d'argent.*
11. **Will I have any trouble finding,** forme en -ing après **to have trouble** (et après **to have difficulty**).
12. **I don't think so,** emploi idiomatique de **so** : **I think so, I guess so,** *je pense que oui.* **I believe so,** *je le crois.*
13. **When you get out,** présent après **when** = *lorsque.*
14. **straight,** **to get something straight,** *bien comprendre quelque chose.* Straight (adj. et adv.) : 1) *droit ; tout droit ;* 2) *direct ; directement ;* 3) *clair ; clairement ; net ; nettement ;* 4) *honnête ; honnêtement.*
15. **a big help,** m. à m. *une grande aide.*
16. **don't mention it,** m. à m. *ne le mentionnez pas. C'est tout naturel, il n'y a pas de quoi.*
17. **Bart,** Bay Area Transport, *transports de la Zone de la Baie* (de San Francisco).
18. **New York City,** évite la confusion avec l'État de New York.

■ VOCABULAIRE DIFFÉRENT

US	Fr	GB
subway	*métro*	**underground** ou **tube**

• GB : **subway**, *passage souterrain* (US : **underpass**).

ride   *voyage (ici en train)*   **journey**

• GB : **ride** employé pour un voyage en autobus.

■ USAGE DIFFÉRENT

you said to	*vous (nous)*	**you told us to**
	avez dit de	**you said I had to,** etc.

■ PRONONCIATION

university   US [iou:nive:rsidi]   GB [iou:nive:siti]

XXI – 5 ■ Environnement

The first US railway lines were built in the 1830's. The first company to start scheduled passenger operations using a steam locomotive was the South Carolina Canal and Rail Road Company, between Charleston and Hamburg S.C. In 1860, on the eve of the Civil War, there were already about 30 000 miles of track. US railroads played a historic role in the westward movement. In 1869, the first continental route was inaugurated, after the Pacific Railroad Company, building west from Omaha, Neb., linked up with the Central Pacific which had been building east from Sacramento, Calif. The growth of the railways was made possible through government aid in the form of land grants and loans.

Les premières lignes de chemin de fer des États-Unis furent construites dans les années 1830. La première compagnie qui se lança dans le transport régulier des voyageurs en utilisant une locomotive à vapeur fut la compagnie des Canaux et des Chemins de Fer de Caroline du Sud, sur une ligne reliant Charleston à Hamburg S.C. En 1860, à la veille de la guerre de Sécession, environ 50 000 km de voie ferrée avaient déjà été posés. Les chemins de fer américains jouèrent un rôle historique dans la poussée vers l'Ouest. En 1869, la première ligne transcontinentale fut inaugurée, après que la Pacific Railroad Company, partie d'Omaha (Nebraska) vers l'Ouest, eut opéré sa jonction avec la Central Pacific, partie vers l'Est depuis Sacramento, Californie. Ce développement des chemins de fer fut rendu possible par l'aide gouvernementale, sous forme de concessions de terrains et de prêts.

Historically, the railroads played a vital role in the winning of the West. In recent times, however, the high class train service of the early 20th century has given way to a rather dilapidated and neglected system which doesn't compare to European train transportation. In America a traveler is much more likely to hop on a plane than a train. Long distances automatically imply an airplane, whereas a car or a bus will do for a short trip. Originally railroads were private companies. Today, they have been regrouped into a national network of passenger service called *Amtrak* providing first and second class accommodations. In first class, you may use parlor cars during the day and on night trains you may choose between roomettes, bedrooms or drawing rooms. Special tours, including hotels and side trips, are also organized by *Amtrak*.

Historiquement, les chemins de fer ont joué un rôle déterminant dans la conquête de l'Ouest. Mais dans les années plus récentes, le haut niveau de service qu'ils offraient au début du 20e siècle a fait place à un réseau en assez mauvais état et plutôt mal entretenu qui ne supporte pas la comparaison avec les transports ferroviaires européens. Aux États-Unis, les voyageurs sauteront plus facilement dans un avion que dans un train. Les longues distances impliquent automatiquement l'avion alors qu'on choisira la voiture ou le car pour les distances plus courtes. À l'origine, les chemins de fer étaient des compagnies privées. Aujourd'hui, elles ont été regroupées au sein d'un service voyageurs appelé *Amtrak* qui propose au voyageur une première et une deuxième classes. En première classe, vous pouvez voyager dans des « *parlor cars* » (voitures aux fauteuils confortables) pendant la journée et dans les trains de nuit, vous avez le choix entre des « *roomettes* » (lit pour une personne), « *bedrooms* » (lits pour 2 personnes) ou « *drawing rooms* » (3 lits avec lavabo et WC). Des circuits spéciaux, avec logement en hôtel et excursions, sont également organisés par *Amtrak*.

XXI – 6 ■ **Phrases-types**

1. J'ai manqué ma correspondance.
2. Est-ce que ça va plus vite en bus ou en métro ?
3. À quelle heure est le dernier métro ?
4. Achète plusieurs jetons pour ne pas faire la queue à chaque fois.

5. Je vous déconseille de prendre le métro après 22 h ; vous pourriez vous faire attaquer.
6. Les compagnies ferroviaires indépendantes ont été regroupées en 1970 au sein de la National Railroad Passenger Corporation (AMTRAK).
7. Les trains de banlieue ne sont pas toujours à l'heure.
8. Vous pouvez obtenir une carte hebdomadaire ou mensuelle pour le train.
9. Pourquoi ne prenez-vous pas un forfait kilométrique illimité ?
10. Ce train doit partir à 6 h 25.
11. Avez-vous consulté l'horaire ?
12. Le « San Francisco Zéphir » relie San Francisco à Chicago en 2 jours en passant par les Rocheuses et la Sierra Nevada.
13. Il faut payer un supplément sur le rapide qui va de New York à Washington.
14. J'arriverai de Chicago par Kansas City.
15. Seules les grandes villes et les villes moyennes sont desservies par le train.
16. Le contrôleur arrive : tu ferais mieux de sortir les billets.
17. Il n'y a pas de voiture-restaurant sur ce train.

1. I missed my connection.
2. Is it faster by bus or by subway ?
3. What time is the last train ?
4. Buy several tokens so you don't have to stand in line each time.
5. I'd advise you not to take the subway after 10:00 p.m. You could get mugged.
6. The private train companies were regrouped in '70 within the National Railroad Passenger Corporation (AMTRAK).
7. Commuter trains are not always on time.
8. You can get a weekly or monthly pass for the train.
9. Why don't you get an unlimited USA railpass ?
10. This train leaves at 6:25.
11. Did you check the schedule ?
12. The "San Francisco Zephyr" runs from San Francisco to Chicago through the Rockies and the Sierra Nevada in two days.
13. There's an extra charge on the express between New York and Washington.
14. I'll be arriving from Chicago through Kansas City.
15. Only the big cities and good-sized towns have train service.
16. The conductor's coming. You'd better get the tickets out.
17. There's no dining car on this train.

ride, voyage en chemin de fer, métro, bus, taxi
token, jeton
turnstile, portillon, tourniquet
fare, prix (de transport)
subway, métro
railroads, chemins de fer
dilapidated, délabré
transportation, transport
to hop on (fam.), monter à bord
accommodation, logement, hébergement, accueil
car, voiture, wagon
scheduled operations, liaisons régulières
to link, relier
grant, 1) concession 2) subvention
connection, correspondance
to be mugged, se faire agresser
commuter train, train de banlieue
weekly pass, carte hebdomadaire
schedule, horaire
extra charge, supplément
conductor, contrôleur
dining-car, voiture-restaurant

Vocabulaire complémentaire

steam-powered, à vapeur
railroad buffs, fanatiques du chemin de fer
steep, à pic, abrupt
grade, pente, rampe
eastbound, qui fait route vers l'est
westbound, qui fait route vers l'ouest
southbound, qui fait route vers le sud
northbound, qui fait route vers le nord
passenger coach, voiture de voyageurs
track, voie
junction, 1) embranchement 2) gare
freight-train, train de marchandises
on schedule, à l'heure, en respectant l'horaire
forwarding station, gare d'expédition
to be on the wagon, ne pas (plus) boire d'alcool (origine : « to be on the water wagon », allusion à la citerne remplie d'eau dans les trains à vapeur au XIXᵉ siècle)
to jump on the bandwagon, prendre le train en marche
a through train (thru train), un train direct
a shuttle service, une navette
to ply, faire le service, circuler, assurer la liaison entre deux points

A ■ **Traduire en français**

Ride America's most spectacular steam-powered railroad ! The New Mexico Express still runs for the enjoyment of tourists and railroad buffs. Departure from the railroad yards at Chama, New Mexico, has been compared to the sailing of an old ocean vessel from one of the world's greatest ports. Passengers feel the same sense of anticipation as they await the beginning of a voyage up one of the steepest sustained railroad grades in North America. Often, on longer trains in the summer, two locomotives are required to accomplish this feat. At Osier, Colorado, passengers from the eastbound train meet passengers from the westbound train, as everyone stops to enjoy a picnic.

B ■ **Traduire en anglais**

1. On ferait mieux de demander notre chemin. 2. Pouvez-vous m'indiquer la plus proche station de métro ? 3. Est-ce que nous sommes encore loin de l'université ? 4. Nous sommes un peu perdus. Nous cherchons Market Street. 5. Est-ce qu'il vaut mieux y aller à pied ? 6. Comment est-ce qu'on rejoint la route de...

Corrigé

A ■ Prenez le plus spectaculaire des chemins de fer à vapeur américains ! L'Express du Nouveau Mexique est encore en service, pour la joie des touristes et des passionnés de chemin de fer. Le départ de la gare de triage de Chama, au Nouveau Mexique, a été comparé à celui d'un ancien navire de haute mer appareillant depuis un des plus grands ports du monde. Les passagers connaissent le même sentiment d'expectative en attendant le début d'un voyage le long d'une des rampes continues les plus abruptes de l'Amérique du Nord. Souvent, en été, quand les trains sont plus longs, il faut deux locomotives pour accomplir cet exploit. À Osier, Colorado, les voyageurs du train qui va vers l'est rencontrent ceux du train qui va vers l'ouest, et tout le monde s'arrête pour pique-niquer.

B ■ 1. We had better ask for directions. 2. Can you tell me where the nearest subway station is ? 3. Are we still far from the university ? 4. We seem to have lost our way. We're looking for Market St. 5. Would we be better off walking ? 6. How do we get to... road ?

J = Jack   P = Paul   T = Teller[1]

P— Jack, it's almost three o'clock ; we'd better hurry if we want to get to the bank before it closes.

J— I see what you mean. We are cutting it a bit close[2]. I haven't got much cash left[3], either.

P— The bank's on the next block. We ought to be able to make it on time, if we run.

J— Excuse me, I'd like to cash some traveler's checks[4].

T— Next window[4bis], Sir...

J— Can you cash these traveler's checks, please ?

T— Certainly. Please sign your name on each of the checks and don't forget the date. Can you show me your driver's license ?

J— Sorry, I haven't got one[5]. Will my passport do ?

T— Sure. How did you want that ? Tens ? twenties, fifties, hundreds ?

J— Fifties will be fine, thanks.

T— Here you are.

J— Thank you. Paul, didn't you want to withdraw some money ?

P— Yes, if it's not too late.

T— As long as[7] you're in the door before closing time, we'll take care of your transaction.

P— Well then, I'd like to have $ 2,500 transferred from my savings account[9] to my checking account.

T— Could you fill out these withdrawal and deposit[10] slips with your account numbers and the amount please ?

J— I'll do that[11].

T— That's all then.

P— Oh, one more thing. I'd like to put some jewelry and a few other valuables[12] into my safe deposit box. I've got the key with me.

T— Certainly. Right this way, Sir.

almost	[o:lmôoust]	transaction	[trenzækchen]
close	[klôous]	to transfer	[tranzfe:r]
either	[i:żer]	withdrawal	[wiżdro:el]
license	[laïsens]	jewelry	[djou:elri]
to withdraw	[wiżdro:]	valuables	[valioueblz]

J = Jack　　P = Paul　　C = Caissier

P— Jack, il est presque trois heures, faudrait se dépêcher si nous voulons être à la banque avant la fermeture.

J— Je vois, oui. Ça risque d'être un peu juste. Il ne me reste plus beaucoup d'argent à moi non plus.

P— La banque est à une rue d'ici. En courant, nous devrions pouvoir y être à temps...

J— Excusez-moi, j'aimerais changer des chèques de voyage.

C— C'est le guichet d'à côté, monsieur.

J— Pouvez-vous me payer ces chèques de voyage, s'il vous plaît ?

C— Certainement. Veuillez signer chacun des chèques, sans oublier de dater. Pouvez-vous me montrer votre permis de conduire ?

J— Désolé, je n'en ai pas. Est-ce que mon passeport fera l'affaire ?

C— Bien sûr. Comment voulez-vous ça ? En billets de dix, de vingt, de cinquante ou de cent ?

J— En billets de cinquante, ça ira bien, merci.

C— Voici.

J— Je vous remercie. Paul, tu ne voulais pas retirer de l'argent ?

P— Oui, si ce n'est pas trop tard.

C— Du moment que vous êtes à l'intérieur avant la fermeture, nous nous occuperons de votre transaction.

P— Eh bien, dans ce cas, j'aimerais faire transférer 2 500 dollars de mon compte d'épargne sur mon compte courant.

C— Pourriez-vous remplir ces fiches de retrait et de dépôt, en indiquant vos numéros de compte et le montant, je vous prie ?

P— D'accord.

C— Ce sera tout, donc.

P— Encore une chose. Je voudrais déposer des bijoux et quelques objets de valeur dans mon coffre. J'ai la clé sur moi.

C— Très bien, par ici monsieur.

1. **teller,** *caissier, guichetier.* Aux USA comme en GB, les employés des guichets assurent les opérations de caisse.
2. **we're cutting it a bit close,** idée de quelque chose de très serré. Sens fréquent de **close :** a **close contest,** *une lutte serrée* ; a **close election,** *une élection disputée* ; **to have a close call,** *l'échapper belle* ; **to have a close shave,** *l'échapper belle.*
3. **I haven't got much cash left,** notez cette expression avec **to leave,** *laisser.* Cf. **what is left,** *ce qui reste* ; **what I have left,** *ce qui me reste, etc.*
4. **to cash some traveler's checks,** to cash, *transformer en liquide.* → **toucher :** I want to cash a traveler's check ou *verser,* cf. can you cash these traveler's checks ? = aussi *encaisser.* L'apostrophe tend à disparaître : **travelers check(s).**
4 bis. **window,** 1) *fenêtre* ; 2) **shop (window),** *devanture, vitrine* ; 3) *guichet.*
5. **I haven't got one,** one est plus logique que « **any** » pour reprendre **driving license :** on n'a qu'un seul permis de conduire.
6. **Will my passport do ?,** to do = (souvent) *aller, convenir.*
7. **as long as,** 1) *tant que, aussi longtemps que* ; 2) *du moment que, dans la mesure où, pourvu que.*
8. **transferred,** de to transfer. Remarquez le redoublement du r aux formes en **-ed** et **-ing,** dû à l'accent tonique sur la 2ᵉ syllabe.
9. **savings account.** savings, *l'épargne :* toujours pluriel, comme le français *les économies.* **A savings bank,** *une caisse d'épargne.*
   To save (money), *économiser, épargner.*
10. **deposit,** 1) *dépôt* (en banque) ; 2) *caution, arrhes, provision.* **To leave a deposit,** *verser des arrhes* ; 3) *gisement.*
11. **I'll do that,** m. à m. *je ferai cela, c'est ce que je vais faire.* Fréquent pour indiquer qu'on va suivre un conseil.
12. **valuables,** *objets de valeur.* Bien distinguer l'adjectif **valuable,** *précieux, de* (grande) *valeur, de* **valid,** *valable, valide, qui a cours.*

■ ORTHOGRAPHE DIFFÉRENTE

US	Fr	GB
license	*permis*	licence

US : même orthographe pour le nom et le verbe (license).
Licence pour le nom, to license pour le verbe.

| check | *chèque* | cheque |
| traveler | *voyageur* | traveller |

■ PRONONCIATION DIFFÉRENTE

| passport | [pɑsport] | [pɑ:spot] |

Either en américain comme en anglais peut se prononcer [aɪžer] ou [i:žer]. Le **r** final étant plus nettement prononcé aux États-Unis. La prononciation [i:žer] est plus fréquente en américain.

■ VOCABULAIRE ET EXPRESSIONS DIFFÉRENTS

US	Fr	GB
We're cutting it a bit close	*Nous sommes un peu juste*	**We're playing it a bit close** ou **we are cutting it a bit fine**
As long as you are in the door	*Du moment que vous êtes à l'intérieur, entré*	**As long as you are there**
driver's license	*permis de conduire*	**driving licence**

Checking account (compte courant) s'emploie en américain concurremment avec **current account**.

XXII – 5 ■ **Environnement**

■ **A few tips concerning US banks**
1. Remember closing time may be as early as 2:30 or 3 o'clock in some cities.
2. Don't forget to get in line for every banking transaction. You will only lose time by going directly to the counter. No one butts in line.

■ **Quelques conseils au sujet des banques US**
1. Souvenez-vous que dans certaines villes la fermeture des banques peut avoir lieu dès 14 h 30 ou 15 h.
2. N'oubliez pas de prendre la queue pour toute transaction bancaire. En allant directement au guichet, vous ne ferez que perdre du temps. Personne n'essaie de voler des places dans la queue.

3. Careful ! For complicated operations, you'd better go directly to the main office, not to a local branch.
4. Banks are not always keen to accept foreign currency. In case of refusal, insist politely.

3. Attention ! Pour les opérations compliquées, il vaut mieux aller directement au siège principal, et non pas à une agence de quartier.
4. Les banques montrent parfois de la réticence à accepter des devises étrangères. En cas de refus, insister poliment.

■ The US banking system is not as tightly centralized as European systems. At its head we find the Federal Reserve Board (the "FED"), which works through twelve regional Federal Reserve banks. The Board, whose responsibility is directly to the Congress, is an independent agency, not subject to the orders of the President. But of course, a large amount of cooperation does exist between the White House and the Treasury on the one hand, and the Board on the other. The Federal Reserve Board's main operation is to expand or to contract the supply of credit and currency, thus making money available and cheap to borrow, or scarce and expensive to borrow.

Below the Federal Reserve Board and its 12 regional banks are some 15,000 privately owned and operated banks which handle daily transactions and make the decisions whether loans shall be made, to whom, and on what terms.

■ Le système bancaire américain n'est pas aussi étroitement centralisé que les systèmes européens. On trouve à son sommet le Federal Reserve Board qui opère par l'intermédiaire de 12 banques de réserve fédérales. Le conseil (board), responsable directement devant le Congrès, est un organisme indépendant qui ne reçoit pas d'ordre du Président. Mais bien entendu, une large coopération existe en fait entre la Maison Blanche et le Ministère des Finances d'une part et le Board d'autre part. La principale activité du Federal Reserve Board est d'augmenter ou de réduire le volume de crédit et de monnaie, rendant ainsi l'argent disponible et l'emprunt peu coûteux, ou l'argent rare et l'emprunt cher.

Au-dessous du Federal Reserve Board et de ses 12 banques régionales, on trouve environ 15 000 banques privées qui assurent les transactions quotidiennes et décident de l'octroi des prêts, à qui et à quelles conditions.

1. J'ai perdu mon chéquier.
2. Combien voulez-vous retirer ?
3. Quel est le cours actuel du franc ?
4. Est-ce que je peux encaisser ce chèque ici ?
5. Je voudrais faire virer de l'argent depuis mon compte en France.
6. Pouvez-vous me les donner en petites coupures ?
7. On va être à court de liquide.
8. On peut vous avancer de l'argent.
9. Vous le rendrez à Janet quand elle sera en France.
10. Ne changez pas ici : le taux est défavorable.
11. On a dépensé deux fois plus que ce que je croyais.
12. Il me reste quelques pièces, mais je n'ai plus de gros billets.
13. On aura du mal à être à la banque avant la fermeture.
14. On a pris trop peu d'argent liquide.
15. Comment est-ce que je peux me faire envoyer de l'argent depuis la France ?
16. Le transfert de devises par virement bancaire est une méthode simple mais coûteuse.
17. Est-ce qu'il m'est possible, à moi citoyen français, d'ouvrir un compte chez vous ?

1. I've lost my checkbook.
2. How much do you want to withdraw ?
3. What is the rate of exchange of the franc today ?
4. Can I cash this check here ?
5. I'd like to have money transferred from my account in France.
6. Can you give it to me in small denominations ?
7. We're going to be short of cash.
8. We can lend you some money.
9. You can pay Janet back when she comes to Paris.
10. Don't change money here. The exchange rate is poor.
11. We spent twice as much as I thought.
12. I have a little change left, but no big bills.
13. We'll have trouble getting to the bank before it closes.
14. We didn't take enough cash.
15. How can I have money sent from France ?
16. Currency transfer through the bank is a simple but costly affair.
17. Is it possible for me, as a French citizen, to open an account with you ?

teller, caissier, employé

to cash a check, encaisser un chèque

traveler's check, chèque de voyage

window, guichet

to withdraw, retirer

closing time, heure de fermeture

savings, économies, épargne

savings account, compte d'épargne

checking account, compte bancaire, compte courant

withdrawal, retrait

slip, fiche, formulaire

valuables, objets de valeur

safe deposit box, coffre (fort)

currency, 1) devise 2) monnaie

to handle, manier, manipuler ; assurer, gérer (service, transaction)

loan, 1) prêt 2) emprunt

term, condition

denomination, coupure .

rate of exchange, taux de change

bill, billet

to open an account, ouvrir un compte

tip, renseignement, « tuyau »

main office, siège central, siège principal

branch, agence

main branch, agence principale

Vocabulaire complémentaire

to apply for a loan, demander un prêt

bad check, dud check, chèque sans provision

to bounce, (chèque) 1) être sans provision 2) refuser d'honorer

to deposit money, verser de l'argent (à un compte)

to fill in/out an income tax return, faire (remplir) une déclaration de revenu, d'impôt

to loan, prêter

monthly installment, mensualité

to qualify (for), remplir les conditions, avoir droit à

a raise, une augmentation

tax free, libre d'impôt(s) ; non imposable

teller counter, guichet

without notice, sans préavis

to yield interest, produire un intérêt

■ **Traduire en français**

1. Terms are subject to change without notice.
2. We offer a full line of services to meet your needs.
3. Our toll-free number is open 24 hours a day.
4. We will wire cash if you are stranded away from home.
5. You can get up to $ 1,000 as cash advance if your account is in good standing.
6. Your spouse and dependent children under 25 are automatically covered under your membership.
7. You can write as many checks as you want, whenever you want, for any amount you want.
8. Senior citizens (62 and over) enjoy special benefits.
9. Where must I apply for a loan ?
10. Interest rates are higher but they are not tax-free.
11. You may repay by monthly installments.
12. Can I order a checkbook at this window ?
13. Why did the bank bounce the check ?

Corrigé

■ 1. Les conditions peuvent varier sans préavis.

2. Nous offrons une gamme complète de services pour répondre à vos besoins.

3. Notre numéro d'appel gratuit est en service 24 heures sur 24.

4. Nous vous enverrons un mandat télégraphique si vous vous trouvez bloqué loin de chez vous (m. à m. sur le sable).

5. Vous pouvez obtenir jusqu'à 1 000 dollars d'avance en espèces, si votre crédit est bon.

6. Votre conjoint et vos enfants à charge de moins de 25 ans sont automatiquement couverts du fait de votre affiliation.

7. Vous pouvez émettre autant de chèques que vous le désirez, quand vous le voulez, et pour n'importe quelle somme.

8. Les personnes âgées (à partir de 62 ans) bénéficient d'avantages spéciaux.

9. Où dois-je m'adresser pour demander un prêt ?

10. Les taux d'intérêts sont plus élevés mais ils ne sont pas libres d'impôts.

11. Vous pouvez rembourser par mensualités.

12. Puis-je commander un carnet de chèques à ce guichet ?

13. Pourquoi la banque a-t-elle refusé d'honorer le chèque ?

P = passenger   T = taxi driver

P— Excuse me, are you free ?

T— Sure am[2].

P— How much is the fare[3] to Manhattan ?

T— $ 28.00, plus the toll[4] on the Tri-borough[5] bridge.

P— All right, then. Can you take me to the Holiday Inn, please ?

T— Sure. Hop in[6].

P— Shouldn't you turn the meter on, driver ?

T— I can if you like. Otherwise, I'd just charge you a flat rate[7].

P— I think I'd prefer the meter.

T— Whatever you say, buddy[8]. Where are you from ?

P— Montreal. It's my first trip here. I've always wanted to see New York City.

T— Well, there's nothing like it. I wouldn't live anywhere else, even if you paid me.

P— That's what some people say. Hey, how come we're going over another bridge ? Isn't this the Hudson River[9] ?

T— Ah, yeah. It's a short cut I often take during rush hour. Mid-town[10] is impossible at this time of day. We'll swing[11] around and take the tunnel back to the West Side.

P— Well, I guess you know best[11bis].

T— Here you are. Holiday Inn. That'll be $ 36.50.

P— What ? Ah, come on[12], I thought you said the fare was $ 28.00.

T— Well, you wanted the meter, and it reads[13] $ 36.50.

P— You've really taken me for a ride[14]. Here you are, $ 36.50.

T— No tip ?

P— (slamming the door) Son of a bitch[15] !

passenger	[pasindjer]	meter	[mi:ter]
fare	[fèer]	to prefer	[prife:r]
Manhattan	[manhat"en]	whatever	[wotèver]
toll	[tôoul]	Montreal	[montrio:l]
borough	[bœre]	yeah	[yiè]
tri-borough	[traïbœre]	hour	[aouer]

P = passager   T = chauffeur de taxi

P— Pardon, êtes-vous libre ?

T— Certainement.

P— C'est combien pour Manhattan ?

T— 28 dollars, plus le péage du pont des Trois-communes.

P— Alors ça va. Vous pouvez me conduire à l'Holiday-Inn, s'il vous plaît ?

T— Bien sûr. Montez.

P— Est-ce que vous ne devez pas mettre le compteur à zéro ?

T— Je peux si vous voulez. Autrement je vous prendrais un forfait.

P— Je crois que je préférerais le compteur.

T— Comme vous voudrez, mon vieux. Vous venez d'où ?

P— Montréal. C'est la première fois que je viens ici. J'ai toujours voulu voir New York.

T— Ben, y a pas mieux. Je ne vivrais pas ailleurs, même si on me payait pour ça.

P— C'est ce qu'on dit. Hé ! Comment se fait-il qu'on traverse encore un pont ? Est-ce que ce n'est pas l'Hudson ?

T— Ah ouais. C'est un raccourci que je prends souvent pendant l'heure de pointe. Le centre-ville, c'est pas possible à cette heure. On va contourner pour prendre le tunnel qui ramène à l'Ouest.

P— Bon, c'est vous qui savez.

T— Vous y êtes. Holiday-Inn. Ça fera 36 dollars 50.

P— Quoi ? Allons voyons, je croyais que vous aviez dit 28 ?

T— Ben, vous avez voulu le compteur, il dit 36 dollars 50.

P— Vous m'avez vraiment baladé. Voici 36 dollars 50.

T— Et le pourboire ?

P— (claquant la porte) Ben mon salaud !

1. **A taxi ride.** GB : on emploie **to drive** pour le conducteur, **to ride** pour les passagers. US : tendance à utiliser **to ride** même pour le conducteur.
   Transports en commun, on emploie **to ride** (GB et US) : **to ride a bus, a bus ride, to ride a train,** etc.
2. **Sure am. I sure am,** familier = **certainly, I am.**
3. **Fare,** a) *prix de la course* (taxi), *du voyage, de la place* b) (fam.) *client* (d'un taxi) c) *menu, chère.*
4. **Toll,** a) *péage, droit de passage* b) *nombre de victimes.*
5. **Borough,** division administrative (municipalité, une commune, une circonscription administrative.) **Tri-borough,** s'écrit aussi **Triboro.**
6. **Hop in,** *monter à bord d'un véhicule* (fam.) ; **to hop,** *sautiller, sauter.*
7. **Flat rate,** *taxe uniforme, prix unique, forfait.*
8. **Buddy,** (fam.) *copain, pote.* Cf. fr. « *mon vieux* ».
9. **The Hudson River.** GB : même mot pour fleuve et rivière.
10. **Mid-town,** m. à m. *le milieu de la ville* → *le centre.* « Mid » fréquent dans des expressions comme : **mid-June,** *la mi-juin* ; **mid-position,** *position moyenne* ; **in mid-air,** *entre ciel et terre* ; **in the mid-fifties,** *au milieu des années cinquante* ; **mid-week,** *le milieu de la semaine.*
11. **To swing.** a) *balancer, se balancer.* b) *changer de direction, tourner.*
11 bis. **I guess you know best.** m. à m. *j'imagine que c'est vous qui savez le mieux.*
12. **Come on !** *allons, voyons !* Utilisé pour amener quelqu'un à changer d'avis, à se laisser convaincre.
13. **It reads,** souvent **to read** = *se lire, dire, indiquer.* **The telegram read,** *le télégramme disait.* **The thermometer reads 20 degrees,** *le thermomètre indique 20 degrés.*
14. **to take someone for a ride.** *se payer la tête de quelqu'un, le* « *posséder* » (premier sens : allusion à la promenade en voiture précédant la mise à mort par des gangsters).
15. **Son of a bitch,** (abrév. **s.o.b.**) fam. et même vulgaire : « *fils de chienne* » (L'abréviation **s.o.b.** est moins grossière que l'expression complète).

■ **TERMES DIFFÉRENTS**

US	Fr	GB
1) **buddy**	*mon vieux, mon gars*	**mate**

Le plus proche équivalent britannique est *mate*

Have you got a light, mate ?
As-tu du feu, vieux (mon pote) ?

C'est surtout dans les milieux ouvriers qu'il est ainsi utilisé pour s'adresser directement à quelqu'un.

Mate peut signifier aussi *ami, collègue* et est moins marqué socialement dans cet emploi.

This is Tom, my best mate
Voici Tom, mon meilleur copain

Pal, en anglais britannique et américain peut aussi s'utiliser dans ce sens. (En américain, c'est de plus une forme d'adresse familière : **Hi, pal !** *salut vieux*).

2) **Son of a bitch,** abréviation S.O.B. [ès ôou bi:], mot à mot « *fils de chienne* » (l'équivalent britannique est **swine,** *cochon, porc,* ou **sod** ; **bastard,** *salaud,* est commun à l'anglais britannique et américain).

sidewalk	*trottoir*	**pavement**
cab	*taxi*	**taxi**

taxi est également employé en américain.

■ **USAGES DIFFÉRENTS**

— **sure am** : un chauffeur britannique répondrait plutôt, **Yes Sir,** ou **Yes Madam.**

— **New York City** : **New York** simplement en anglais britannique. De même **Washington D.C. (District of Columbia)** pour éviter la confusion avec de nombreux autres Washington existant aux États-Unis, sera simplement **Washington** en anglais britannique.

— **I guess** = **I suppose** *(je pense, je crois).* En anglais britannique on n'emploie guère **to guess** qu'au sens de *deviner.*

— **to take someone for a ride,** *tromper, posséder,* **to do, to cheat,** « *avoir* » quelqu'un, **to diddle someone.**

Ed ran out on to the sidewalk and waved at a cruising taxi. "23A Eastern Street", he said, jerking open the door, "and snap it up". When the driver reached 22nd Ward with its narrow streets, its fruit stalls and its aimless crowds overflowing into the gutters, he was forced to reduce speed almost to a crawl. "If you're in all that hurry", he said suddenly, "there's an alley just ahead that takes you into Eastern Street. It'll be quicker for you to get out here and walk". "Why do you think I hired this heap if I wanted to walk?" Ed said. "Keep going, and don't run anyone down"... "How much further have we got to go?" "Just ahead of you". "Okay, stop at the corner". The driver drew up, and Ed paid him, tipping him liberally. "Want me to stick around? You're not likely to get another cab back here". "Well, okay", Ed said. "I may be a little while. If I don't show up in half an hour, you'd better blow".

James Hadley Chase *(I'll bury my dead)*

Ed sortit en courant sur le trottoir et fit signe à un taxi en maraude. « *23A Eastern Street* », dit-il, en ouvrant brutalement la porte, « *et vite fait* » Quand le conducteur pénétra dans le 22ᵉ arrondissement avec ses rues étroites, ses étals à fruits et sa foule oisive qui débordait sur la chaussée (mot à mot dans les caniveaux), il fut obligé de réduire sa vitesse pour avancer au pas. « *Si vous êtes si pressé que ça* », dit-il soudain, « *il y a une ruelle juste devant qui vous mène dans Eastern Street. Ça sera plus rapide pour vous de descendre ici et d'y aller à pied* ». « *Pourquoi j'aurais pris cette guimbarde* (ce tas) *si j'avais envie de marcher?* » dit Ed. « *Continuez, et n'écrasez personne* »... « *Est-ce qu'on est encore loin?* » « *C'est juste devant nous* ». « *D'accord, arrêtez-vous au coin* (de la rue). » Le chauffeur stoppa, et Ed le régla, en lui donnant un pourboire généreux. « *Vous voulez que je reste dans le coin? Vous avez peu de chances de trouver un autre taxi par ici* ». « *D'accord* », dit Ed. « *Ça peut me prendre un certain temps. Si je ne suis pas de retour d'ici une demi-heure, vous feriez mieux de les mettre* (de vous tirer) ».

1. Pouvez-vous m'indiquer la station de taxis la plus proche ?
2. Où allez-vous ?
3. Pouvez-vous me conduire à l'hôtel Fairfax ?
4. Qu'est-ce qu'il faut donner comme pourboire à un chauffeur de taxi ?
5. Allo, la réception ? Pouvez-vous m'appeler un taxi ?
6. Qu'est-ce que je vous dois ?
7. On ferait mieux d'arrêter un taxi, autrement on va être en retard.
8. Est-ce que les bagages vont tenir dans le coffre ?
9. Attention, la portière est mal fermée.
10. Je ne peux pas transporter plus de 5 passagers.
11. Je vais vous ramener. A cette heure-ci, vous auriez du mal à trouver un taxi.
12. La somme à payer est inscrite au compteur.
13. Je n'ai rien compris à ce que me disait le chauffeur.
14. Pouvez-vous me dire combien ça fera approximativement ?
15. Désolé, je n'ai pas de monnaie.
16. Le taxi viendra nous prendre à 10 h 30.
17. Ça fait à peu près 20 minutes en taxi, sauf à l'heure de pointe.
18. Est-ce qu'il y a un supplément pour les valises ?
19. Il nous a amenés à l'aéroport à temps.

1. Where is the nearest taxi stand ?
2. Where to ?
3. Can you take me to the Fairfax Hotel ?
4. How much of a tip do you give the taxi-driver ?
5. Hello, reception desk ? Can you call me a taxi please ?
6. What (how much) do I owe you ?
7. We'd better hail a cab, or we're going to be late.
8. Will the bags fit in the trunk ?
9. Careful, the door isn't closed right.
10. I can't take more than 5 passengers.
11. I'll drive you home. At this time of night you'll have trouble finding a taxi.
12. The fare is shown on the meter.
13. I didn't understand a thing the driver was telling me.
14. Can you tell me how much it would be approximately ?
15. Sorry but I haven't any change.
16. The taxi will pick us up at 10:30.
17. It's about 20 minutes by taxi, except at rush hour.
18. Is there an extra charge for suitcases ?
19. He got us to the airport on time.

passenger, voyageur
fare, tarif, prix de la course
toll, péage
inn, auberge
meter, taximètre, compteur
flat rate, 1) forfait. 2) taux uniforme
short cut, raccourci
rush hour, heure de pointe, heure d'affluence
to slam, claquer
sidewalk, trottoir
to wave, faire signe
to cruise, 1) faire une croisière. 2) (taxi) être en maraude
to jerk, secouer

stall, étal
crowd, foule
gutter, caniveau
to crawl, ramper
alley, ruelle
to draw up, s'arrêter
to tip, donner un pourboire
to stick around, (familier) rester dans le coin
to blow, (familier) ficher le camp
taxi stand, station de taxi
to owe, devoir (de l'argent)
to hail a cab, faire signe à un taxi
trunk, coffre (de voiture)
suitcase, valise

Vocabulaire complémentaire

back seat, siège arrière
to break down, tomber en panne
cabbie, taxi (fam. pour conducteur de taxi)
to dig, comprendre (argot)
to drop off, déposer (un passager)
fare, « client » (fam.)
to flag a taxi, arrêter, faire signe à un taxi
front seat, siège avant
hack, (fam.) chauffeur de taxi
to honk, klaxonner
to pull up, se ranger
rip-off, vol, « arnaque »
tow-truck, dépanneuse

A ■ Traduire en anglais

1. Arrêtez-vous au coin de la rue. 2. Pourriez-vous m'amener au 300 Central Park Ouest ; c'est à l'angle de la 90ᵉ rue. 3. Je n'ai pas l'adresse exacte, mais je sais que c'est en face du... 4. A l'hôtel Salisbury, et essayez de faire vite, s'il vous plaît. 5. Un dollar 25, et on n'a même pas encore bougé : c'est de l'arnaque ! 6. Le premier arrêt sera pour la dame au Musée d'Art Moderne, ensuite, je vais à la Gare Centrale.

B ■ Traduire en français

1. Sure, I do miss the big old Checker Cabs. 2. Why do taxis always seem to disappear when it starts to rain ? 3. New York cab drivers largely depend on tips. 4. The advantage of a taxi is that it will pick you up and drop you off where you wish. 5. There are fewer fleet cabs than 10 years ago. 6. The fare is metered. 7. Sorry, buddy, four people are all I'm allowed to take.

Corrigé

A ■ 1. Please pull in round the corner. 2. (Could you take me to) 300 Central Park West, 90th Street. 3. I haven't got the exact address ; all I know is that it is in front of... 4. To the Salisbury Hotel please, and try to step on it. 5. $ 1.25, and we haven't even moved yet ! What a rip-off ! 6. The first stop'll be the Museum of Modern Art for the lady, then I'm going on to Grand Central Station.

B ■ 1. Les vieux gros taxis à « damier » me manquent, c'est sûr. 2. Pourquoi les taxis semblent-ils toujours disparaître quand il commence à pleuvoir ? 3. Les chauffeurs de taxi de New York sont largement tributaires du pourboire. 4. L'avantage du taxi, c'est qu'il vous prend et vous dépose où vous voulez. 5. Il y a moins de taxis appartenant à des compagnies qu'il y a 10 ans. 6. La somme à payer est indiquée au compteur. 7. Désolé, mon vieux, quatre personnes, c'est tout ce que je suis autorisé à prendre.

R = Roy   M = Mike

R— You all having[1] a good time[2] down here in Dallas ?

M— Couldn't be better[3]. It's a great town[4]. But what's all the excitement about ?

R— Didn't you know ? It's the big weekend[5]. The Texas State Fair. You gotta see[6] it to believe it. There'll be cowboys[7] coming in from all over the State[8].

M— To a rodeo[9] ?

R— That's right. The rodeo's part of the fair. It'll all be at the fair grounds[10]. How'd you like to go over there on Saturday ?

M— Gee, that's really nice of you to offer.

R— We'll chow down[11] a plate of spareribs[12], some chili[13], and wash it all down[14] with Lone Star[15] Beer. What do you say[16] ?

M— Sounds great[17] to me. I've never been to a real live[18] rodeo.

R— Well, you'll have the time of your life[19]. Bucking broncos[20], Brahma bulls[21], the whole works. And there'll be livestock competitions and some of the finest country'n' western music around[22]. Oh ! and don't forget the pie and watermelon eating contests[23].

M— Count me in[24]. How about spending the whole day there ?

R— Sure, there's plenty to see.

M— Listen. I'm traveling with a couple of friends. Would you mind if I bring them along[25] ?

R— Of course not. The more the merrier[26] !

Mike	[maïk]	live	[laïv]
Dallas	[dɑles]	broncos	[brɒnkôouz]
excitement	[iksɑïtmént]	Brahma	[brɑme]
Texas	[tèkses, tèksez]	livestock	[lɑïvstok]
cowboys	[kɑouboïz]	pie	[paï]
rodeo	[rɒdiôou, rodéïou]	watermelon	[wotermêlen]
chow	[tchao]	contests	[kɒntèsts]
lone	[lôoun]		

R = Roy   M = Mike

R — Est-ce que vous vous amusez tous bien à Dallas ?

M — On ne peut mieux. C'est une ville magnifique. Mais pourquoi toute cette excitation ?

R — Vous ne savez pas ? C'est le week-end de l'année : la grande foire de l'État du Texas. Faut le voir pour le croire ! Il y aura des cow-boys qui viendront de tous les coins du Texas.

M — Pour le rodéo ?

R — Exactement. Le rodéo fait partie de la fête. Tout se passera au champ de foire. Ça vous dirait d'y aller samedi ?

M — Eh bien alors ! . C'est très gentil de votre part de nous le proposer.

R — On se paiera du travers de porc avec du chili qu'on fera passer avec de la bière de « l'Étoile Unique ». Qu'en dites-vous ?

M — Ça me paraît sympathique. Je n'ai jamais assisté à un vrai rodéo.

R — Eh bien, ce sera le grand moment de votre vie. Les chevaux sauvages, les taureaux de Brahma, le grand jeu, quoi ! Et puis il y aura des concours de bétail et une des meilleures musiques country et western qu'on puisse entendre par ici. Ah, et sans oublier les concours du plus gros mangeur de tartes et de melon d'eau.

M — Vous pouvez compter sur moi. Et si on y passait toute la journée ?

R — Volontiers ; il y a plein de choses à voir.

M — Écoutez, je voyage avec quelques amis. Ça vous dérangerait si je les amenais ?

R — Bien sûr que non. Plus on est de fous plus on rit !

1. **You all having,** (fam.) = **are you all having ?** Dans le sud des États-Unis, **y'all** (= **you all**) signifie *vous* (pluriel) en langage familier.

2. **to have a good time,** *bien s'amuser, prendre du bon temps.*

3. **Couldn't be better,** (fam.) = **I couldn't be better.**

4. **a great town, great,** *formidable, splendide.* En revanche « *une grande ville* » : **a big city, a large town.**

5. **the big weekend,** m. à m. : *le grand weekend* (cf. « Le grand jour »).

6. **You gotta see,** contract. fam. de **you have got to see.**

7. **cowboys** ou **cowpunchers,** existent encore sur les immenses ranches texans (ainsi que dans d'autres États et au Canada). En fait, ici : professionnels des rodéos.

8. **coming in from all over the State,** notez l'emploi idiomatique de « **in** ».

9. **To a rodeo ?,** « **to** » fait suite à « **coming** » (phrase précédente). L'anglais utilise souvent « **to** » là où un français attendrait — à tort — **for** : les voyageurs (les trains) pour Boston : **passengers (trains) to Boston.**

10. **fair grounds, grounds,** *terrain, parc, domaine.*

11. **chow down,** fam., de l'ouest : *manger* (le soir).

12. **spareribs, rib,** *côte* (d'homme, d'animal). **sparerib** : *basse-côte de porc.* Plat US traditionnel.

13. **chili,** *piment.* Mot d'origine mexicaine : sauce à base de viande et de piments ; « **chili con carne** », viande de bœuf fortement épicée et piments, habituellement servis avec des haricots.

14. **wash it down, to wash,** *laver, baigner, arroser* → (fam.) « *faire passer* » un plat avec une boisson.

15. **Lone star,** nom de marque, allusion au surnom de l'État du Texas : **the Lone Star State** (son drapeau comporte une seule étoile).

16. **What do you say ?** *Qu'en dites-vous ?* A l'origine : **What do you say to it ?** Attention : « *Que dites-vous ?* » (= *qu'avez-vous dit*) serait « **what did you say ?** ».

17. **Sounds great, it sounds great.**

18. **live,** 1) *vivant* ; 2) *en chair et en os* ; 3) *plein de vie* ; 4) *spectacle en direct.*

19. **to have the time of one's life,** *s'amuser énormément, comme des fous,* etc. **Time,** ici *plaisir,* cf. **to have a good time.**

20. **bucking broncos, bronco,** *cheval (à demi) sauvage* (mustang). **To buck :** 1) *se cabrer* ; 2) *désarçonner son cavalier.* Les **bucking broncos** sont en fait dressés à désarçonner leur cavalier.

21. **Brahma bulls,** *grands taureaux,* à l'origine importés d'Inde pour produire, par croisement, une race mieux adaptée au climat.

22. **the finest music around,** m. à m. : *la meilleure musique alentour.*

23. **eating contests,** cf. les concours de plus gros mangeurs de boudin, d'huîtres, de saucisses, d'œufs, etc.

24. **Count me in,** *comptez-moi parmi vous,* → *comptez sur moi.*

25. **if I bring them along,** emploi idiomatique de **along** (il ne s'agit pas d'apporter un objet, mais de se faire accompagner).

26. **The more the merrier,** autre exemple de ce double comparatif : **the sooner the better,** *le plus tôt sera le mieux.*

XXIV – 4 ■ Anglais américain et britannique

■ **TERMES ET USAGES DIFFÉRENTS**

En anglais britannique (comme en français d'ailleurs), le mot **State** *(État)* se rapporte au gouvernement de la nation. Il peut donc signifier le contraire de ce qu'il exprime aux États-Unis. Ainsi proposer un contrôle accru de l'État en Grande-Bretagne (et en France) signifierait davantage de pouvoir pour le gouvernement, alors qu'aux États-Unis, cela voudrait dire tout le contraire (compte tenu de l'organisation fédérale du pays, et des réels pouvoirs des 50 États qui disposent chacun d'un gouvernement local).

US	Fr	GB
You gotta	(courant, langue de tous les jours)	**You've got to, you must**
great	*magnifique*	**splendid, wonderful, marvellous**
to chow down	« *bouffer* »	**to have something to eat, to eat**

verbe sans équivalent direct en anglais britannique, mais le substantif **chow** (signifiant à peu près la « *bouffe* ») est utilisé, moins fréquemment toutefois que **grub.**

■ **ORTHOGRAPHE DIFFÉRENTE**

traveling (US)   **travelling** (GB)

Rodeo

In certain respects, the rodeo stands as the American equivalent of the Spanish bullfight. Like the matador, the rodeo cowboy is pitted against an untamed beast and must dominate it.

The professional rodeo cowboys are a diminishing breed. Entry fees are high, prize money scant. In pick-ups and buses they follow the trail from Calgary to Cheyenne, to El Paso, to Pecos and Fort Worth, to struggle through the varied hazards of bull-riding and calf-roping, bronco-riding and steer wrestling.

In our computerized society they are the last romantics : they preserve the magic of the lariat*, the flash of the spur. Like knights-errant they journey from city to city, arena to arena, tourney to tourney. Avatars of an older, braver time, they display what the rest of us have lost forever.

Par certains côtés, le rodéo constitue l'équivalent américain de la corrida espagnole. Comme le matador, le cowboy de rodéo est opposé à un animal indompté et doit le dominer.

Les cowboys de rodéo professionnels sont une espèce en voie de disparition. Les frais d'inscription aux épreuves sont élevés, les récompenses insuffisantes. En camionnette, en autocar, ils suivent la piste de Calgary à Cheyenne, El Paso, Pecos et Fort Worth, pour affronter les risques divers consistant à chevaucher un taureau, attraper un veau au lasso, monter un cheval sauvage et immobiliser un jeune bœuf au sol.

Dans notre société informatisée, ce sont les derniers romantiques : ils font survivre la magie du lasso, l'éclair de l'éperon. Tels des chevaliers errants, ils voyagent de ville en ville, d'arène en arène, de joute en joute. Survivants d'un autre âge, plus héroïque, ils illustrent ce que nous avons à tout jamais perdu.

* **lariat.** de l'hispano-américain **la reata,** le lasso.

1. Les enfants voudraient monter sur le manège.
2. Mon Dieu ! Je crois que j'ai oublié mon portefeuille sur la grand-roue. On ferait bien d'aller voir aux objets trouvés.
3. Il s'intéresse plus au concours de beauté qu'au rodéo.
4. Vous allez venir avec nous au bal de ce soir.
5. Essayer de retrouver quelqu'un dans cette foule, c'est comme chercher une aiguille dans une botte de foin.
6. Salut l'ami. Tex dit que c'est la première fois que vous venez à un rodéo.
7. Ces bottes de cow-boy neuves me donnent des ampoules.
8. Tu as vraiment l'air d'un cow-boy avec ton chapeau.
9. Aujourd'hui, bien des cow-boys préfèrent la camionnette au cheval.
10. Combien ont-ils de têtes de bétail ?
11. C'est un excellent tireur : il est troisième à l'épreuve de tir.
12. Regarde ce que j'ai gagné à la loterie !
13. Les enfants veulent aller sur les montagnes russes.
14. Je te parie qu'il ne reste pas en selle plus de 20 secondes.
15. L'épreuve consistant à prendre un veau au lasso va commencer.

1. The kids would like to go on the merry-go-round.
2. Good grief ! I think I left my pocket-book on the ferris wheel. We'd better go check the lost and found.
3. He's more interested in the beauty contest than in the rodeo.
4. Y'all gonna join us at the square dance tonight.
5. Finding somebody in this crowd is like looking for a needle in a haystack.
6. Howdy partner, Tex says this is your first time at a rodeo.
7. These new cowboy boots are giving me blisters.
8. You really look like a cowboy in your 10-gallon hat.
9. A lot of cowboys prefer pick-up trucks to horses these days.
10. How many head of cattle do they have ?
11. He is a real marksman : he was third at the shooting contest.
12. Look what I won at the lottery !
13. The kids want to go on the roller-coaster.
14. I bet you he won't stay in the saddle for more than 20 seconds.
15. The calf-roping competition is about to start.

fair, foire
to have a good time, bien s'amuser
cowpuncher, cowboy
grounds, parc, domaine
live, 1) vivant 2) en chair et en os 3) en direct
bronco, cheval sauvage
bull, taureau
to buck, se cabrer
livestock, bétail
contest, compétition, concours
bullfight, corrida
to pit, opposer (des combattants)
untamed, indompté
breed, race, espèce
trail, piste
to struggle, lutter résister
steer, jeune bœuf
computerized, informatisé

to wrestle, lutter (corps à corps)
spur, éperon
to display, faire preuve de, montrer
merry-go-round, manège
ferris wheel, grande roue
lost and found (office), bureau des objets trouvés
to bake, faire de la pâtisserie
haystack, botte de paille, meule de foin
blister, ampoule
pick-up (van), camionnette découverte
marksman, fin tireur
roller coaster, montagnes russes
saddle, selle
calf, veau
to rope, prendre au lasso

Vocabulaire complémentaire

a square deal, une offre (contrat, etc.) loyale
to buckle, boucler, attacher une ceinture
to duck, esquiver, éviter un coup en se penchant
foreman, contremaître
maverick, 1) veau sans marque de propriétaire 2) personnage peu orthodoxe
no holds barred, tous les coups sont permis
to scare, effrayer, terroriser
showdown, règlement de compte ; épreuve de force
to stagger, tituber, trébucher
stampede, panique, débandade (d'un troupeau)
vest, gilet
warily, prudemment
yell, hurlement

● Attention au mot **frontier** qui désigne la frontière de l'Ouest à l'époque des pionniers (la frontière entre nations se disant **border**).

Go west, young man, and hitch your wagon to a star, *Pars pour l'Ouest, jeune homme, et attache ton chariot à une étoile.*

■ **Traduire**

A Showdown

— I got the idea that you are scared to face a man without yore* guns, said Red. Take off yore belt an' I'll kill yu* with my hands, no holds barred.

— Who'll guarantee that I get my guns back ? answered Mark.

— Give'em* to me, said Bart, an'* yu'll have'em when yu want' em. What's more, yu git* a square deal, or someone'll get out in the smoke.

Mark handed his belt to the foreman who buckled it above his own in such a position as to enable him to pull the guns easily. Mark threw aside his vest and removed spurs.

For the first moment or two the men circled warily, watching for an opening. Red was the first to see what he took to be one, and rushing in, he swung a terrific blow at his opponent's head, which, had it landed, might well have finished the battle. But the cowpuncher saw it in time and ducked, his shoulder taking what was meant for his head. Such was the impact that he staggered and almost fell. A chorus of yells greeted this success.

— Two to one on the big 'un*, shouted the foreman.

G. Baxter *(Guns in the West)*

* yore = your	an' = and	yu = you
'em = them	git = get	'un = one

Un règlement de compte

— J'ai dans l'idée que tu as peur d'affronter un homme sans tes pistolets, dit Red. Enlève ta ceinture et je vais te tuer avec mes mains, tous coups permis.

— Et qu'est-ce qui me garantit que je récupérerai mes pistolets ? répondit Mark.

— Donne-les-moi, dit Bart, et tu les auras quand tu voudras. De plus ce sera correct ou alors il y en a un qui partira en fumée.

Mark tendit sa ceinture au contremaître qui la boucla autour de la sienne de façon à pouvoir dégainer ses pistolets facilement. Mark se débarrassa de son gilet et ôta ses éperons. Pendant quelques instants, les deux hommes tournèrent prudemment à la recherche d'une ouverture. Red fut le premier à voir ce qu'il crut en être une, et se précipitant, lança vers la tête de son adversaire un coup terrible, qui, s'il avait porté, aurait pu mettre un terme au combat. Mais le cowboy le vit à temps et l'évita, son épaule recevant ce qui était destiné à sa tête. L'impact fut tel qu'il chancela, et tomba presque. Ce succès fut accueilli par un chœur de hurlements.

— « Le grand à 2 contre 1 », cria le contremaître.

P = Pete S = Sandy A = Announcer

P— Hey Sandy, you wanna[1] turn on the radio and see if you can tune in the weather forecast[2] ? You should be able to get it now, right after the morning news.

S— All I hear is advertising for the moment. Oh, here it comes.

A— "This is the latest[3] weather forecast for the Bay area..."

P— What's it gonna be like[4] this afternoon ? I'd like to hear about those warmish days and coolish[5] nights they promised us.

S— He says it's going to be in the high sixties[6], cloudy and cool.

P— No fog ?

S— Yes there will be some, but it'll disappear by noon[7] !

P— No showers ?

S— He didn't mention any.

P— Did he say anything about tonight ?

S— Yeah[8], the temperature will probably go down to the fifties[9]. It's gonna be cold[10]. We'd better wear something nice and warm for the ferry ride over to Sausalito.

P— Gee, I'm really looking forward to that[11]. I hear[12] the seafood's out of this world.

S— Hey, that seafood restaurant's outdoors, isn't it ? Maybe we'd better go to the Mexican one. It might be too damp and windy outside.

P— You have a point[13] there. I never thought it would be so cold in California.

S— Well, a little cold weather never hurt anybody[14]. As long as there's no earthquake[15], I won't complain !

wanna	[wɑne]	yeah	[iè:]
radio	[réïdiôou]	temperature	[tɐmp(e)retcher]
advertising	[ɑdvertaïziŋ]	Sausalito	[sɑ:zelîtôou]
moment	[môoument]	gee	[dji]
area	[èerie]	California	[kalifo:rnie]
disappear	[dîsapier]	earthquake	[e:rškwéïk]
shower	[chaɑouer]	complain	[kempléïn]

P = Pete   S = Sandy   A = présentateur

P— Eh, Sandy, tu veux pas allumer la radio pour voir si tu peux te brancher sur la météo ? Ça devrait être possible maintenant, juste après les informations du matin.

S— Tout ce que j'entends pour l'instant, c'est la publicité... Ah, les voici.

A— « Voici le dernier bulletin météorologique pour la région de la Baie... »

P— A quoi ça va ressembler, cet après-midi ? J'aimerais entendre ce qu'ils disent à propos de ces journées chaudes et de ces nuits fraîches qu'ils nous ont promises.

S— Il dit qu'il va faire environ 20 degrés, frais avec des nuages.

P— Pas de brouillard ?

S— Si, un peu, mais il va disparaître vers midi.

P— Pas d'averses ?

S— Il n'en a pas signalé.

P— Et pour ce soir, il a dit quelque chose ?

S— Oui, la température va probablement tomber à 10 degrés. Il va faire froid ! On fera bien de s'habiller chaudement pour la traversée en ferry vers Sausalito.

P— Ah, c'est que je me fais vraiment une joie d'y aller. On dit que les fruits de mer sont incroyables.

S— Au fait, ce restaurant de crustacés et poissons est en plein air, non ? On ferait peut-être mieux d'aller au mexicain ? Il se pourrait qu'il y ait trop de vent et d'humidité à l'extérieur.

P— Là, tu as raison. Je n'aurais jamais cru qu'il ferait si froid en Californie.

S— Bah, un peu de temps froid n'a jamais fait de mal à personne. Tant qu'il n'y aura pas de tremblement de terre, je ne me plaindrai pas !

1. **you wanna turn on the radio** = you want to turn on the radio, *éteindre la radio* : to turn off the radio.
2. **if you can tune in the weather forecast**, to tune in a program, *se brancher sur un programme, prendre un programme*. Autres sens de to tune, 1. *régler, mettre au point* (un moteur, etc.) 2. *accorder* (des instruments).
3. **latest**, le plus récent, le dernier en date.
4. **What's it gonna be like**, what is it going to be like.
5. **warmish, coolish**, ish indique souvent une approximation. De même **longish**, *plutôt long* ; *coldish*, *plutôt froid* ; **fortyish**, *aux environs de 40* (âge, température...).
6. **in the high sixties**, *de 65 à 70 degrés*. In the low sixties, *de 60 à 65 degrés* (**Fahrenheit**).
   Attention : pour une personne de 65 à 70 ans, on dirait : he is, she is, in his, her late sixties (60 à 65 = **early sixties**).
7. **it'll disappear by noon**, by est utilisé devant une date ou une indication de temps lorsqu'on tient compte de la période qui précède. He should have finished by now, *il devrait avoir fini maintenant*. You'll hear from her by the end of the month, *vous aurez de ses nouvelles à la fin du mois*.
8. **Yeah**, familier pour **yes**.
9. **go down to the fifties**, m. à m. *descendre jusque dans les cinquante degrés* (**Fahrenheit**).
10. **It's gonna be cold**, it's going to be cold.
11. **I'm really looking forward to that**, le « to » qui précède « that » est une préposition. Suivie d'un verbe, elle gouvernerait la forme en -ing.
12. **I hear the seafood**, j'ai entendu dire que. **I hear** a ici, en un peu plus vague, le même sens que **I've been told**...
13. **You have a point**, notez les expressions suivantes : to make a point, *exprimer* (de façon convaincante) *un argument* ; to make a point of doing something, *se faire un devoir de faire quelque chose, tenir à faire quelque chose* ; to have a point, *avoir raison, marquer un point* ; to be to the point, *être pertinent* ; that's the point, *c'est le problème, c'est de cela qu'il s'agit*.
    What's the point ? 1. *de quoi s'agit-il ?* 2. *à quoi bon ?*
14. **never hurt anybody**, hurt est ici le prétérit.
15. **earthquake**, *tremblement de terre*. Allusion aux séismes de plus ou moins grande intensité, fréquents en Californie ; la côte ouest des États-Unis est en effet traversée du nord au sud par la « faille de Saint-Andréas » : **St Andreas Fault**.

■ **fifties, sixties** : à la radio britannique, les températures sont données en centigrades (Celsius) et en Fahrenheit, les centigrades l'emportant de plus en plus. Conversion (valable également pour les États-Unis) :

$$\text{Fahrenheit} - 32 \times \frac{5}{9} = \text{centigrades}$$

$$\text{Centigrades} \times \frac{9}{5} + 32 = \text{Fahrenheit}$$

■ **TERMES DIFFÉRENTS**

US	Fr	GB
to tune in(to)	*prendre une émission*	**to pick up**

GB : **to tune in(to)** mais seulement au sens de « *mettre sur une longueur d'ondes, une station, une chaîne* ».

Ex : **can you tune into the BBC, I want to pick up the weather report,** *peux-tu mettre la BBC, je veux prendre le bulletin météo.*

right after	*juste après*	**just after**
ferry ride	*traversée en bac*	**ferry crossing, trip**

■ **PRONONCIATION**

tune	[tou:n]	[tiou:n]
forecast	[fɔrkast]	[fɔka:st-]
news	[nou:z]	[niou:z]

B.B.C. Weather forecast

Here's the weather forecast for tomorrow. Most parts of Scotland, Northern and Eastern England will be dry, with sunny spells during the morning. One or two showers may develop later. Northern Ireland, Wales and southwestern parts of England will start mostly dry and bright but increasing cloud will spread occasional rain or drizzle slowly north-eastward during the day. It will be rather cool in most places.

Prévisions météorologiques de la B.B.C.

Voici les prévisions météorologiques pour demain. Le temps, dans la majeure partie de l'Écosse, de l'Angleterre du nord et de l'est sera sec avec quelques périodes ensoleillées dans la matinée. Une ou deux averses pourront survenir plus tard. En Irlande du nord, au Pays de Galle et dans les régions sud-ouest d'Angleterre, le temps commencera par être surtout sec et ensoleillé, mais des nuages de plus en plus nombreux répandront de la pluie et du crachin en se déplaçant lentement vers le nord-est en cours de journée. Les températures seront plutôt fraîches sur l'ensemble des régions.

The U.S. spreads over 25 degrees of latitude (from 25° to 50°), not including Alaska. Given the vastness of the territory involved (3,615,210 square miles), one cannot speak of an American climate. Seattle, in the north-east, is roughly the same latitude as Nantes, while New-Orleans is the same as Cairo. No wonder then that the climate in Los Angeles is so different from Detroit. Such a diversity is enhanced by the variety of the terrain : coastal areas, central plains, mountain ranges...

The Northeastern seaboard has a humid climate. New England and the New York area are noted for their harsh winters (with lows down to —20 °C, snow and blizzards), and hot, muggy summers. The South-East (Florida, Gulf of Mexico, Mississippi Valley) is subtropical, with temperatures rarely falling below 0 °C. The central plains have a continental climate with sharp seasonal contrasts : torrid summers, very cold winters (heavy snow). In summer, the variation from day to night temperature is considerable. In the Northern Pacific (Oregon), the fluctuations are more moderate, with rather mild winters and relatively cool summers. The south-west enjoys the celebrated Californian climate with no winters and dry and warm summers.

Les États-Unis s'étendent sur 25 degrés de latitude (du 25e au 50e degré), en excluant l'Alaska. Vu l'immensité du territoire couvert (3 615 210 miles carrés), on ne peut parler d'un climat américain. Seattle, au nord-est, est à peu près à la même latitude que Nantes, la Nouvelle-Orléans à celle du Caire. Rien d'étonnant alors que le climat de Los Angeles soit différent de celui de Detroit. Cette diversité est accrue par la variété du relief : zones côtières, plaines centrales, régions montagneuses.

Le nord de la côte Est a un climat humide. La Nouvelle-Angleterre et la région de New York sont caractérisées par des hivers rigoureux (jusqu'à —20 °C, avec neige et blizzards) et des étés très chauds et moites. Le Sud-Est (Floride, Golfe du Mexique, Vallée du Mississippi) a un climat subtropical où les températures descendent rarement au-dessous de zéro. Les plaines centrales au climat continental offrent de violents contrastes saisonniers : étés caniculaires, hivers très froids (fortes chutes de neige). En été, les variations de température entre le jour et la nuit sont considérables. La côte du Pacifique connaît, dans sa portion Nord (Oregon), de moindres variations d'amplitude, avec des hivers assez doux et des étés relativement frais. Au Sud-Ouest, c'est le fameux climat californien, avec son absence d'hiver et ses étés chauds et secs.

1. La dernière fois qu'ils ont annoncé des averses légères, on a eu droit à un véritable déluge !
2. Il tombe vraiment des cordes !
3. Il fera assez chaud pour faire fondre la glace et la neige.
4. Quand il y a de la brume le long de la côte, vous avez des chances de vous faire griller.
5. Dans la soirée, la pluie se transformera en léger crachin.
6. Nous avons eu un terrible (incroyable) orage de grêle.
7. Nous avons beaucoup d'orages en cette saison.
8. Le verglas devrait se transformer en glace fondue vers le milieu de la journée.
9. Le bureau météorologique a annoncé une alerte à la tornade.
10. Septembre est la saison des ouragans pour les Bahamas et le sud de la Floride.
11. Il faudrait vraiment de la pluie : c'est la pire sécheresse depuis 30 ans.
12. Par suite de violentes chutes de pluie, il y a de grandes inondations tout le long du Mississippi.
13. La pluie se transformera en neige fondue dans la soirée, rendant la circulation automobile dangereuse.
14. Ils appellent ça chaud et humide ? Moi j'appelle ça moite !

1. Last time they forecast light showers, we got caught in a torrential downpour !
2. It's really raining cats and dogs !
3. The weather will be warm enough to thaw ice and snow.
4. When it's hazy at the shore, you're likely to get burned to a crisp.
5. The rain will taper off to a slight drizzle later this evening.
6. We had an unbelievable hailstorm.
7. We have a lot of thunderstorms this time of year.
8. Ice on roads is expected to turn to slush by mid-day.
9. The weather bureau has announced a tornado watch.
10. September is the hurricane season for the Bahama Islands and southern Florida.
11. We could sure use some rain : this is the worst drought in 30 years.
12. Due to unusually heavy rainfall, there is severe flooding all along the Mississippi.
13. Rain turning to sleet by evening will make driving conditions hazardous.
14. They call it hot and humid ? I just call it muggy.

weather forecast, bulletin (prévisions météorologiques)

to turn on the radio, brancher, mettre la radio

to tune in(to), prendre (une station, une émission)

advertising, publicité

shower, averse

seafood, fruits de mer

outdoors, dehors, en plein air

damp, humide

windy, venteux

earthquake, tremblement de terre

range, chaîne de montagne

eastern seaboard, côte est

harsh, rigoureux, rude

a low, un point bas (température, indice, etc.)

mild, doux (climat)

downpour, averse violente, déluge

it's raining cats and dogs, il pleut des cordes

hazy, brumeux

to taper off, s'estomper, décroître

drizzle, bruine, crachin

hailstorm, orage de grêle

thunderstorm, orage

slush, neige en train de fondre

tornado, tornade

hurricane, ouragan

drought, sécheresse

flooding, inondation

sleet, neige fondue (en pluie)

hazardous, périlleux, dangereux

sunny spells, périodes ensoleillées

A local weather forecast

It will be cloudy Monday thru Tuesday with scattered afternoon showers. Highs will be in the mid 80's, with a low Monday night in the upper 60's. On the coast, winds will be Southeasterly 10 to 15 knots. Seas will run 2-4 feet. High tide at 1 p.m., low tide at 12:24.

Un bulletin météorologique régional

De lundi à mardi, le temps sera nuageux avec des averses intermittentes l'après-midi. Les températures les plus hautes seront de l'ordre de 30°, et descendront jusqu'à 18 ou 20° dans la nuit de lundi à mardi. Sur la côte, vents de sud-est de 10 à 15 nœuds. Vagues de 2 à 4 pieds. Marée haute à 13 heures, marée basse à minuit 24.

■ **Traduire**

Flash floods, which usually occur after heavy thunderstorms, are the greatest weather threat in the United States. Eighty five percent of all presidential disaster proclamations relate to flooding. And the danger seems to be worsening. The death toll averaged about 200 a year in the 1970s — twice the rate of the 1960s. The increase seems to be the result of urbanization, increasing numbers of visitors in flood-prone areas and dam failures. Studies of many of these disasters show a common pattern of behavior. People are slow to react to warnings of natural disaster.

In the Big Thompson Canyon flood, a Colorado patrolman sent to warn vacationers had to use flashing lights and his siren to turn back cars headed toward the flood. And when they do flee, many victims do so in the presumed safety of their automobiles, which can be a fatal mistake, as roads often parallel stream beds.

In Canyon floods, many victims could have escaped harm by abandoning their automobiles, and climbing 24 feet up the canyon walls.

Corrigé

■ Les inondations soudaines après les gros orages sont la plus grosse menace climatique aux USA. Quatre-vingts pour cent de toutes les déclarations présidentielles concernant des désastres sont liées aux inondations. Et ce danger semble s'aggraver. Le nombre annuel des victimes a atteint 200 en moyenne dans les années 70 — Le double du chiffre des années 60. Cette augmentation semble être le résultat de l'urbanisation, du nombre croissant de voitures dans les zones sujettes aux inondations et des ruptures de barrages. Des études portant sur un grand nombre de ces catastrophes révèlent un modèle similaire de comportement : les gens sont lents à réagir aux avertissements concernant les désastres naturels.

Envoyé pour prévenir les vacanciers, au cours de l'inondation d'un canyon, un policier du Colorado dut utiliser son gyrophare et sa sirène pour détourner les voitures qui fonçaient vers l'inondation. Et, quand elles se mettent à fuir, beaucoup de victimes le font dans la sécurité supposée de leur automobile, ce qui peut être une erreur fatale, car les routes sont souvent parallèles au lit des cours d'eau.

Dans les inondations de canyons, beaucoup de victimes auraient pu échapper au danger en abandonnant leurs automobiles, et en grimpant de quelques mètres les parois du canyon.

H = he   S = she   A = Agent

(At the Rental Office)

A— Hello, what can we do for you today ?

H— We're interested in renting a motorhome.

S— We've always wanted to travel cross-country[1].

H— You do handle motorhomes[2] don't you ?

A— Yes, of course. How large a family do you have[3] ?

H— Well, there are the two of us[4] and the three children. Two of them are teenagers[5]. That makes four adults and one child.

A— I see. Usually, we have a wide range[6] of choice but at the moment we've only got two models left[7] : a low-priced[8] van or the fancy model[9].

H— Would either one accommodate[10] my family ?

A— I suppose so. The facilities[11] do differ considerably, though. In the deluxe van the sleeping arrangements are more spacious and comfortable and there's more privacy. Not to mention the air-conditioning. Otherwise, they're both outfitted with cooking and toilet facilities, even linens and pots and pans[12].

S— What about the rates ? Is it a weekly or a monthly rental[13] ?

A— The prices vary slightly. The longer you keep the van the cheaper the daily rate. The low-priced van runs around $ 500 a week, including the insurance[14]. The larger model[15] is naturally much more expensive. You'll have to pay a security deposit[16], which will be refunded when you turn the van in[17].

H— What's it like to drive ? Do you need a special license ?

A— No, that's not necessary.

S— Does it take very long to get used to it ?

A— No, not really. But I do suggest you read the helpful hints[18] in the instruction booklet[19]. They point out, for example, that you mustn't forget to shift into low[20] going down a steep hill. Otherwise, you might burn out the brakes.

S— Of course we'd read the instructions carefully before going anywhere.

A— Fine. Shall I take you over to the display room, then ?

recreational	[rèkriéïchnel]	comfortable	[komftebel]
vehicle	[vi:ikel]	privacy	[praïvesi]
accommodate	[ekomedéït]	vary	[vèeri]
facilities	[fesilitiz]	insurance	[inchourens]
deluxe	[deloks]	security	[sekioureti]
spacious	[spéïches]	deposit	[depozit]

A = employé de l'agence H = lui S = elle

(Au bureau de location)

A— Bonjour, alors qu'y a-t-il pour votre service ?

H— Nous sommes intéressés par la location d'un « motor-home ».

S— Nous avons toujours voulu traverser le pays.

H— Vous vous occupez bien de « motorhomes », n'est-ce pas ?

A— Oui, bien sûr. Vous êtes combien dans la famille ?

H— Eh bien. Nous deux et les trois enfants, dont deux adolescents. Ça fait quatre adultes et un enfant.

A— Je vois. D'habitude nous avons un grand choix, mais en ce moment, il ne nous reste que deux modèles : un petit camping-car économique et un modèle de luxe.

H— Est-ce qu'ils logeraient tous les deux la famille ?

A— Je pense que oui. Cependant, les aménagements diffèrent vraiment considérablement. Dans le modèle de luxe, le couchage est plus spacieux et plus confortable, et on a plus d'intimité. Sans parler de l'air conditionné. Autrement, ils sont équipés tous les deux d'une cuisine et d'une toilette et même de linge et d'ustensiles de cuisine.

S— Et les prix ? Est-ce une location à la semaine ou au mois ?

A— Les prix varient légèrement. Plus vous gardez le véhicule, plus le tarif quotidien est avantageux. Le modèle économique tourne autour de 500 dollars par semaine, assurance comprise. Le modèle plus spacieux est naturellement beaucoup plus cher. Vous aurez un dépôt de garantie à verser, on vous le remboursera quand vous rendrez le véhicule.

H— Et ça se conduit comment ? Est-ce qu'il faut un permis spécial ?

A— Non, ce n'est pas nécessaire.

S— Est-ce qu'on met très longtemps à s'y habituer ?

A— Non, pas vraiment. Mais je vous conseille vivement de lire les suggestions pratiques du manuel d'utilisation. Par exemple, elles signalent qu'il ne faut pas oublier de passer la vitesse inférieure en descendant une côte importante. Autrement vous risqueriez de griller les freins.

S— Bien sûr on lira le mode d'emploi attentivement avant d'aller où que ce soit.

A— Très bien. Alors, je vous emmène à la salle d'exposition ?

1. **to travel cross-country,** voyager à travers le pays (= to travel across the country, through the country).
2. **You do handle motorhomes...** to handle, 1. *Manier, manipuler.* 2. *Manutentionner.* 3. *Traiter, gérer, brasser, s'occuper de, faire face à, prendre en main.*
3. **How large a family do you have ?** Autres exemples de cette construction : How large a sum do you need ? *De quelle somme avez-vous besoin ?* How small a town is it ? *C'est une ville de quelle taille ?*
4. **the two of us,** bien distinguer de **bóth,** qui indiquerait l'attitude identique de deux personnes (**both of us feel that,** *nous pensons tous les deux que*) alors qu'il s'agit simplement ici de compter les membres de la famille.
5. **teenagers,** de 13 à 19 ans ; terminaison **teen** en anglais (**thirteen, fourteen,** etc.).
6. **wide range,** *large éventail, vaste échantillonnage.* Range, *portée, éventail, domaine, registre.*
7. **we've only got two models left,** retenez cette formule idiomatique, et aussi : **there are only two models left.**
8. **low-priced,** *peu cher, économique.* Se méfier de **cheap** = *bon marché* mais aussi *de qualité médiocre.*
9. **fancy model,** fancy, *de fantaisie.* (US) (souvent) *de luxe.* Fancy, *fantaisie, imagination, caprice.* To fancy (GB), 1. *S'imaginer, se figurer.* 2. *Se sentir attiré par, faire volontiers quelque chose.*
10. **to accommodate,** *recevoir, loger :* attention à l'orthographe, les Français ont tendance à oublier un « **m** ». **The hotel can accommodate 300 guests,** *l'hôtel peut recevoir 300 personnes.* **The garage can accommodate 2 cars,** *le garage permet de loger 2 voitures.*
    Accomodation, *logement / fait de loger des personnes.*
11. **facilities,** 1. *facilités, possibilités.* 2. *infrastructures, équipement.* **Airport facilities, industrial facilities.**
12. **pots and pans,** *marmites, batterie de cuisine.*
13. **rental,** *prix de la location, prix du loyer ;* souvent (ici) *location.*
14. **insurance,** attention à la variété des termes anglais, là où le français peut se contenter de « *assurance* » ; **insurance company, insurance premium** (*prime*), **insurance policy** (*police*), etc. **Insurance** signifie seulement : *fait d'assurer, de faire assurer.*

15. **The larger model,** comparatif, car il s'agit d'une comparaison entre deux modèles.
16. **to pay a security deposit,** to leave, to make, to pay a deposit, *verser des arrhes, un acompte.* Security, *sécurité, garantie* (et aussi *valeurs, titres* à la Bourse) ; la sécurité physique se dit **safety.**
17. **when you turn the van in,** to turn in, *rendre, rapporter, ramener, remettre* ; autre sens (familier) : *aller se coucher.*
18. **helpful hints,** *conseils,* « *tuyaux* » *utiles* ; a hint, *une allusion,* une indication, une insinuation.
19. **instruction booklet,** cf. instructions for use, directions for use, *mode d'emploi.*
20. **to shift into low,** to shift = *changer* ; gear shift : *(levier de) changement de vitesses.* Low = low gear, *vitesse inférieure.*

XXVI – 4　■ **Anglais américain et britannique**

■ TERMES DIFFÉRENTS

US	Fr	GB
to rent	*louer*	to hire (cf. unit 3)
fancy	*de luxe*	luxury
to outfit	*équiper*	to equip, to furnish
to run around	*faire dans les,*	to be about
.. $ a week	*autour de .. dollars par semaine*	.. £ a week
to turn something in	*rendre, rapporter quelque chose*	to return something
to shift into low	*rétrograder, passer une vitesse inférieure*	to change down
linens	*linge*	linen

■ USAGES DIFFÉRENTS

US : **how large a family do you have ?**
Fr : Vous êtes combien dans votre famille ?
GB : **how large a family have you got ?**

■ PRONONCIATION DIFFÉRENTE
privacy [praïvesi] *intimité* GB [privesi]

For nature lovers and large families, for those who wish to travel through the vast expanses of the West and not tarry in the cities, lastly for those seeking direct contact with Americans, the ideal arrangement is to rent a camping car — also called *"motorhome"* or *"camper"*, depending on whether it is a minibus or a car with cooking and sleeping facilities.

A camper is usually the size of a small truck, but has the manœuvrability of an ordinary car. No special driving license is required. It features power steering, and only takes a few hours to get used to. You should go out for a test drive before taking it out on the road.

You will be impressed with the comfort and modern equipment provided inside. You will have to return it to the city where you rented it. You will be given a list of trailer parks when you rent the vehicle. A motorhome is a minibus with beds and a kitchen unit including store, fridge, sink (hot and cold water), toilet, shower, radio... Some models can accommodate as many as 7.

Pour les amoureux de la nature et les familles nombreuses, pour ceux qui désirent parcourir les grands espaces de l'Ouest et ne pas s'attarder dans les villes, enfin pour ceux qui veulent avoir un contact direct avec les Américains, la solution idéale est de louer une « *autocaravane* », également appelée « *motorhome* » ou « *camper* », selon qu'il s'agit d'un minibus ou d'une camionnette équipée pour la cuisson et le couchage.

Ce « *camper* » a d'ordinaire la taille d'un petit camion, mais la maniabilité d'une voiture de tourisme. Il n'y a pas besoin de permis spécial, la direction est assistée et il ne faut que quelques heures pour s'en rendre maître. Essayez le véhicule avant de prendre la route.

Vous serez étonné par le confort et les installations modernes dont il est équipé à l'intérieur. Vous serez tenu de le ramener dans la ville où vous l'aurez loué. On vous remettra une liste de terrains de camping quand vous prendrez le véhicule. Un « *motor home* » est un minibus équipé de lits et d'une cuisine comprenant fourneau, réfrigérateur, évier (eau froide et eau chaude), W.C., douche, radio, etc. Certains modèles peuvent transporter jusqu'à 7 personnes.

1. Nous voudrions louer un camping-car du 1er au 15 juillet.
2. Est-ce qu'il y a besoin d'un permis spécial ?
3. Combien de temps à l'avance faut-il retenir le véhicule ?
4. C'est le moyen le plus économique de visiter les États-Unis.
5. Quel itinéraire nous conseillez-vous ?
6. C'est une route de montagne et nous avons eu beaucoup de mal à doubler les camions.
7. Nous avons eu un temps pourri pendant toute une partie du voyage.
8. Passe-moi la carte. J'ai peur que cette déviation nous emmène trop loin.
9. Il vaut mieux faire le plein maintenant. Vous ne trouverez pas de station-service avant 150 km.
10. On ne pouvait pas souhaiter mieux comme temps : il n'y avait pas un nuage.
11. Arrêtons-nous là. Le point de vue est magnifique.
12. Il est interdit de déposer des ordures sous peine d'une amende de 250 dollars.
13. Je ne m'arrête jamais pour les auto-stoppeurs.
14. Nous avons failli tomber en panne d'essence.
15. Il vaut mieux vous garer ici. Vous aurez du mal à trouver une place dans le centre-ville.

1. We'd like to rent a camper from the 1st to the 15th of July (from July 1st to 15th).
2. Do you need a special driving license ?
3. How long in advance do you have to reserve the vehicle ?
4. It's the cheapest way to tour the USA.
5. What route would you advise ?
6. It's a mountain road, and we had a lot of trouble passing the trucks.
7. We had lousy weather for a good deal of the trip.
8. Give me the map. I'm afraid this detour will take us too far.
9. You'd better fill it up now because there won't be any gas station for 100 miles.
10. We couldn't have asked for better weather : there wasn't a cloud in the sky.
11. Let's stop here. The view is magnificent.
12. No dumping under penalty of law. Fine : $ 250.
13. I never pick up hitchhikers.
14. We almost ran out of gas.
15. You'd better park here. You'll have a hard time finding a parking place downtown.

to rent, louer

to handle, 1) manier, 2) gérer, s'occuper de, « faire »

teenager, adolescent (de 13 à 19 ans)

a wide range, une grande variété

low-priced, bon marché, peu coûteux

fancy, de luxe

to accommodate, loger, héberger

facilities, installations, aménagements, équipement

privacy, intimité

to outfit, équiper

cooking, (fait de faire la) cuisine

linens, linge

pots and pans (m. à m. : marmites et casseroles) batterie de cuisine

rate, taux, prix

security deposit, dépôt, arrhes

to refund, rembourser

to turn in, rendre, rapporter

driving license, permis de conduire

hint, conseil, « tuyau »

instruction booklet, manuel d'utilisation

to shift into low, passer à la vitesse inférieure

steep, à pic, abrupt

display room, salle d'exposition

to tarry, s'attarder

truck, camion

power steering, direction assistée

trailer, caravane

stove, cuisinière

fridge, réfrigérateur, « frigo »

sink, évier

shower, douche

to tour, visiter, voyager

route, itinéraire

to advise, conseiller

to pass, dépasser

trip, voyage

detour, déviation

trash, ordure

fine, amende

hitchhiker, auto-stoppeur

to run out of, se trouver à court de

Vocabulaire complémentaire

camping grounds, terrain de camping

campsite, terrain de camping

canvas, toile (de tente)

first come, first served, les premiers arrivés sont les premiers servis

to give a lift, emmener, prendre dans sa voiture, prendre en auto-stop

to hitchike, to hitch a ride, faire de l'auto-stop

to overnight, passer la nuit, rester pour la nuit

peg, piquet

pole, piquet (de tente)

to put up, loger

scenic, touristique, pittoresque

sleeping bag, sac de couchage

tent, tente

A ■ **Traduire en français**

Camping outside official campsites is not allowed in the US, but there are about 20,000 camping grounds and trailer parks available to the public.

You should check in by 5 to play it safe. In the scenic areas, you can — and should — reserve in advance, either by calling the campsite itself or a general reservation center, using an 800 number.

In the National Parks, you may only stay for a limited time, and choice of accommodation is on a « first come, first served » basis.

B ■ **Traduire en anglais**

1. Je voudrais le louer pour un mois. **2.** Je ne comprends pas tout dans le manuel d'utilisation. **3.** Quel est le montant du dépôt de garantie ? **4.** Est-ce que c'est assez grand pour une famille de 5 personnes ? **5.** C'est les seuls modèles qui vous restent ?

Corrigé

A ■ Le camping « sauvage » n'est pas autorisé aux États-Unis, mais il y a environ 20 000 terrains de camping et parcs pour caravanes à la disposition du public.

Il est prudent de ne pas arriver après 17 heures si l'on veut être sûr de trouver de la place. Dans les régions touristiques, il est possible et [même] fortement conseillé de réserver à l'avance, soit en appelant le camp directement, soit en appelant en libre appel (en faisant le 800) une centrale de réservation.

Dans les Parcs Nationaux, la durée du séjour est limitée et les premiers arrivés sont les premiers servis.

B ■ **1.** I'd like to rent it for a month. **2.** I don't understand everything in the instruction booklet. **3.** How much is the security deposit ? **4.** Is it big enough for a family of 5 ? **5.** Are these the only models you have left ?

A = agent   H = he   S = she

(In the display Room)

H — This place certainly isn't very convenient to your office[1].

A — Oh, I know. I'm sorry to drag you so far out[2], but the price of office space downtown has gone sky-high recently. These trailers are so big that it's too expensive to maintain[3] a display room in town.

H — I see what you mean. Well, let's have a look.

S — The smaller one seems adequate but it would be a bit tight[4] for the five of us.

H — I'll have to admit the larger one is fabulous. I was convinced we should take the cheaper one, but now that we've seen them both, I'm beginning to have second thoughts[5].

S — It is tempting.

H — By the way, what kind of mileage does it get ?

A — Not too bad really, all things considered. Of course you get fewer miles to the gallon than with an ordinary car, but you can't compare the convenience, now can you[6] ?

H — You've got a point[7] there.

S — We were planning on going to Yellowstone and Yosemite. Do they allow motorhomes ?

A — Do they allow motorhomes[8] ! The parks are full of them. But you absolutely must[9] reserve your campsite well in advance.

H — One last question. What do we do if it breaks down[10] ? You do have a toll free number[11], don't you ?

A — Of course we do. You just dial the 800[12] number and they'll direct you to the nearest affiliated service station.

H — What do you think, honey[13] ?

S — It sounds great. But can we really afford it ?

H — For once, let's not worry about the money. What's another $ 500[14] anyway ?

A — Listen. If you take the fancy model, we'll throw in[15] the first tank of gas free.

H — You've talked us into it[16]. Where do I sign ?

adequate	[ɑdikwit]	Yosemite	[iosèmeti]
admit	[edmit]	absolutely	[ɑbseloutli]
fabulous	[fɑbieles]	toll	[tòoul]
ordinary	[oːrdneri]	affiliate	[efiliéit]

A = employé de l'agence   H = lui   S = elle

(Dans la salle d'exposition)

H — On ne peut pas dire que cet endroit est très proche de votre bureau.

A — Oui, je sais. Je suis désolé de vous traîner aussi loin, mais le coût des bureaux dans le centre atteint des sommets depuis quelque temps. Ces remorques sont si grosses que ça revient trop cher de garder une salle d'exposition en ville.

H — Oui, je comprends. Eh bien, jetons un coup d'œil.

S — Le plus petit semble aller, mais il serait un peu juste pour nous cinq.

H — Je dois reconnaître que le grand est fabuleux. J'étais persuadé que nous devions prendre le moins cher, mais maintenant qu'on a vu les deux, je commence à avoir des doutes.

S — C'est tentant.

H — A propos, ça consomme combien ?

A — Pas trop, vraiment, tout bien considéré. Bien sûr, vous consommez plus qu'avec une voiture ordinaire, mais franchement, on ne peut pas comparer, n'est-ce pas ?

H — Là, vous marquez un point.

S — On avait prévu d'aller à Yellowstone et à Yosemite. Est-ce qu'on y accepte les camping-cars ?

A — Si on les accepte ! Les parcs en sont pleins. Mais il faut absolument que vous reteniez votre emplacement bien à l'avance.

H — Une dernière question. Qu'est-ce qu'on fait en cas de panne ? Vous avez bien un numéro de libre appel, n'est-ce pas ?

A — Bien entendu. Vous n'avez qu'à faire le numéro précédé de 800, et ils vous dirigeront sur la station-service affiliée la plus proche.

H — Qu'en penses-tu, chérie ?

S — Ça a l'air merveilleux. Mais est-ce qu'on a vraiment les moyens ?

H — Ne nous soucions pas de l'argent, pour une fois. Qu'est-ce que 500 dollars de plus, de toute façon ?

A — Écoutez, si vous prenez le modèle de luxe, nous vous offrons le premier plein.

H — Vous avez gagné. Où est-ce que je signe ?

1. **convenient to your office,** convenient, 1) *commode, pratique* ; 2) *d'accès facile.*
2. **to drag you so far out,** to drag, 1) *traîner, tirer, entraîner quelqu'un contre sa volonté* ; 2) *traîner en longueur, s'éterniser.*
3. **to maintain,** 1) *maintenir, conserver, garder* ; 2) *entretenir* (un immeuble, une famille).
4. **tight,** 1) *raide, tendu* ; 2) *serré, juste* ; 3) *serré, disputé* (match, etc.) ; 4) *imperméable, étanche* ; 5) *ivre.*
5. **to have second thoughts,** *se demander si on a eu raison, remettre en cause un choix, reconsidérer une décision. On second thought, tout bien considéré, après réflexion, réflexion faite.*
6. **now can you,** emploi idiomatique de **now** au sens de « *vous êtes bien d'accord, franchement* ». L'interjection **now** correspond souvent au français « *allons* », « *voyons* ».
7. **You've got a point,** « point » = souvent *argument convaincant, pertinent.*
8. **Do they allow motorhomes !** En anglais britannique, cette reprise de la question sous forme exclamative serait impolie et narquoise. On se contenterait ici de « **of course they do** ».
9. **you absolutely must,** l'adverbe est placé avant le verbe pour rendre la formulation encore plus impérative.
10. **if it breaks down,** *s'il tombe en panne* ; *une panne* : a **breakdown** (aussi *une dépression nerveuse* : a **nervous breakdown**).
11. **a toll free number,** *numéro de libre appel* (c. à-d. gratuit) ; toll, 1) *droit de passage, de péage* ; 2) *droit, redevance, somme prélevée pour un service.*
12. **800,** pour un numéro téléphonique, prononcer « eight oh oh ». Mais on dit : an eight hundred number.
13. **honey,** 1) *miel* ; 2) *terme d'affection.*
14. **another $ 500,** notez cet emploi idiomatique de **another** devant un pluriel (comprendre : **another sum of 500 dollars**).
15. **we'll throw in,** to throw in, *ajouter, donner par-dessus le marché.*
16. **You've talked us into it** = Vous nous avez fait prendre la décision en nous convainquant par vos paroles. Comme toujours, c'est la préposition « **into** » qui indique le résultat de l'action, alors que le verbe décrit le moyen. Autre exemple : **He has talked us out of it,** *il nous a fait changer d'avis, il nous a fait renoncer.*

■ TERMES DIFFERENTS

US	Fr	GB
Convenient to	*Proche de*	**Near to**

Ce sens dérivé n'existe pas en anglais britannique (sens commun à l'anglais GB et US : *pratique, qui convient*).

US	Fr	GB
Downtown	*Dans le centre*	**In the center**
Trailer	*Caravane*	**Caravan**

Trailer signifie aussi, en Angleterre comme aux États-Unis, *remorque de camion*.

US	Fr	GB
Toll free number	*Numéro de libre appel*	**Free call service** N'est pas aussi usuel qu'aux États-Unis.
Honey	*Chéri (e)*	**Darling**
Gas	*Essence*	**Petrol**

XXVII – 5 ■ **Environnement**

I wrote to the head office of a great corporation which manufactures trucks. I specified my purpose and my needs. I wanted a pick-up truck, capable of going anywhere, and on this truck I wanted a little house built like the cabin of a small boat... with double bed, a four-burner stove, a heater, a refrigerator and lights operating on butane, a chemical toilet, closet space, storage space...

After John Steinbeck
Travels with Charley (1962)

J'écrivis au siège d'une grande société qui fabrique des camions. J'indiquai quels étaient mon intention et mes besoins. Je voulais une camionnette à plateau, capable d'aller partout, sur laquelle je désirais qu'on me fabrique une petite habitation semblable à la cabine d'un petit bateau... équipée d'un grand lit, d'un fourneau à quatre feux, d'un chauffage, d'un réfrigérateur et d'un éclairage fonctionnant au butane, d'un w.c. chimique, d'une penderie, d'un rangement...

Mobility has always been one of the main features of the US civilization. Such geographic, sociological and occupational mobility was best illustrated in the winning of the West and is still true today : the US citizen, unlike most Europeans, does not hesitate to change jobs or cities.

The advent of the automobile made migrations easier and in the late 20's, during the Great Depression, whole families took to the roads, looking for jobs.

Today, recent surveys show a trend towards stabilization — with the exception of recent immigrants — but the pioneer and frontier spirit is still very much alive, and Americans are still moving on in their search for better opportunities.

On the outskirts of big cities, parks are specially equipped to accommodate mobile homes for migrants on the move to find jobs, but also to satisfy a taste for change and novelty which is a basic characteristic of the US social fabric. This wanderlust has been heavily featured in literature and the cinema and is often pictured as necessary to the fulfilment of an individual's fate or of a people's destiny.

La mobilité a toujours été un trait dominant de la civilisation américaine. Cette mobilité géographique, sociologique et professionnelle connut sa plus belle illustration lors de la conquête de l'Ouest et continue de se manifester aujourd'hui, l'Américain, à la différence de la plupart des Européens, n'hésitant pas à changer de métier ou de lieu de résidence.

L'automobile a contribué à faciliter ces migrations et pendant la crise de la fin des années 20, des familles entières sillonnaient les États-Unis à la recherche d'emplois.

Aujourd'hui, des enquêtes récentes montrent qu'il y a une tendance à la stabilisation — sauf pour les immigrants de fraîche date — mais la mentalité des pionniers et de la frontière est encore vivante et pousse les Américains à partir à la recherche de nouvelles « opportunités ».

Aux abords des grandes villes, on trouve des parcs équipés pour accueillir les « habitations mobiles » de migrants qui se déplacent en fonction des emplois disponibles, mais aussi pour satisfaire un goût du changement et de la nouveauté qui sous-tend le tissu social américain. La littérature et le cinéma américains ont fait une large place à cette mouvance, souvent présentée comme une condition nécessaire au plein accomplissement d'un destin individuel ou collectif.

1. Pour les réservations et les renseignements, utilisez le libre appel.
2. Je ne trouve pas la boîte à outils.
3. Ce véhicule se traîne. Ces gros semi-remorques n'arrêtent pas de nous dépasser.
4. La vitre est coincée, je ne peux pas la baisser.
5. Pourquoi ne pas prendre l'itinéraire touristique ?
6. Est-il prudent de laisser nos affaires dans le bungalow ?
7. Si vous avez des objets de valeur, vous pouvez les déposer au bureau du gardien.
8. Le modèle plus petit est plus économique, mais vous serez à l'étroit.
9. Quel type de police d'assurance souhaitez-vous prendre ?
10. L'assurance au tiers est obligatoire, mais vous pouvez aussi vous assurer contre le vol.
11. Il y a combien de temps que vous aviez réservé ?
12. La route qui mène au col monte terriblement.
13. Ce n'est guère plus long, et tellement plus pittoresque !
14. Vous trouverez des cartes de la région dans la boîte à gants.
15. Le service fonctionne 24 heures sur 24.

1. For reservations and information, use the toll-free number.
2. I can't find the tool kit.
3. This vehicle is dragging along. Those big trailer-trucks keep passing us.
4. The window is stuck : I can't roll it down.
5. Why not take the scenic route ?
6. Is it safe to leave our things in the bungalow ?
7. If you have any valuables, you may check them at the warden's office.
8. The smaller model is more economical, but you'll be a bit cramped.
9. What kind of insurance policy would you like to take ?
10. Third-party insurance is compulsory, but you can also take out theft insurance.
11. How long ago did you make your reservation ?
12. The road up to the pass is very steep.
13. It's not much longer, and so much more picturesque !
14. You'll find maps of the area in the glove compartment.
15. The service operates round the clock.

to drag, traîner

to go sky high, monter en flèche

trailer, remorque, caravane

to maintain, 1. maintenir. 2. entretenir

display room, salle d'exposition

tight, serré

cheap, 1) bon marché, 2) de qualité médiocre

to have second thoughts, avoir des doutes, changer

mileage, kilomètrage

convenience, avantage, confort

to allow, 1) accorder, 2) tolérer, accepter

to break down, tomber en panne

toll free number, numéro de téléphone pour appel gratuit.

affiliated, affilié, qui fait partie d'une organisation

to afford, se permettre, avoir les moyens de

fancy model, modèle de luxe

the 20's, les années vingt

to take to the road, prendre la route

survey, étude, enquête

trend, tendance

pioneer, pionnier

outskirsts, environ, abords

fabric, tissu

to feature, faire figurer, comparer, illustrer

fulfilment, réalisation, accomplissement

tool kit, boîte à outils

warden, gardien

economical, bon marché, économique

third-party insurance, assurance au tiers

theft, vol

pass, col

round the clock, 24 h sur 24

tank, réservoir

to change jobs, changer d'emploi

advent, avènement, apparition

Vocabulaire complémentaire

braking system, système de freins

bumper, pare-chocs

consumptions, consommations

dash (board), tableau de bord

engine, moteur

to enlarge, agrandir

fuel, combustible (attention au sens large : **wood is fuel**)

to pad, capitonner

to phase out, to redesign, faire disparaître progressivement

steel, acier

steering, direction (volant)

sunvisors, pare-soleil

upholstery, garnitures (intérieures)

US gallon = 3.78 liters = 3, 78 litres
Imperial gallon (GB) = 4.54 liters = 4, 54 litres

■ Traduire d'anglais en français :

We began by improving the interior. We redesigned the seats, the upholstery, the dash. We added electric windows and sunvisors. Then we enlarged the engine, improving both the performance and the fuel consumption. We adopted a truly innovative power steering system that assists the steering at low speeds while phasing itself out at high speeds. We improved the suspension. We introduced a new braking system. And then, the new model is heavily sound-proofed and designed to accept a diesel engine. As a result, when equipped with a conventional gasoline engine, noise and vibration are almost non-existent. Beyond this, we created bumpers capable of absorbing 2 to 3 times the impact of conventional steel bumpers. We made the interior door panels 3 times as thick as they were before. We padded virtually every rigid surface within the passenger compartment.

Corrigé

■ Nous avons commencé par améliorer l'intérieur. Nous avons redessiné les sièges, les garnitures, le tableau de bord. Nous avons ajouté des vitres électriques et des pare-soleil. Puis nous avons augmenté la puissance du moteur, en améliorant à la fois ses performances et sa consommation*. Nous avons adopté un système de direction assistée totalement nouveau qui facilite la conduite à basse vitesse tout en s'atténuant graduellement à grande vitesse. Nous avons amélioré la suspension. Nous avons incorporé un nouveau système de freinage. Ensuite, le nouveau modèle bénéficie d'une isolation sonore très poussée, conçue pour pouvoir fonctionner avec un moteur diesel. En conséquence, lorsqu'il est équipé d'un moteur à essence de type conventionnel, bruit et vibrations sont pratiquement nuls. En plus de cela, nous avons conçu des pare-chocs capables d'absorber des impacts 2 à 3 fois supérieurs à ce que peuvent recevoir les pare-chocs traditionnels en acier. Nous avons triplé l'épaisseur des panneaux de porte intérieurs. Nous avons capitonné pratiquement toutes les surfaces rigides à l'intérieur de l'habitacle.

* Fuel : sens général : combustible.

J = Jane   B = Bob

J— How about going to the movies tonight ? It'd[1] do you good to get your mind off your work[2] and I need to get out of the house.

B— Gee, that sounds like a good idea. What's playing[3] ?

J— The only movie ads in the local newspaper are for porn[4], violence and Walt Disney. So what else is new[5] ?

B— Listen, I've got an idea. Let's go to a drive-in[6] like we used to[7] in the old days.

J— Why should we freeze in our uncomfortable jalopy[8], when we could be lounging[9] in some plush theater[10] ?

B— If that's how you feel, we'll just have to go downtown. On the thruway[11] it won't take very long, now that the rush hour's[12] over.

J— That's fine with me. Look, here's Sunday's entertainment section. Try and find something we'd both like. In the meantime I'll change and then maybe we can make an eight o'clock show[13].

B— Hey, Jane, how about a foreign film ? There are a couple of new French ones that are supposed to be excellent. The critics[14] raved[15] over Truffaut's latest.

J— You know I don't like reading subtitles. If it's dubbed[16], though, that's another story.

B— The paper doesn't say whether it's dubbed or not. But I'll call the theater...

J— Don't bother. If we don't hurry, we'll miss the beginning of whatever we decide on[17].

B— You've got a point there. Bring the paper along and we can make up our minds on the way.

local	[lôoukl]	foreign	[forin]
usual	[**iou**:jouel]	couple	[kœpl]
violence	[va͞ielens]	supposed	[sep**ôou**zd]
uncomfortable	[œŋk**œ**mfetebl]	excellent	[**è**kselent]
jalopy	[djel**o**pi]	raved	[reïvd]
entertainment	[entert**ói**nment]	subtitles	[s**œ**btaïtlz]
		dubbed	[dœbd]

J = Jane   B = Bob

J— Et si on allait au cinéma ce soir ? Ça te ferait du bien d'oublier le travail et j'ai besoin de sortir de la maison.

B— Bien ! Ça paraît une bonne idée. Qu'est-ce qu'on joue ?

J— Tout ce qu'il y a comme annonces pour le cinéma dans le journal local c'est pour de la pornographie, la violence et du Walt Disney. Rien de neuf !

B— Écoute, j'ai une idée. Allons dans un cinéma de plein air comme on faisait dans le bon vieux temps.

J— Pourquoi devrions-nous nous geler dans notre vieille bagnole inconfortable, alors que l'on pourrait se prélasser dans un cinéma chic ?

B— Dans ce cas, il va falloir aller en ville. Par l'autoroute ça ne prendra pas longtemps, maintenant que l'heure de pointe est passée.

J— Ça me va. Regarde voir la section spectacle du journal du dimanche. Essaie de trouver quelque chose qui nous plairait à tous les deux. Pendant ce temps je me changerai et alors on arrivera peut-être à temps à la séance de 20 h.

B— Dis donc, si on allait voir un film étranger ? Il y a quelques nouveaux films français qui sont censés être excellents. Les critiques se sont enthousiasmés sur le dernier Truffaut.

J— Tu sais que je n'aime pas les sous-titres. Si c'est doublé, alors c'est une autre histoire.

B— Le journal ne dit pas si c'est doublé ou non. Mais je vais appeler le cinéma...

J— Ne te casse pas la tête... Si on ne se presse pas on va manquer le début de quoique ce soit qu'on aille voir.

B— Tu as raison. Emporte le journal, et on décidera en cours de route.

For movie fans - *Pour les cinéphiles*

shot, plan	**medium shot,** plan moyen
close-medium shot, plan américain	**pan shot,** panoramique
continuity-shot, raccord	**tilt shot,** contre-plongée
dolly-shot, travelling	**reverse shot,** contre-champ
high-angle shot, plongée	**stock shot,** plan d'archives

1. **It'd** = it would.
2. **to get your mind off your work,** m. à m. *pour détacher ton esprit de ton travail,* c'est-à-dire pour oublier les soucis de la vie professionnelle.
3. **What's playing ?** *qu'est-ce qui se joue ?* On trouve aussi les expressions **to be on, to be on show, currently on show** pour signifier ce qu'on peut voir en ce moment, ce qui se donne, ce qui est programmé.
4. **porn,** abréviation de **pornography.**
5. **what else is new ?** m. à m. *quoi d'autre est nouveau ?*
6. **drive-in,** ici *cinéma en plein air,* avec grand écran, où l'on peut voir un film en restant dans sa voiture. Mais le terme **drive-in** peut aussi s'appliquer à une banque, où l'on passe au guichet **(drive-in window)** sans quitter sa voiture, ou même à un restaurant où l'on est servi sur un plateau **(tray).**
7. **like we used to,** utilisation de **like** — au lieu de **as** — devant un verbe, typiquement américaine. Considéré comme incorrect par les puristes, son emploi est si fréquent et si naturel qu'il n'a rien de choquant (en principe, on emploie **like** devant un nom ou un pronom, **as** devant un verbe ou un adverbe).
8. **jalopy,** familier : *vieille bagnole, vieux tacot, guimbarde.* Désigne une voiture ancienne ou en mauvais état.
9. **to lounge,** *s'étendre paresseusement, s'étaler, se prélasser.* D'où **lounge** : 1) *salon, petit salon* (hôtel, pension, etc.). Des boissons sont servies dans un cadre confortable au **lounge bar** ou au **cocktail bar.** 2) *foyer* (théâtre).
10. **theater,** en américain désigne souvent un *cinéma* (**movie theater**). Remarquez l'orthographe, **theatre** en anglais GB (cf. **US center, GB centre**).
11. **thruway** = **throughway,** *autoroute.*
12. **rush hour,** *heure de pointe, d'affluence, moment de presse,* **to rush,** *se précipiter, se ruer,* **rush,** *ruée, bousculade,* **to be in a rush,** *être* (très) *pressé.*
13. **we can make an 8 o'clock show,** **to make** au sens d'*arriver à temps pour, être à l'heure pour* (**to make a train, a bus**), **show,** *spectacle, séance.*
14. **critics,** attention ce mot désigne des *personnes,* une *critique* = un *jugement critique* = **criticism** [krìtisizem].
15. **to rave,** 1. *délirer, avoir le délire* ; *divaguer.* 2. *être en furie, tempêter, être en rage.* 3. (**over, about somth.**) *s'extasier sur, s'enthousiasmer pour.*
16. **dubbed, to dub,** *doubler* (en langue étrangère) **dubbing,** *doublage.*
17. **the beginning of whatever we decide on,** m. à m. *le début de quoi que ce soit pour quoi nous nous décidons.*

■ TERMES DIFFÉRENTS

US	Fr	GB
the movies	*le cinéma*	**the pictures,**
	(en général)	**the cinema**
a movie	*un film*	**a picture, a film**
jalopy	*guimbarde*	**banger**
downtown	*en ville*	**into town**

■ USAGES DIFFÉRENTS

movie (theater)	*cinéma (salle)*	**cinema**
show	*séance*	**performance**
to make a show (etc.)	*être à l'heure*	**to make it**
	pour la séance	**to a show** (etc.)

■ GRAMMAIRE DIFFÉRENTE

like we used to	*comme on faisait*	**as we used to**

(L'usage américain cependant se répand de plus en plus en anglais.)

XXVIII – 5 ■ Environnement

The dream factory

Hollywood, the American film city, a suburb of Los Angeles, was founded in 1912, when a number of independent producers headed west from New York. By 1913, Hollywood was established as the film makers factory and continued so for 40 years.

"Hollywood's own history resembles the plot of the classic Hollywood crime film. Rival gangs decide to make an arrangement and carve up the territory between them. For a while Mr. Big and Mr. Bad honor this agreement... bribing the police and the politicians. Then, however, something goes wrong. Competition starts up again. Mr. Big and Mr. Bad are both gunned down by their former partners' hired hands..."

L'usine à rêve

Faubourg de Los Angeles, Hollywood, la ville du cinéma américain, fut fondée en 1912, lorsqu'un certain nombre de producteurs indépendants de New York se dirigèrent vers l'Est. Vers 1913, Hollywood était devenu l'usine des fabricants de films et continua ainsi pendant 40 ans.

« L'histoire même d'Hollywood ressemble à l'intrigue de ses films policiers classiques. Des gangs rivaux décident de procéder à un arrangement et se partagent un territoire. Pendant un temps le Grand Chef et le Méchant honorent cet accord, achetant la police et les politiciens. Puis, pourtant, quelque chose tourne mal. La concurrence reprend. Le Grand Chef et le Méchant sont tous les deux abattus par des hommes de main de leurs précédents partenaires... » (Jeremy Tunstall.)

A verbal contract is not worth
the paper it's written on.
Samuel Goldwyn

The movie industry

Sound came to motion pictures only months before the Great
Depression enveloped America. The concentration of capital
necessary for this conversion, coupled with the financial crisis
which prevailed, forced the *major companies* to turn to the
eastern banking firms. In this manner, the banks expanded
their holdings and greatly increased their influence in the
motion picture industry. All of the major movie companies
underwent extensive financial reorganization, which eventually
led to domination of the major studios by their sources of
financing.

The ultimate product of this reorganization was a hierarchy
of eight major companies :
• the "Big Five" — the companies which controlled production, distribution and exhibition — were MGM, Paramount,
RKO, Twentieth Century-Fox, and Warner Brothers.
• the "Little Three" were Columbia, United Artists and Universal.
Together the eight controlled 95 per cent of the films shown
during this period in the United States.
Robert Stanley. *The Celluloid Empire*

Un contrat oral ne vaut pas le
papier sur lequel il est écrit

L'industrie du cinéma

Ce n'est que quelques mois avant que la Grande Dépression
ne s'abatte sur l'Amérique que le son fit son entrée au cinéma.
La concentration de capitaux nécessaire pour cette conversion,
liée à la crise financière qui prévalait, obligea les *grandes
compagnies* à se tourner vers les établissements bancaires de la
côte est. De cette façon les banques étendirent leurs participa-
tions et augmentèrent énormément leur influence dans l'industrie cinématographique. Toutes les grandes compagnies subi-
rent une vaste réorganisation financière, qui, en fin de compte,
conduisit les grands studios à être dominés par leurs sources de
financement.

Une hiérarchie de huit grandes compagnies fut le produit
final de cette réorganisation :
• Les « Cinq Grands » — MGM, Paramount, RKO, Twentieth
Century Fox et Warner Brothers — qui contrôlaient la produc-
tion, la distribution et l'exploitation en salle.
• Les « Trois Petits » — Columbia, United Artists et Universal.
Ensemble, les huits contrôlaient 95 % des films qui furent
montrés pendant cette période aux États-Unis.

1. A quelle heure le grand film commence-t-il ?
2. C'est un film à grand spectacle qui a dû coûter des milliards.
3. C'est ... qui a le rôle principal.
4. C'est mon réalisateur préféré.
5. C'est le dessin animé que j'ai le plus apprécié.
6. Elle a obtenu un oscar pour son rôle dans ...
7. Les personnages secondaires y sont traités avec autant de soin que les personnages principaux.
8. Il partage la vedette avec ...
9. Le scénario est débile.
10. C'était une des grandes vedettes du muet.
11. Il y avait dans ces films un nombre incroyable de figurants.
12. Je ne suis pas sûr de bien avoir suivi l'intrigue.
13. Les trucages et les effets spéciaux sont époustouflants.
14. Aimez-vous les films policiers ?
15. Une grande partie de ce film a été tournée en extérieur.
16. Ce metteur en scène abuse des gros plans.
17. Il a fait 700 000 entrées en 3 semaines.
18. Je préférerais le voir en version originale.
19. La distribution est impressionnante.
20. Ce film fait salle comble partout où il passe.
21. Son nom ne figure même pas au générique.

1. What time does the feature start ?
2. It's a multi-million-dollar (production) extravaganza.
3. It's starring XY, it stars XY / ou YX stars in it.
4. He's my favourite director.
5. I liked the cartoon better than anything else.
6. She won an Oscar for her role in ...
7. Supporting roles are just as creative as the leading parts.
8. He co-stars with ...
9. The script is ludicrous.
10. She was one of the great silent movie stars.
11. There were incredible numbers of walk-ons in those movies.
12. I'm not sure I followed the plot very well.
13. The special effects are mind-boggling.
14. Do you like detective films (Private-eye, PI, private investigator) ?
15. Most of it was filmed (shot) on location.
16. The director overdoes close-ups.
17. It's sold 700,000 tickets in 3 weeks.
18. I'd prefer to see the undubbed version.
19. It's got a great cast.
20. That film sells out wherever it is shown.
21. You don't even see his name in the credits.

drive-in, cinéma de plein air
jalopy, vieille bagnole
to lounge, se prélasser
plush, chic
rush hours, heures de pointe
to rave over, s'enthousiasmer
subtitles, sous-titre
to dub, doubler
to get a point, avoir raison
to found, fonder
plot, intrigue
to carve up, découper
to bribe, acheter, corrompre
Mr. Big, grand chef
to go wrong, aller de travers
to gun down, abattre d'un coup de revolver
sound, son
to undergo, subir
eventually, finalement

feature, grand film
to star, avoir le rôle principal, être la vedette
director, réalisateur
cartoon, dessin animé
supporting role, second rôle
leading part, rôle principal
to co-star, partager la vedette
silent movie, film muet
walk-on, figurant
private eye, détective privé
on location, en extérieur
to overdo, abuser
close-up, gros plan
cast, distribution
credit (titles), générique
play, pièce
set, décor
to shoot, tourner
retake, 2e prise

Vocabulaire complémentaire

animated cartoon, dessin animé
art theatre, cinéma d'art et d'essai
blockbuster, succès sensationnel
blow up, agrandissement
cameraman, cadreur
(cast) credits, générique
casting, distribution
documentary, documentaire
editing, montage
film library, cinémathèque
freeze frame, arrêt sur image
hit, succès
lens, objectif
opticals, effets spéciaux
part, rôle
preview, avant-première

preview trailer, film annonce
props, accessoires
quick-motion, « accéléré »
to rehearse, répéter
reel, bobine
screen, écran
screenwriter, scénariste
set, décor
short film, court métrage
shutter, obturateur
slide, diapositive
slow-motion, « ralenti »
sound track, bande son
spool, bobine
special effects, trucages
still (US), photo de plateau
stuntman, cascadeur
understudy, doublure
usherette, ouvreuse

Traduire en français

A ■ Warner Brothers was truly a film factory in 1930. Its sound stages were swarming with personnel from sunrise to dusk, and actors were frequently called upon to make three pictures at once. They had no choice. Being under contract to Warners meant doing whatever the studio told you.

B ■ *A director : ...* Most of my films have been made in three weeks. We had to work hellishly fast and that really is a pity. Many a time I noticed that such or such detail wasn't quite perfect and I said to myself : "Oh ! God ! If only I had more time I would be able to improve that". When you're directing a play for the theatre, you always have the opportunity to try things out and to change your approach. Making a films is particularly hard : you've got your set, your actors, your technicians and you have to clinch the whole thing within the time allotted to you. At that times we were not allowed to shoot re-takes. When we had a whole month to shoot a picture we were in seventh heaven.

Raoul Walsh

Corrigé

A ■ En 1930 Warner Brothers était vraiment une usine à films. Ses plateaux fourmillaient de personnel du lever du soleil au crépuscule, et on demandait aux acteurs de tourner trois films à la fois. Ils n'avaient pas le choix. Être sous contrat à la Warner signifiait faire tout ce que le studio vous disait de faire.

B ■ *Un metteur en scène : ...* La plupart de mes films ont été réalisés en trois semaines. Il nous fallait travailler à un train d'enfer et c'est vraiment dommage. Plus d'une fois je remarquais que tel ou tel détail n'était pas parfait et je me disais : « Oh ! Dieu ! Si seulement j'avais plus de temps je pourrais améliorer cela ». Quand on met en scène une pièce au théâtre, on a toujours l'occasion de faire des essais et de changer son approche. Faire un film est particulièrement difficile : on a son décor, ses acteurs, ses techniciens et on doit boucler toute l'affaire dans les limites du temps qui vous est attribué. A cette époque nous n'étions pas autorisés à retourner des plans. Quand nous avions un mois entier pour tourner un film, nous étions au septième ciel.

D = Dad   A = Andy

D— Today's the big day, sonny boy[1] !

A— No kidding[2] ? I've been looking forward to it all summer. Are you sure you've got the tickets ?

D— Of course I do[3]. You know I bought them months ago. They're probably worth a fortune by now.

A— Oh Dad, you wouldn't sell them, would you ?

D— Not on you life[4].

A— What time are we leaving, Dad ? We don't want to be late.

D— Don't you worry[5] about that. I thought we'd take the subway to avoid the traffic and the parking hassle[6]. If we leave here at noon, we'll be at the ballpark[7] in plenty of time[8].

A— Oh great. I can't wait.

(At the stadium)

D— What a terrific game ! The score's tied[9], two outs and the bases are loaded[10]. What we need now is a home run. Who's up ?

A— Robinson.

D— Well he oughta be[11] able to send in a run or two. What's his batting average[12] this year ?

A— I don't remember exactly, but I know it's pretty high.

D— Oh no ! Strike two[13]. Come on now Robinson, don't let us down[14] ! Wow,[15] Andy, did you see that ? It's a high fly ball[16] way out[17] in center field.

A— The fielder can't get to it.

D— Robinson's going on to second[18]. That makes two more runs.

A— Hey, Dad, I'm dying of thirst. Can't we buy some soda[19] ?

D— Sure, kiddo[20]. Just wait till the end of this inning[21]. I wouldn't want to miss anything.

A— Look, Dad, if you give me the money, I'll go by myself[22].

D— O.K. Here's a ten-dollar bill. Get me a beer and a hot-dog and buy yourself whatever you like.

baseball	[béisbo:l]	bases	[béisiz]
sonny	[sœni]	average	[averidj]
probably	[probebli]	hurrah	[houra:]
fortune	[fo:rtchen]	soda	[sôoude]
stadium	[stéidiem]		

P = le père   A = Andy

P— Voici venu le grand jour, mon garçon !

A— C'est bien vrai ? Je l'attends depuis le début de l'été. Tu es sûr d'avoir les billets ?

P— Mais oui, bien sûr. Tu sais que je les ai achetés voici des mois. Ils valent sans doute une fortune à l'heure qu'il est.

A— Dis Papa, tu ne les vendrais pas tout de même ?

D— Pour rien au monde.

A— A quelle heure partons-nous Papa ? Il ne faudrait pas être en retard.

P— Ne t'inquiète pas. Je pense qu'on va prendre le métro, pour éviter les embouteillages et les difficultés de parking. En partant d'ici à midi, nous arriverons au stade largement à temps.

A— Chic, j'ai hâte d'y être...

(Au stade)

P— Quel match superbe ! Ils sont à égalité, deux éliminés, et toutes les bases sont occupées. Ce qu'il nous faudrait maintenant, c'est un circuit complet (un « coup de circuit »). Qui est à la batte ?

A— Robinson.

P— Bon, il devrait pouvoir marquer un point ou deux. Quelle moyenne a-t-il réussie cette année ?

A— Je ne me rappelle plus exactement, mais je sais qu'elle est plutôt élevée.

P— C'est pas vrai ! Encore une balle loupée ! Allez, vas-y, Robinson, ne nous laisse pas tomber ! Nom d'une pipe, Andy, tu as vu ça ? Une balle haute à l'autre bout du champ centre !

A— Le défenseur (joueur de champ) n'arrive pas à l'attraper.

P— Robinson arrive à la deuxième base. Ça fait deux points de plus.

A— Dis Papa, je meurs de soif. On ne pourrait pas s'acheter une limonade ?

P— Bien sûr, mon petit. Attends seulement la fin de cette manche. Je ne voudrais rien manquer.

A— Écoute Papa, si tu me donnes l'argent, j'irai tout seul.

P— D'accord. Voici un billet de 10 dollars. Prends-moi une bière et un hot-dog, et achète-toi ce que tu veux.

1. **sonny boy.** sonny, de « son », *fils.* L'ensemble « **sonny boy** », familier et affectueux, correspond à *fiston.*

2. **No kidding.** to kid, *faire marcher, raconter des blagues.* **Are you kidding ?** *Vous plaisantez ?* **You kidding me,** *vous vous moquez de moi.*

3. **Of course I do,** cette reprise par I **do** n'est pas correcte grammaticalement ici. Il faudrait **I am** (= I am sure) ou **I have** (= I have got them). Mais le sens est clair. **I do** est la réponse à, **Do you have the tickets ?** (où to **have** est un verbe qui peut donc être repris par l'auxiliaire to **do**). Il peut même s'agir d'un **do** de renforcement (= I **do have them**). Dans la conversation, de telles reprises, selon le sens plutôt que selon les corrections grammaticales, ne sont pas rares.

4. **Not on your life,** m. à m. *pas sur ta vie.*

5. **Don't you worry,** plus familier que **Don't worry.** Cf. en fr. l'adjonction de « *donc*, ou de « *allons* » dans *ne t'en fais donc pas ; allons, ne t'en fais pas.*

6. **parking hassle.** hassle, 1) *dispute, querelle, controverse ;* 2) *escarmouche, combat, bagarre ;* 3) *confusion, désordre, agitation.* (Sens large) *effort pénible, difficulté.*

7. **ball park,** *parc où l'on joue au ballon.* Familier pour *stade, terrain,* en général de base-ball.

8. **in plenty of time,** croisement entre **in time,** *à temps, à l'heure* et to **have plenty of time,** *avoir tout son temps.*

9. **The score is tied.** to score, *marquer un (des) point(s), marquer un but.* **The score,** *la marque ;* **a tie,** *un match nul ;* to **be tied,** *être à égalité.*

10. **two outs and the bases are loaded. home run,** etc. **Two outs,** *deux batteurs ont été éliminés.* **The bases are loaded** (to load, *charger), toutes les bases sont occupées par l'équipe à la batte.* **Home run,** ainsi nommé car le joueur revient à son point de départ (**home**) après un « tour de circuit ».

11. **he oughta be** = he ought to be.

12. **batting average,** *moyenne des points réussis par un* « batter » *(batteur)* au cours d'une saison. Se calcule en divisant le nombre de fois où le joueur s'est trouvé à la batte par le nombre de coups gagnants qu'il a réussis.

13. **Strike,** *coup, frappe.* **Baseball,** *balle manquée ou renvoyée hors du champ par le batteur.* Au 3e « strike », le batteur cède sa place à la batte. Ici, à « strike two », le batteur n'est pas encore éliminé (voir p. 238, Environnement).

14. **Don't let us down.** to let somebody down, *laisser tomber quelqu'un, trahir ses espoirs* [de quelqu'un, *désappointer, décevoir*].

15. **Wow !** exprime plaisir, surprise, admiration.
16. **fly ball** (au base-ball), balle lancée assez haut pour être reprise par un **fielder** *(joueur de champ)* avant de toucher le sol.
17. **way out,** *tout là-bas.* **Way** (de **away**) a souvent un rôle intensif en langue familière : **way back in the fifties,** *il y a longtemps dans les années 50.*
    Way ahead, *très en avant, en avance.* **Way up the street,** *tout en haut de la rue.* **Way behind,** *loin derrière.*
18. **going on to second,** sous-entendu **base.**
19. **soda,** 1) *eau de seltz, eau gazeuse* ; 2) *soda, boisson pétillante au sirop.*
20. **kiddo,** déformation familière de **kid.**
21. **inning,** période nécessaire pour qu'une équipe passe successivement « à la batte » et « au champ ».
22. **by myself,** comme le français « *tout seul* » peut indiquer l'isolement, ou qu'on n'a pas besoin d'aide.

XXIX – 4 ■ Anglais américain et britannique

■ TERMES DIFFÉRENTS

US	Fr	GB
sonny boy	*fiston, mon garçon*	**my boy, my lad**
No kidding ?	*Sans rire ?*	**Really ? You don't say ?**
hassle	*problème, difficulté*	**problem(s), difficulty(ies)**

Cet américanisme (premier sens : *bagarre, confusion*) s'introduit de plus en plus en anglais britannique.

kiddo	*fiston, mon garçon*	**son, laddie**
subway	*métro*	**tube**

GB : subway = *passage souterrain* (US : underpass, undercrossing, underground passage).

soda	*soda, boisson pétillante au sirop*	**fizzy drink**

Eau de seltz, eau gazeuse : sens commun GB et US.

bill	*billet*	**note, banknote**

Sens commun : *note, facture.*

sure	*bien sûr, certainement*	**of course, certainly**

■ DIFFÉRENCE D'ORTHOGRAPHE

US : **center**   GB : **centre**

Baseball developed from traditional bat and ball games in which one player strikes a ball which is thrown to him by another player on the opposite team. One team is « *at bat* », the other « *in the field* ». The four bases are placed in the form of a diamond. The batter stands at home base with first base on his right, second base directly opposite, and third base on his left. The pitcher's mound is between home base and second. There are 9 players on each team. Each player goes to bat and has three chances to strike at the ball. When three batters are out, the team at bat exchanges places with the team in the field.

In order for the man who is up to make a run, he must first hit the ball thrown by the pitcher and while the fielders are trying to catch it, run to first base or as far as he can go. When the following player hits the ball, the first player may go on to the next base. When he has been to all three bases and back to home, he will have scored a run. To stop a runner, a fielder who has the ball must touch him on his way to a base, or throw the ball to the baseman. The time for each team to be at bat and in the field is called an inning. In each game there are nine innings and the winning team is the one who has scored the most runs by the end of the ninth inning.

Le base-ball est né des jeux traditionnels utilisant une batte et une balle et consistant pour un joueur à frapper une balle lancée par un membre de l'équipe adverse. Une équipe est « *à la batte* », l'autre « *au champ* ». Les quatre « bases » sont disposées en losange. Le « batteur » se tient sur la « home base ». Il a à sa droite la 1re base, en face de lui la 2e base et à sa gauche la 3e base. Le lanceur se tient entre la « home base » et la seconde base. Il y a 9 joueurs par équipe. Chaque joueur passe à la batte et a trois occasions de renvoyer la balle. Quand 3 batteurs sont passés à la batte, l'équipe à la batte passe au champ et vice versa.

Pour que le joueur à la batte marque un point, il faut qu'il frappe la balle lancée par le lanceur et que, pendant que les joueurs de champ tentent de la récupérer, il coure jusqu'à la 1re base ou aussi loin qu'il peut aller. Lorsque le joueur qui lui a succédé à la batte frappe la balle, le premier joueur peut courir jusqu'à la base suivante. Quand il aura touché les 3 bases et sera revenu à son point de départ, il aura marqué un point. Pour l'arrêter, un joueur de champ en possession de la balle doit le toucher avant qu'il n'atteigne une base ou envoyer la balle au joueur qui garde cette base. La période nécessaire pour qu'une équipe passe successivement à la batte et au champ constitue un « inning » ou période. L'équipe qui totalise le plus de points au bout de 3 « innings : a gagné le match.

1. Pouvez-vous m'expliquer les règles du jeu ?
2. Le stade était bondé.
3. La rencontre a été magnétoscopée et sera projetée pendant une séance d'entraînement.
4. Celui que vous voyez sur le banc est l'entraîneur.
5. Les joueurs sont rentrés au vestiaire.
6. S'ils gagnent aujourd'hui, ce sera leur 6e victoire consécutive.
7. Il s'est très bien comporté à l'entraînement.
8. Ils ont battu The Chicago White Sox par 4 à 2.
9. Ils ont failli se qualifier pour la World Series.
10. Je ne vois pas l'arbitre.
11. Le match sera retransmis à la télé en direct.
12. L'équipe ne joue pas bien cette année, et attire beaucoup moins de spectateurs.
13. Si les mauvais résultats continuent, le directeur de l'équipe va se faire licencier.
14. Un hurlement est monté des tribunes.
15. Le football américain est un sport violent, et les joueurs doivent porter un casque.
16. Ils peuvent être plaqués même lorsqu'ils ne portent pas le ballon.
17. L'égalisation a eu lieu à 2 minutes de la fin.
18. Deux joueurs sont indisponibles sur blessures.

1. Can you explain the rules of the game ?
2. The stadium was packed full.
3. The game was video-taped and will be replayed during a practice session.
4. That man on the bench is the coach.
5. The players have gone into the locker room.
6. If they win today, it'll be their sixth victory in a row.
7. He did quite well during training.
8. They beat the Chicago White Sox 4 to 2.
9. They almost made the World Series.
10. I don't see the umpire.
11. The game will be televised live.
12. The team isn't playing well this year and is drawing smaller crowds.
13. If the losing streak doesn't stop, the manager's going to get fired.
14. Angry yells rose from the stands.
15. American football is a violent sport, and the players must wear helmets.
16. They can be tackled even when they're not carrying the ball.
17. The game was tied just 2 minutes before the end.
18. Two players are out because of injuries.

to kid, plaisanter
to look forward to, attendre avec impatience, se réjouir à l'avance de
hassle, 1) dispute, querelle 2) confusion, désordre, agitation 3) problème, difficulté(s)
ballpark, stade (pour jouer au ballon)
the score is tied, les deux équipes sont à égalité
to be up, être à la batte
average, moyenne
to let down, laisser tomber
field, terrain
fielder, joueur de champ
thirst, soif
team, équipe
bat, batte
batsman, batteur
fielder, joueur de champ
diamond, diamant

pitcher, lanceur
mound, butte, monticule
to hit, frapper
to score, marquer (un point…)
packed, bondé
to video-tape, magnétoscoper
coach, entraîneur
locker room, vestiaire(s)
in a row, d'affilée
training, entraînement
umpire, arbitre
live, en direct
losing streak, série de défaites
to fire, licencier, mettre à la porte, congédier, renvoyer
yell, hurlement
stands, tribunes
helmet, casque
injury, blessure

Vocabulaire complémentaire

Soccer : football

tie, draw, égalité
to even the score, égaliser
to boo, huer
referee, arbitre
free kick, coup franc
nil, zéro (football)
1st half, 1re mi-temps
stand in, remplaçant

to field a player, faire entrer un joueur, faire jouer un joueur
off-side, hors jeu
header, tête, reprise de la tête
forward, avant
upset victory, victoire surprise, inattendue

Tennis

serve, service
to break one's opponent's serve, prendre le service de son adversaire
tournament, tournoi

seeded, classé
ranking, classement
backhand, revers
to be trailing, être mené

■ **Traduire d'anglais en français** *(soccer and tennis)* :
1. It's a scoreless tie (draw).
2. The second goal was scored in the 43rd minute.
3. They evened the score two minutes from the end.
4. The two teams were booed from the field.
5. The referee granted a free kick.
6. They were down 2-nil after the 1st half.
7. The coach fielded a stand in.
8. There are five minutes to go allowing for injury time.
9. He fumbled his pass, and the ball went out.
10. I'm pretty sure he was off-side.
11. He beat the goalkeeper with a brilliant header.
12. The stands were crowded to capacity.
13. The forward was sent sprawling in the penalty area.
14. They scored an upset victory over the defending champions.
15. He broke his opponent's serve in the second game.
16. He was serving at deuce when it began raining.
17. He is seeded 5th in the world ranking.
18. He wrapped up the game with a backhand.
19. He was trailing 2-3 in the second set.

Corrigé

■ *(football et tennis)*
1. C'est un match nul zéro à zéro.
2. Le second but a été marqué au cours de la 43e minute.
3. Ils ont égalisé à 2 minutes de la fin.
4. Les 2 équipes ont quitté le terrain sous les huées.
5. L'arbitre a accordé un coup franc.
6. Ils étaient menés 2 à zéro à la mi-temps.
7. L'entraîneur a fait rentrer un remplaçant.
8. Il reste 5 minutes, en comptant les arrêts de jeu (pour blessures).
9. Il a manqué sa passe, et la balle est sortie.
10. Je suis à peu près sûr qu'il était hors jeu.
11. Il a battu le gardien avec une splendide reprise de la tête.
12. Les tribunes étaient pleines à craquer.
13. L'avant a été fauché dans la surface de réparation.
14. Ils ont remporté une victoire surprise sur les champions sortants.
15. Il a pris le service de son adversaire dans le 2e jeu.
16. Il servait à 40 partout quand il s'est mis à pleuvoir.
17. Il est (classé) 5e au classement mondial.
18. Il a remporté le jeu sur un (coup de) revers.
19. Il était mené 3 à 2 dans le 2e set.

J = Julie   L = Lila

J— Everybody's talking about the Marathon[2]. I suppose you're gonna run[3] again this year, Lila ?

L— You bet I am... I've been practising for months[4]. You know I run 10 miles in Central Park every day, either before or after work ?

J— Wow, that's really impressive. But you ought to be careful. I hear you can overdo this jogging business[5]. Quite a few joggers are beginning to complain of back trouble and some doctors think too much running may even be causing heart attacks.

L— Oh I wouldn't worry about that. I've never been in better shape in my life.

J— Well I must say I do envy you[6].

L— Then why don't you enter the race[7] yourself ? I bet you could do it.

J— Do you really think I could make it ? 25 miles is[8] an awful long stretch[9].

L— Well, you're pretty athletic[10]. I don't see why you couldn't.

J— I wonder if I'd qualify[11]. Are there any special requirements[12] ?

L— No, not really. It's open to the public. All you have to do is pay a minimal fee[13] to register. Then they'll put a number on your back. Come on Julie, do it.

J— Oh all right, if you promise not to make fun of[14] me. You'll probably place[15] and I'll come in last.

L— Oh, don't be silly. It doesn't matter if you place or not. The idea is to have a good time. It's a real carnival. There are literally thousands of contestants and millions in the crowd[16] to cheer you on[17] ; you might even be on television.

J— Heaven forbid[18] !

L— Listen, if you're serious[19], you'd better get yourself[20] a good pair of running shoes, and we can head over to Central Park[21] and start practising.

marathon	[marešen]	athletic	[ašlètik]
to suppose	[sepôouz]	to register	[rèdjister]
to practise	[praktis]	to promise	[promis]
impressive	[imprèsiv]	carnival	[ka:rnivl]
heart attack	[ha:rt etak]	literally	[litereli]
to envy	[envi]	contestants	[kentèstents]

J— Tout le monde parle du Marathon. Je présume que tu vas courir à nouveau cette année, Lila ?

L— Tu penses bien que oui... Ça fait des mois que je m'entraîne. Tu sais que je fais 15 km dans Central Park chaque jour, soit avant, soit après mon travail ?

J— Mince, c'est très impressionnant ! Mais tu devrais faire attention. J'ai entendu dire (on dit) qu'on en fait parfois trop, dans cette histoire de course à pied. Pas mal de coureurs commencent à se plaindre de maux de dos, et certains médecins pensent que courir trop peut même causer des crises cardiaques.

L— Bah, je ne m'en fais pas trop pour ça. De ma vie, je n'ai été en meilleure forme.

J— Eh bien, je dois dire que je t'envie vraiment.

L— Alors, pourquoi ne t'inscris-tu pas à la course, toi aussi ? Je parie que tu en serais capable.

J— Crois-tu vraiment que je pourrais y arriver ? 42 km et quelques, c'est une distance rudement longue !

L— Eh bien, tu es assez athlétique. Je ne vois pas pourquoi tu ne pourrais pas.

J— Je me demande si je remplis les conditions requises. Y-a-t-il des conditions particulières ?

L— Pas vraiment. C'est ouvert au grand public. Tout ce que tu as à faire, c'est payer un droit d'inscription minime. Ensuite, on te met un numéro sur le dos. Allez, Julie, vas-y !

J— Allez, c'est d'accord, si tu promets de ne pas te moquer de moi. Tu vas probablement terminer dans les trois premières et moi dernière.

L— Allons, ne sois pas ridicule. Ça n'a aucune importance, que tu sois en tête ou pas. Le principal, c'est de s'amuser. C'est un vrai carnaval. Il y a littéralement des milliers de participants, et des millions de spectateurs qui t'encouragent. Il se pourrait même que tu passes à la télé !

J— Mon dieu, pourvu que non !

L— Écoute, si tu en as vraiment envie, tu ferais bien de t'acheter une bonne paire de chaussures de course, et on pourra se rendre à Central Park pour commencer à s'entraîner.

1. **Jogging,** to jog, 1) *pousser d'un petit coup ; secouer, cahoter* 2) *trottiner.* C'est ce 2° sens qui est à l'origine du « jogging ».
2. **Marathon,** du nom de la victoire des Grecs sur les Perses en 490 avant J.C. et qui fut annoncée à Athènes par un messager à pied. Le marathon olympique se court sur 26 miles 385 yards (= 42,195 km). Au sens large, le terme s'emploie également pour des courses de fond sur d'autres distances.
3. **you're gonna run,** you are going to run.
4. **I've been practising for months,** present perfect, *Lila continue à s'entraîner.*
5. **this jogging business,** emploi familier de **business** fréquent dans la langue parlée, cf. français *truc, histoire.*
6. **I do envy you,** do de renforcement.
7. **why don't you enter the race,** cf. to enter a contest, a competition, *s'inscrire à une épreuve, à un concours* mais *inscription* (à une épreuve, etc.) : **entry.**
8. **25 miles is,** l'accord se fait sur l'idée *(une distance de).* C'est pourquoi le pluriel **miles** est suivi d'un verbe au singulier **(is).**
9. **stretch,** 1) *allongement, extension* 2) *étendue, distance, durée.* At a stretch, *d'un seul trait ;* to stretch, 1) *tendre, étirer, allonger* 2) *S'étirer, s'allonger, s'élargir* 3) *S'étendre, se dérouler.*
10. **you're pretty athletic.** pretty *(joli)* souvent sens intensif *(très, plutôt).* It's pretty expensive, *c'est plutôt cher.* **Pretty** fast, *très vite.*
11. **if I'd qualify,** to qualify, *remplir les conditions.* To qualify for a job, for a position, *avoir les qualités requises pour un poste, remplir les conditions.*
12. **Are there any special requirements,** to require, *exiger, demander.* Requirement, *besoin, exigence.*
13. **a minimal fee,** fee, 1) *honoraire(s), cachet* 2) *droit (d'inscription), redevance.*
14. **to make fun of.** *se moquer de,* au sens de *tourner en ridicule.*
15. **You'll probably place,** to place, *obtenir (« faire ») une place d'honneur, figurer dans les premiers.*

16. **in the crowd,** crowd *(foule)* (souvent) *les spectateurs, le public.* The match attracted a crowd of 12,000, *le match a attiré 12 000 spectateurs.*

17. **to cheer you on,** la postposition on indique qu'il s'agit de pousser les participants à continuer. Le verbe to **cheer,** *encourager, acclamer, applaudir,* indique la façon dont on les stimule.

18. **Heaven forbid,** m. à m. *que le ciel* (**heaven,** *paradis*) *l'interdise.*

19. **if you're serious,** m. à m. *si tu es sérieuse* (= *bien décidée).*

20. **you'd better get yourself,** *tu ferais mieux de te procurer* (**you'd better** + inf. sans to).

21. **we can head over to Central Park,** dans une langue moins familière, et quand il n'y a pas comme ici une idée de proximité, on pourra utiliser to **head for...** au sens de : *se diriger vers...* To head for Chicago, *se diriger vers Chicago.* To head for a crisis, *se diriger vers une crise.*

XXX – 4 ■ Anglais américain et britannique

■ USAGES DIFFÉRENTS

you bet I am, *vous pensez bien que oui ; et comment !*
Existe aussi en anglais britannique, mais y aura un caractère familier. D'où son remplacement éventuel par « **of course I am ».**

to place, *arriver classé ; obtenir une place d'honneur.*
Vient de la langue des courses de chevaux où il signifie à l'origine en américain « *arriver en second* » et en anglais britannique (to **place** ou plutôt to **be placed**) « *finir 2e ou 3e* ».
En anglais britannique, ne s'emploie que pour les courses de chevaux ou de lévriers (**dog racing**).

US	Fr	GB
to head over to	*se dirigers vers*	**to head for,**
	se rendre à	**to go to**

■ ORTHOGRAPHE

To practice	*pratiquer*	**to practise**
	s'entraîner	

Pour le nom **practice** *(pratique, entraînement),* l'orthographe est commun à l'américain et à l'anglais britannique.

Marathon

For runners the world over, this town between the mountains and the sea holds a secret : which way did Pheidippides go ? The legendary runner of 490 B.C. carried news of the victory over the Persians at the Battle of Marathon to the Athens marketplace. Almost 25 centuries later, the event he inspired is booming. But Greek historians have started arguing over Pheidippides and the route he took.

Did the soldier really run 26 miles (42 kilometers) along the undulating road parallel to the coast, the distance used for marathon races ? Or did he toil up the steep paths over the mountains and take the short cut to Athens ? Many scholars believe he did.

If that had been known all along, it would have made a lot of difference to the thousands who pound it out each year along the Embankment of the River Thames in London, across the Queensboro Bridge in New York and over scores of lesser-known marathon courses.
They would have to run 21 miles instead of 26.

I.H.T. Sept. 25-26 1982

Marathon

Pour les coureurs à pied du monde entier, cette ville située entre la montagne et la mer a un secret : quel chemin Pheidippides a-t-il suivi ? En 490 avant Jésus-Christ, ce coureur légendaire apporta au forum d'Athènes la nouvelle de la victoire sur les Perses à la bataille de Marathon. Près de 25 siècles plus tard, l'épreuve sportive qu'il inspire est en plein essor. Mais les historiens grecs ont commencé à se poser des questions sur Pheidippides et son itinéraire.

Est-il vrai que le soldat parcourut à la course 26 miles (42 km) sur la route sinueuse qui suit la côte, distance retenue pour les marathons ? Ou grimpa-t-il le long des chemins abrupts qui franchissent la montagne en prenant le raccourci vers Athènes ? Bien des érudits le croient.

Si on l'avait su dès l'origine, quelle différence pour les milliers de concurrents qui, tous les ans, martèlent de leur foulée les quais de la Tamise, le Pont de Queensboro à New-York ou des dizaines *(mot à mot* vingtaines) de parcours de marathons moins connus !
Ils n'auraient à parcourir que 21 miles au lieu de 26.

1. L'an dernier, il a cessé de fumer et s'est remis à la course à pied.
2. Je fais une série de mouvements pour m'échauffer avant de prendre le départ.
3. Au bout de 3 ou 4 tours, je me demande si je ne devrais pas me mettre aux patins à roulettes.
4. Tu devrais t'acheter une paire de chaussures pour jogger : ces baskets sont fichues.
5. J'ai eu une défaillance au 7ᵉ kilomètre.
6. Il s'entraîne tous les matins pour se préparer à l'épreuve.
7. Je ne comprends pas qu'on se donne tout ce mal simplement pour une médaille.
8. Cela fait déjà une heure que les premiers sont arrivés.
9. Plusieurs concurrents étaient complètement épuisés et ont dû être emmenés sur des civières.
10. Le départ de la course pour vétérans sera donné à 17 heures précises.
11. Il vous reste encore 2 km à parcourir.
12. Elle se demande si elle va se mettre en short ou en survêtement.
13. Il n'a réussi à me doubler que dans le dernier tour.

1. Last year he stopped smoking and took up running.
2. I do warm-ups before starting the race.
3. After three or four laps, I wonder whether I should take up roller-skating.
4. You should buy yourself a pair of running shoes. Those sneakers are shot to hell.
5. I almost collapsed in the seventh kilometer.
6. He runs every morning to prepare for the race.
7. I can't understand anyone knocking himself out like that just for a medal.
8. The first ones reached the finish line an hour ago.
9. Several contestants were completely wiped out and had to be carried away on stretchers.
10. The forty and over group is scheduled to start at exactly five o'clock.
11. You've still got two kilometers to go.
12. She's wondering whether to wear shorts or a jogging outfit.
13. He only managed to pass me in the last lap.

to jog, trottiner

to bet, parier

impressive, impressionnant

heart attack, crise cardiaque

stretch, distance

to qualify, remplir les conditions

requirement, condition, exigence

fee, frais d'inscription

to register, s'inscrire

to make fun of, se moquer de

to place, 1) (courses de chevaux) arriver second 2) (par extension) arriver dans les premiers

to have a good time, bien s'amuser

contestants, concurrents

to cheer, acclamer, encourager

heaven, ciel, paradis

to forbid, interdire

century, siècle

booming, prospère

path, chemin

to take a short cut, prendre un raccourci

scholar, savant, érudit

to pound, marteler, frapper à coups répétés

score, vingtaine

warm up exercises, exercices d'échauffement

lap, tour (de piste, de circuit)

roller-skates, patins à roulettes

roller-skating, (fait de faire du) patin à roulettes

sneakers, chaussures de basket

to collapse, s'effondrer

to knock oneself out, « se défoncer »

finish line, ligne d'arrivée

stretcher, civière, brancard

outfit, équipement, tenue

Vocabulaire complémentaire

sole, semelle, plante des pieds

to sign up, s'inscrire

to train, s'entraîner

lame, qui boîte

to limp, boîter

to do stretches, faire des exercices d'assouplissement

to be exhausted, être épuisé

to be out of breath, être à bout de souffle

track, piste

a tough course, un parcours difficile

race-walking, marche (de compétition)

championship, championnat

to break a record, battre un record

challenger, candidat au titre

event, 1) événement 2) épreuve sportive

to faint }
to pass out } s'évanouir

ankle, cheville

toe, orteil

heel, talon

calf, calves, mollet(s)

knee, genou

shin, tibia

thigh, cuisse

to lace, lacer

shoe-laces, lacets de chaussure

to loosen, desserrer

tight, serré

A ■ Traduire en français

You see them in Central Park, and anywhere else that runners run. They wear the same colorful racing clothes, the same thick-soled shoes. The major difference is their age : they are over 60, their hair is often gray and, when they run in races, spectators sometimes call out things like « Come on, Grandma, you can do it ». But they don't care.

A growing number of women are turning to running around retirement age. In many cases, they had never put on running shoes until they were in their 60's. For many, running helped fill a void in their lives.

Says one of them : « I think it's the happiest thing I ever did. I look forward to doing it until I am 100. I just love passing guys who are younger. It's such a good feeling... »

B ■ Traduire en anglais

1. C'est une épreuve de 10 miles, je pense que je vais m'inscrire.
2. Elle n'a jamais été en aussi bonne forme.
3. Il faut s'entraîner au moins deux fois par semaine.
4. Je fais ça pour m'amuser.

Corrigé

A ■ On les trouve à Central Park, et partout où s'entraînent les joggers. Elles portent les mêmes tenues de course colorées, les mêmes chaussures à semelles épaisses. Ce qui les distingue principalement est leur âge : elles ont plus de 60 ans, leurs cheveux sont souvent gris et, quand elles prennent part à des épreuves, des spectateurs leur crient parfois des encouragements du genre : « Vas-y, mémé, c'est bon ». Mais elles s'en fichent.

Un nombre croissant de femmes se mettent au jogging vers l'âge de la retraite. Dans bien des cas, elles n'avaient jamais chaussé de chaussures de course avant la soixantaine. Pour beaucoup, la course à pied comble un vide dans leur existence.

L'une d'entre elles déclare : « C'est la meilleure chose que j'aie jamais faite. J'espère bien continuer jusqu'à ce que j'aie cent ans. J'adore dépasser des hommes plus jeunes. Ça fait tellement plaisir... »

B ■ 1. It's a ten-mile race, I think I'll sign up.
2. She's never been in such good shape.
3. You have to train at least twice a week.
4. I'm just doing it for fun.

M = Mary   K = Ken

M— Have you got this week's issue[2] of T.V. GUIDE ? I'd like to see what time that French cooking program is on[3].

K— Oh, don't even bother[4] looking. You know today's the Superbowl[5] and the boys are going to be glued[6] to the tube all afternoon. They won't let your near it[7].

M— Look. I'm fed up with the constant squabbling[8] over the T.V. Why don't we get an extra set and put it up in the kids' room ?

K— That's all right with me. If you want them to be watching T.V. all day long.

M— Well, they do anyway. So what's the difference ?

K— I guess you're right.

M— At least then we'll have a little peace and quiet downstairs and we can watch what we want.

K— You know while we're at it, we could get a V.C.R., too. (video-cassette recorder).

M— Gee, that would be marvelous. But do you think we can really afford it ?

K— Well, if this deal I've been working on[9] goes through[10], we're gonna[11] be in good shape moneywise[12].

M— O.K. Let's do it. Then instead of wasting all day Saturday indoors[13], you can record the game and mow the lawn at the same time.

K— That's not exactly what I had in mind.

M— Oh, there're other advantages too. We won't have to stay up[14] all night watching the late show any more. All you have to do is set it up, go to bed, and then watch it whenever you feel like it.

K— Sounds great. We'll get one of those remote control gadgets too, so you can turn the sound off for the commercials[15] and switch channels without getting up.

M— Boy, are you ever getting lazy[16] ! Still, I suppose it would be nice to be able to watch T.V. without listening to those commercials...

K— Look, I don't see what we're waiting for. Get your checkbook and let's go.

issue	[íchou:]	to mow	[môou]
superbowl	[su:perbôoul]	lawn	[lo:n]
glued	[glu:d]	advantages	[edvántidjiz]
constant	[kònstent]	remote control	[rimôout kentrôoul]
V.C.R.	[vi: si: a:r]	commercials	[keme:rchelz]
video-cassette	[vídiôoukesèt]		

M = Mary   K = Ken

M— Tu as le numéro de cette semaine de T.V.-GUIDE ? J'aimerais voir à quelle heure on passe ce programme de cuisine française.

K— Oh, ne te donne pas la peine de chercher. Tu sais bien qu'aujourd'hui c'est le *Superbowl,* et que les garçons vont rester collés à l'écran tout l'après-midi. Ils ne te laisseront même pas approcher.

M— Écoute, j'en ai assez de ces criailleries perpétuelles à propos de la télé. Pourquoi ne pas acheter un autre poste pour le mettre dans la chambre des gamins ?

K— Moi ça m'est égal, si tu veux qu'ils passent toute la journée à regarder la télé.

M— Et alors, c'est ce qu'ils font de toute manière. Où est la différence ?

K— Je crois que tu as raison.

M— Au moins nous aurons alors un peu la paix et le calme en bas, et nous pourrons regarder ce qui nous plaît.

K— Tu sais, tant qu'on y est, on pourrait acheter aussi un magnétoscope.

M— Chouette, ce serait merveilleux. Mais tu crois vraiment qu'on a les moyens ?

K— Eh bien, si l'affaire que je traite se fait, on sera à l'aise sur le plan financier.

M— D'accord, on le fait. Comme ça, au lieu de perdre tout le samedi à rester à la maison, tu pourras enregistrer le match et tondre la pelouse en même temps.

K— Ce n'est pas exactement à ça que je pensais.

M— Oh, il y a aussi d'autres avantages. On n'aura plus besoin de veiller la nuit pour regarder le *Cinéma de Minuit.* Tout ce que tu auras à faire, c'est le régler, te coucher et le regarder quand tu en auras envie.

K— Ça me paraît bien. On achètera un de ces systèmes de télécommande, comme ça on peut couper le son pendant la publicité et changer de chaîne sans se déranger.

M— Dis donc, tu deviens drôlement fainéant ! Quand même, j'imagine que ce serait agréable de pouvoir regarder la télé sans écouter cette publicité...

K— Alors, je ne vois pas ce qu'on attend. Prends ton chéquier et en route.

1. **watching T.V.,** *regarder la télé.* To watch T.V. ; *les téléspectateurs* : T.V. viewers.
2. **issue,** « *numéro* » d'une publication (du jour, de la semaine, du mois —à ne pas confondre avec **copy** : *exemplaire*), **issue** signifie aussi : 1) *parution, lancement, émission* (emprunt, etc.) ; 2) *problème, question.* To **issue,** *émettre, mettre en circulation, publier.*
3. **program is on,** to be on, *avoir lieu.* Notez aussi l'expression to go on the air : 1) *émettre ;* 2) (émission, personne) *passer à la radio, à la télé.* **Air-time,** *temps d'antenne.*
4. **To bother,** *gêner, ennuyer, tracasser, embêter.*
5. **Superbowl,** finale de football américain.
6. **glued to the tube,** to glue, *coller* (glue, *colle*) ; **the tube,** familier pour *la télé.*
7. **They won't let you near it,** ici to let : to allow plus fort et plus idiomatique que **they won't let you. Near it** : attention, malgré la traduction, **near** est bien ici l'adverbe *près de* et non pas le verbe to **near,** *approcher.*
8. **to squabble,** *se quereller, se chamailler.* Squabble, *querelle, dispute, altercation.*
9. **if this deal I've been working on** = if the deal on which I have been working : suppression de **which** et rejet de la préposition. **Deal,** *affaire, marché, transaction.*
10. **To go through,** *réussir, se faire.*
11. **we're gonna be** = we are going to be.
12. **moneywise,** tic de la langue familière. On ajoute **wise** à un nom pour signifier *en termes de, pour ce qui est de ;* **musicwise,** *dans le domaine de la musique,* etc.
   Cet américanisme tend à s'implanter en anglais britannique.
13. **indoors,** à l'intérieur par opposition à **outdoors** (out of doors), *à l'extérieur, en plein air.* Les adjectifs correspondants sont **indoor** et **outdoor.**
14. **to stay up,** *veiller, ne pas se coucher, rester debout.*
15. **commercials,** émissions publicitaires à la radio et à la télévision. Cf. **spots,** *brèves annonces publicitaires.*
16. **Boy, are you ever getting lazy l,** Boy : exclamation de surprise ou d'admiration. Souvent **Oh boy ! Ever** joue ici un rôle de renforcement.
   Cet emploi américain peut également se rencontrer en anglais britannique.

■ TERMES DIFFÉRENTS

US	Fr	GB
tube	*écran de télé*	**box**
late show	*cinéma de minuit*	**late night film,** **midnight movie**

■ USAGES DIFFÉRENTS

I guess	*je pense*	**I imagine, I suppose**
moneywise	*financièrement*	**financially,** cf. note 12
boy	*ben dis donc*	**gosh,** mais aussi **boy !**

■ CONSTRUCTIONS DIFFÉRENTES

Are you ever getting lazy !	*tu deviens drôlement fainéant*	**you really are getting lazy !**

■ ORTHOGRAPHE DIFFÉRENTE

US	**checkbook**	**program**	**marvelous**
GB	**cheque book**	**programme**	**marvellous**

■ PRONONCIATION DIFFÉRENTE

tube	US [toub]	GB [tioub]

XXXI – 5   ■ Environnement

Networks are groups of interconnected stations which enable the simultaneous distribution of programs and advertising from a central source throughout the country.

ABC (American Broadcasting Company), **CBS** (Columbia Broadcasting System) and **NBC** (National Broadcasting Company) are the major national networks. Each of them is linked to approximately 200 affiliated stations to which it provides major entertainment programs which they could not produce if they were obliged to depend on local resources.

P.B.S. (Public Broadcasting System) is the non-commercial network and carries cultural and educational programs.

Les réseaux sont des ensembles de stations reliées entre elles permettant, a partir d'une source centrale, la distribution simultanée de programmes et d'annonces publicitaires à travers tout le pays.

ABC, CBS et *NBC* sont les principaux réseaux nationaux. Chacun d'entre eux est lié à environ 200 stations affiliées auxquelles sont fournis des programmes de variétés qu'elles ne pourraient produire si elles étaient obligées de dépendre uniquement des ressources locales.

PBS (Système de Diffusion Publique) est le réseau non commercial qui diffuse des programmes culturels et éducatifs.

American Television

In a few decades television has grown from a toy to a popular transmitter of news, entertainment and culture, which some 80 to 100 million Americans are watching daily for an average 6 hours. (The magazine with the highest circulation is **T.V. Guide** : 20 million copies.)

Above all it is an enormous industry, a multi billion dollar business. Whether they are **networks** on the national scale, or independent stations around the country, the competition is for the dollar, *"the good green buck*"*. And so the station or network that gets the largest share of the audience is the one that's going to get the largest share of the money.

As pointed out by American T.V. observer Leslie Brown, the product of American television is not programs, it is people delivered to a sponsor. And the ratings indicate how many people are being delivered, or how those people are being distributed. Most of what is on American television are programs designed to appeal to people who go into the supermarkets and buy the products that are advertised on T.V.

La Télévision américaine

En quelques décennies la télévision est passée de l'état de jouet à celui de moyen populaire de transmission d'informations, de distractions et de culture que regardent quotidiennement pendant en moyenne 6 heures quelque 80 à 100 millions d'Américains. (Le magazine qui a le plus fort tirage est le *Guide de la T.V.* : 20 millions d'exemplaires.)

Mais avant tout, c'est une industrie énorme, une affaire de plusieurs millions de dollars. Qu'il s'agisse des *réseaux* à l'échelon national ou des stations réparties dans le pays, c'est la course au dollar, le « *bon billet vert* ». Aussi la station de télévision ou le réseau qui obtient la plus forte audience sera-t-elle celle ou celui qui obtiendra le plus d'argent.

Comme l'a fait remarquer le critique de télévision Leslie Brown, ce que produit la télévision américaine ce ne sont pas des programmes mais des gens livrés à un annonceur. Et les sondages indiquent combien d'entre eux l'ont été ou comment ils se répartissent. La plupart des programmes que l'on voit à la télévision américaine sont conçus pour plaire aux gens qui vont dans les supermarchés et achètent les produits dont on fait la publicité à la télévision.

* **buck** = **dollar** en argot américain (**slang**) ; **green**, allusion à la couleur des billets de banque.

1. Ce programme est parrainé par la bière XYZ.
2. L'image est floue et je n'arrive pas à régler le son.
3. A quelle heure y a-t-il des informations ?
4. J'ai pris l'émission juste au milieu.
5. Je ne connais pas ce présentateur. Ce doit être un nouveau.
6. D'après les sondages, c'est la plus populaire des émissions policières.
7. C'est un jeu concours qui a beaucoup de succès.
8. Je n'ai pas pu voir l'épisode d'hier.
9. Cette émission a un excellent indice d'écoute.
10. Le temps d'antenne coûte évidemment plus cher pendant les heures de grande écoute.
11. Il ne regarde que les émissions de variétés.
12. Le concert sera intégralement retransmis.
13. Ce nouveau feuilleton passe (à l'antenne) d'un bout à l'autre du pays.
14. C'est une des journalistes de télévision les mieux payées des U.S.A.
15. Nous sommes en période électorale : il y a beaucoup de débats et d'émissions politiques à la télé.
16. Vous auriez dû regarder le documentaire de PBS sur les satellites.
17. Ce système d'évaluation indique combien de postes sont branchés, quels programmes sont regardés et le temps qui y est consacré.

1. This program is sponsored by XYZ beer.
2. The picture is fuzzy and I can't adjust the sound.
3. What time is the news on ?
4. I tuned in just in the middle of the program.
5. I don't know this newscaster. He must be a new one.
6. According to the polls, it's the most popular detective program.
7. It's a very popular quiz show.
8. I haven't watched yesterday episode.
9. This program has an excellent rating.
10. Air-time is of course more expensive during prime-time.
11. He only watches variety shows.
12. The concert will be retransmitted in full.
13. That new serial is on coast to coast.
14. She is one of the highest-paid broadcast journalists in the U.S.A.
15. It's election time : there's a lot of debates and political programs on T.V.
16. You should have watched the PBS documentary on satellites.
17. This rating system tells you how many T.V. sets are tuned in, which programs are being watched and how much viewing time they get.

issue, 1) numéro *(journal)* 2) question

to bother, embêter

to glue, coller

tube, *(fam.)* télé

to be fed up, en avoir assez

to squabble, se quereller

extra set, poste supplémentaire

V.C.R., videocassette recorder, magnétoscope

to afford, avoir les moyens

to go through, réussir

moneywise, financièrement

to waste, gaspiller

to record, enregistrer

to stay up, veiller

late show, cinéma de minuit (*m. à m.,* séance tardive)

to set up, régler

to feel like, avoir envie

remote control, télécommande

to turn off, éteindre ' *(poste, etc.)*

commercials, annonces publicitaires

channel, chaîne, canal

network, réseau

ABC, American Broadcasting Company

CBS, Columbia Broadcasting System

NBC, National Broadcasting Corporation

PBS, Public Broadcasting System

entertainment, distraction

circulation, tirage

copy(-ies), exemplaire(s)

buck, dollar *(argot)*

advertiser, annonceur

to design, concevoir

to appeal, plaire

to advertise, faire de la publicité

to sponsor, parainer, commanditer

fuzzy, flou

to adjust, régler

to tune in, allumer *(poste)*

newscaster, présentation

polls, sondages

quiz show, jeu-concours

rating, indice d'écoute

variety show, émission de variétés

air-time, temps d'antenne

Vocabulaire complémentaire

---

news, nouvelles, information(s)

to rate, évaluer, coter

to trust, faire confiance

anchorman, présentateur de télévision chargé de la conduite d'une équipe de journalistes et d'une tranche horaire donnée

fellow, type (ici : **the fellow next door,** le voisin)

rating system, système d'évaluation (de l'indice d'écoute)

statesman, homme d'État

staff, (le) personnel

to pride, se targuer, s'enorgueillir

VHS, Video Home System, magnétoscope (grand public)

viewer, (télé)spectateur

T.V. news

There are more and more people watching news. Shows such as CBS's *60 minutes* are among the top rated ones and some broadcast journalists are now earning as much as entertainment stars.

It must be said that American viewers are considering their TV news with high respect. For, before their President, or any Nobel prize, the most trusted man in the U.S.A., used to be, during nearly 20 years, CBS's anchorman Walter Cronkite (people saw him as they used to see Eisenhower : the fellow next door and a world statesman at the same time).

With staffs approaching 1000 each, the News department of CBS, NBC and ABC have the weight and power of an institution. Though they have to be profitable (when news audiences are up, the network can charge advertisers more for commercials) the network news divisions pride themselves on being totally independent from other powers, whether they be industrial or political.

With the advent of cable, videodiscs and videocassettes, people will be able to play on their screens what they want, whenever they want. So sports and news will remain among the few things that have to be aired when they happen.

Informations télévisées

Il y a de plus en plus de gens qui regardent les informations. Des émissions telles que *60 minutes* sont parmi les plus cotées et certains journalistes de télévision gagnent maintenant autant que les vedettes de variétés.

Il faut dire que les téléspectateurs américains tiennent leur information télévisée en haute estime. L'homme en qui ils ont eu le plus confiance — avant leur Président ou n'importe quel prix Nobel — a été, pendant près de 20 ans, le présentateur du journal télévisé de la CBS, Walter Cronkite (les gens le percevaient comme ils percevaient Eisenhower : à la fois le voisin d'à côté et un homme d'État international).

Avec chacun un personnel proche du millier, les services d'informations de CBS, NBC et ABC ont le poids et le pouvoir d'une institution. Bien qu'ils aient à être rentables (lorsque l'audience pour l'information augmente, les réseaux peuvent faire payer les publicités plus cher aux annonceurs), les divisions « infos » des réseaux s'enorgueillissent d'être complètement indépendantes des autres pouvoirs, qu'ils soient industriels ou politiques.

Avec l'avènement du câble, des vidéodisques et des vidéocassettes, les gens pourront passer sur leurs écrans ce qu'ils voudront, quand ils le voudront. Aussi les sports et les informations resteront parmi les rares choses à être passées à l'antenne au moment où elles se produisent.

G = girl   B = boy

G— Excuse me, is this seat taken ?

B— *(drowsily[2])* What ?

G— Excuse me, I was just asking if this seat was taken.

B— Sorry. No it's not. Hold on[3] a second while I move my backpack out of the way[4]. I'm a bit out of it[5]. I must have just dozed off[6]. Where are we anyway ?

G— Milwaukee, Wisconsin.

B— You don't say[7] ! I've been on this bus for days. After a while you lose track of time[8]. Where're you heading for[9] ?

G— California.

B— Oh, yeah ? You too ? Whereabouts ?

G— Nowhere in particular. I'm just traveling around the country this summer. Playing it by ear[10]. You meet a lot of interesting people that way.

B— Oh, I bet you do[11], a good-looking girl like you.

G— Oh, come on now. Tell me, where are you from ?

B— Well, I grew up in Rochester where my folks[12] still live. I've just been back there for my yearly visit.

G— How did it go ? Do you get along with your parents, or are you like me ? Right now we're not even on speaking terms.

B— Oh mine aren't too bad in small doses.

G— What does your father do ?

B— He works for Eastman Kodak, like everyone else in Rochester. It's a real company town[13]. But to tell you the truth, I can't wait to get back to California.

G— Gee, I'd love to visit you there. Maybe I could give you a call sometime next week.

B— You do that[14]. Bring your sleeping bag and we'll put you up as long as you like.

G— Thanks a lot. Uh... What did you say your name was[15] ?

greyhound	[gréïhaound]	Wisconsin	[wiskonsin]
doze off	[dôouz of]	Rochester	[rotchester]
Milwaukee	[milwo:ki:]	folks	[fôouks]

G = jeune fille   B = jeune homme

G — Pardon, est-ce que cette place est prise ?

B — *(endormi)* Comment ?

G — Excusez-moi, je vous demandais seulement si cette place était prise.

B — Désolé. Non, elle est libre. Attendez un peu que j'enlève mon sac à dos du passage. Je suis un peu en dehors du coup. J'ai dû m'assoupir à l'instant. Mais où sommes-nous donc ?

G — A Milwaukee, dans le Wisconsin.

B — C'est pas vrai ! Ça fait des jours que je suis dans ce car. Au bout d'un certain temps, on perd la notion du temps. Où vous rendez-vous ?

G — En Californie.

B — Ah bon ? Toi aussi ? Et où ça ?

G — Nulle part en particulier. Je fais simplement le tour du pays cet été. Sans idée préconçue. De cette manière, on rencontre des tas de gens intéressants.

B — Ça je le parierais, une belle fille comme toi !

G — Allons, voyons. Dis-moi, d'où es-tu ?

B — Eh bien, j'ai grandi à Rochester, où mes parents vivent toujours. Je viens d'aller y faire ma visite annuelle.

G — Comment ça s'est passé ? Est-ce que tu t'entends bien avec tes parents, ou bien es-tu comme moi ? Pour l'instant, on ne se parle même pas.

B — Oh, avec les miens, ça va, à petites doses.

G — Que fait ton père ?

B — Il travaille chez Eastman Kodak, comme tout un chacun à Rochester. C'est tout à fait la ville d'une entreprise. Mais à vrai dire, j'ai hâte d'être de retour en Californie.

G — Dis donc, j'aimerais bien t'y revoir. Je pourrais peut-être te téléphoner dans le courant de la semaine prochaine ?

B — Sûrement. Apporte un sac de couchage et on t'hébergera aussi longtemps que tu voudras.

G — Merci beaucoup. Heu... Tu t'appelles comment déjà ?

1. **bus.** *autocar* (opérant sur une ligne régulière) et *autobus*. « Coach », plutôt *cars d'excursion* et de *voyages en groupe*.

2. **drowsily.** drowsy, *qui a sommeil, somnolent* ; **to feel drowsy,** *avoir envie de dormir.*

3. **Hold on.** selon le contexte 1) *attendez* 2) (au téléphone) *ne quittez pas* 3) *tenez bon* 4) *arrêtez.*

4. **out of the way.** m. à m. *hors du chemin* ; **to put something out of the way,** *ranger* (quelque chose qui gêne).

5. **I'm a bit out of it.** *je ne sais plus très bien où j'en suis;* m. à m. *je suis un peu en dehors de ce qui se passe.*

6. **I must have just dozed off.** combinaison de **I have just dozed off,** *je viens de m'endormir,* et de **I must have dozed off,** *j'ai dû m'endormir.* To doze, *sommeiller, somnoler* ; **to doze off,** *s'assoupir.*

7. **You don't say !** indique l'étonnement ; cf. le français familier « *c'est pas vrai !* ».

8. **you lose track of time.** to lose track of, *perdre la piste de* → *perdre quelque chose de vue, perdre la trace de, le contact avec.*

9. **Where're you heading for** = where are you. To head for, *se diriger vers, faire la route vers, aller vers, mettre le cap sur.*

10. **Playing it by ear.** to play by ear, *jouer d'oreille,* par opposition à la lecture d'une partition musicale → *se fier à son instinct, improviser.*

11. **I bet you do.** to bet, *parier* ; tournure familière fréquente en américain.

12. **my folks.** folks (on ne prononce pas le « l »), *les gens* ; **my folks, my old folks, the old folks,** *mes parents.*

13. **a company town,** ville qui dépend d'une seule entreprise (usine, etc.).
14. **You do that,** m. à m. *faites comme ça, je compte sur vous* (pour le faire), *c'est une bonne idée,* etc. Formule idiomatique de grande fréquence.
15. **What did you say your name was ?** m. à m. *qu'avez-vous dit que votre nom était ?*

XXXII – 4 ■ Anglais américain et britannique

■ TERMES DIFFÉRENTS

US	Fr	GB
backpack	*sac à dos*	**rucksack**
to be a bit out of it	*ne pas être bien dans le coup*	**not to be all there**
to head for	*aller vers*	**to go to**

(emploi collectif en GB pour les véhicules, etc.)

folks	*parents, famille*	**family, relations**

■ USAGES DIFFÉRENTS

you don't say !	*sans blague !*	**really,** ou, plus familièrement, **never !**
right now	*en ce moment*	**at the moment**

■ ORTHOGRAPHE DIFFÉRENTE

traveling   **travelling**

■ PRONONCIATION DIFFÉRENTE

to ask US [ask] GB [a:sk]

Les mots commençant par les lettres **wh** (**why, when, where,** etc.) sont plus systématiquement prononcés avec un son fortement expiré en américain :

US	[hwaï]	[hwèn]	[hwèer]
GB	[waï]	[wèn]	[wèe]

Hints for trip planners

Planning a bus trip ? Here are a few shortcuts to help you get started. First, call or visit your local Greyhound ticket agent and get current schedules. Then plan your itinerary, set the dates and re-confirm your schedule. It's really quite simple. And you'll get lots of help from us.

Greyhound makes travel uncomplicated

Stopover anywhere along our routes, whenever you like, as often as you like. Our reasonable fares make it very affordable. If you change plans, it doesn't matter. Take the next bus.
Remember... going Greyhound makes you an independent traveler. Our schedules are so flexible, you can almost go when you want and see what you want. Greyhound travels across America with more than 100,000 miles of routes through all 48 continental states, and Canada too ! No other bus, train or airline has such a nationwide network.

Conseils à ceux qui projettent un voyage

Vous envisagez un voyage en autocar ? Voici quelques rac-courcis pour vous aider à prendre le départ. D'abord, télé-phonez ou passez à l'agence locale de Greyhound pour de-mander l'horaire en vigueur. Ensuite, établissez votre itiné-raire, fixez les dates et redemandez confirmation de l'horaire. C'est vraiment tout simple. Et vous trouverez toute l'aide voulue de notre part.

Greyhound simplifie votre voyage

Faites halte n'importe où sur nos lignes, quand il vous plaira, aussi souvent qu'il vous conviendra. Nos tarifs qui sont raison-nables vous en donnent les moyens. Vous changez de plan ? Aucune importance. Prenez le bus suivant. Souvenez-vous... le voyageur qui utilise les Greyhound garde son indépendance. Nos horaires sont tellement souples que vous pouvez pratique-ment partir quand vous voulez, pour voir ce que vous voulez. Greyhound parcourt l'Amérique avec plus de 160 000 kilomè-tres d'itinéraires qui traversent tous les 48 États continentaux, et même le Canada. Aucune autre compagnie de bus, de trans-port ferroviaire ou aérien n'a un réseau aussi vaste sur toute l'étendue du territoire.

1. Il faudra changer de car à la gare routière de Houston.
2. Il reste des places dans le fond.
3. En moyenne, on parcourt 500 km par jour.
4. J'ai fait sa connaissance dans le car en venant de...
5. J'ai besoin de me raser et de prendre un bain chaud.
6. Ma valise a été abîmée pendant le voyage.
7. Le bus était bondé et il faisait une chaleur épouvantable.
8. C'est un moyen de transport bon marché, mais épuisant sur les longues distances.
9. Y a-t-il des réductions pour les groupes ?
10. J'ai dormi pendant une bonne partie du trajet.
11. A l'arrivée, on s'est aperçu qu'il manquait une partie des bagages.
12. Le bus vous déposera directement à l'université.
13. Il y a un service régulier qui fait la navette deux fois par jour.
14. Tu devrais t'habiller plus légèrement pour le voyage.
15. On a plusieurs heures de retard sur l'horaire.
16. Vous pouvez incliner votre siège pour dormir.

1. We'll have to change buses at the Houston Terminal.
2. There are seats in the rear.
3. On an average, we do 300 miles a day.
4. I met him on the bus coming from...
5. I could use a shave and a hot bath.
6. My suitcase was damaged en route.
7. The bus was packed and it was hot as hell.
8. It's a cheap way to travel but exhausting over long distances.
9. Are there any special discounts for groups ?
10. I slept for a good part of the trip.
11. When we arrived, we realized some of the baggage was missing.
12. The bus will drop you off right at the University.
13. There's a shuttle service twice a day.
14. You should wear lighter clothes than that for the trip.
15. We're a few hours behind schedule.
16. You can recline your seat for sleeping.

bus, (auto)bus, (auto)car
drowsily *(adv.),* ensommeillé
backpack, sac à dos
to doze off, s'assoupir
to head for, aller vers
to play it by ear, improviser
good-looking, beau, belle
to grow up, grandir
my folks, mes parents
to get along well with, bien s'entendre avec
to tell the truth, dire la vérité
sleeping bag, sac de couchage
to put up, loger, recevoir, héberger, accueillir
shortcut, raccourci
itinerary, 1) itinéraire 2) programme (de visite)

route, itinéraire (régulier), ligne
schedule, horaire
affordable, abordable
flexible, souple
nationwide, à l'échelle du, qui couvre tout le pays
network, réseau
terminal, 1) aérogare 2) gare routière
on an average, en moyenne
to damage, abîmer, détériorer, endommager
on route (en route), sur le parcours, en route
exhausting, épuisant
to drop off, déposer
discount, remise, réduction
behind schedule, en retard (sur l'horaire)
to recline, incliner

Vocabulaire complémentaire

armrest, accoudoir
to board (a bus, a plane, a ship, a train), monter à bord, embarquer
bus fare, prix du trajet, du billet de bus
connection, (transport) correspondance
flextime, horaires (de travail) souples, « à la carte »
half fare, demi-tarif
headrest, appuie-tête
map, carte, plan
overhead rack, filet à bagages, porte-bagages
pass, abonnement, permis (voyage)
season ticket, abonnement (saisonnier)
sightseeing, tourisme, visite de lieux touristiques
tour, circuit, promenade (touristique), visite (d'usine)
wash'n'wear (fabric, clothes), (tissu, vêtements) qui se lavent mais ne se repassent pas

A ■ **Traduire en français**

The six hundred miles of freeway in the Los Angeles area work very well for some five or six hours a day. Traffic is only snarled on about 20 % of the system during rush hours. However, some people feel that rail transportation is the city's best long-term prospect. But the majority want nothing to come between them and their cars. The bus system is one of the largest in the country, with more than a million passengers a day. And yet those who ride the buses do so because they can't afford a car, or because they are too old to drive.

B ■ **Traduire en anglais**

1. Mon sac ne vous gêne pas ? **2.** Combien nous reste-t-il de kilomètres à faire ? **3.** Ils ont joué de la guitare pendant tout le trajet. **4.** On s'est rencontrés à Salt Lake City, et on a décidé de faire route ensemble.

Corrigé

A ■ Les mille kilomètres* d'autoroutes de Los Angeles et de sa région fonctionnent très bien pendant à peu près cinq ou six heures par jour. La circulation n'est embouteillée que sur 20 % du réseau aux heures de pointe. Cependant, certains pensent qu'à long terme, la meilleure solution pour la ville sera le transport ferroviaire. Mais la majorité ne veut rien voir s'interposer entre eux et leur voiture. Le réseau d'autobus est l'un des plus importants des États-Unis, avec plus d'un million d'usagers par jour. Et pourtant ceux qui prennent l'autobus le font parce qu'ils ne peuvent pas se payer de voiture, ou parce qu'ils sont trop âgés pour conduire.

* 1 mile = 1 609 mètres.

B ■ **1.** Is my bag in your way ? **2.** How many miles do we have left to go ? **3.** They played the guitar the whole way. **4.** We met in Salt Lake City and decided to travel together.

S = salesman   B = Barbara

S— Can I help you ?

B— Yes ; I'm interested in[2] a cassette recorder-player.

S— You mean one of these little portables[3] ?

B— No, no. I want a real hi-fi set for listening to good music.

S— Oh, I see. Come on into the hi-fi section. How much are you willing to spend ?

B— A few hundred dollars.

S— Well, we don't carry[4] much in that price range[5] because we deal mainly in high quality stereos. You can't go very far with $ 300 with this kind of equipment.

B— But I already have a top quality hi-fi set ! All I need now is the cassette-player.

S— Sorry, I didn't get it straight. In that case you're in luck[6]. We have an excellent stereo cassette deck on sale for $ 299.00. I'm sure it would suit your purpose. It's really a good deal[7].

B— Well, will I be able to record[8] live concerts from the radio ?

S— Sure, but you should switch on the multiplex filter.

B— What on earth is that ?

S— It's this switch here which eliminates interference from FM[9] stereo radio.

B— Good. What are all these other nobs[10] for[11] ?

S— Well, these are the soft-touch controls. You also have a three-position tape selector[12] for all kinds of cassettes, as well as fluorescent bar-graph meters to check the recording level. And here's the selector for recording from the turntable.

B— Oh, good. I was planning to tape all my records. Cassettes are so much more convenient[13].

S— And what's more, it features the Dolby system which cuts out the noise from the tape.

B— O.K. Now what about[14] recording with a mike[15] ; can you do that ?

S— Of course you can. Two microphones come with it[16] for stereo recording.

B— Well, it's got everything I wanted. I guess I'll take it.

hi-fi	[haïfaï]	interference	[interfïerens]
stereo	[stieriôou]	fluorescent	[flouerèsent]
eliminates	[ilïminéïts]	selector	[selèkter]

V = vendeur   B = Barbara

V— Puis-je vous être utile ?

B— Oui. Je suis intéressée par un magnétophone à cassette.

V— Vous voulez dire un de ces petits appareils portatifs ?

B— Non, non. Je veux un véritable appareil haute fidélité pour écouter de la bonne musique.

V— Je vois. Venez au rayon haute fidélité. Combien avez-vous l'intention d'y mettre ?

B— Deux, trois cents dollars.

V— Eh bien, nous n'avons pas grand chose dans cette gamme de prix, car nous faisons surtout la stéréo de haute qualité. Vous n'allez pas très loin avec 300 dollars dans ce genre de matériel.

B— Mais j'ai déjà une chaîne hi-fi de la meilleure qualité. Tout ce qui me manque à présent, c'est le magnéto-cassette.

V— Désolé, je n'avais pas bien compris. Dans ce cas, vous êtes dans un jour de chance. Nous avons une excellente platine à cassette en promotion de 299 dollars. Je suis sûr qu'elle conviendrait à vos besoins. C'est vraiment une bonne affaire.

B— Bon, pourrai-je enregistrer des concerts en direct à la radio ?

V— Bien sûr, mais vous devez commuter le filtre multiplex.

B— Mais qu'est-ce que c'est ?

V— C'est cette touche-cì, qui élimine les interférences dues aux émissions en MF stéréo.

B— Bon. Et tous ces autres boutons, c'est quoi ?

V— Eh bien, ce sont les commandes à touche sensitive. Vous avez aussi un sélecteur de bande à trois positions pour les diverses sortes de cassettes, ainsi que des contrôles graphiques par barres fluorescentes pour vérifier le niveau d'enregistrement. Et voici le sélecteur pour l'enregistrement à partir d'une platine tourne-disque.

B— Ah bien. J'avais l'intention de mettre tous mes disques sur bande. Les cassettes sont tellement plus commodes.

V— Et de plus, elle comporte un système Dolby qui supprime le bruit de bande.

B— D'accord. Voyons, et l'enregistrement avec un micro, c'est possible ?

V— Bien entendu. Elle est vendue avec deux microphones pour l'enregistrement stéréophonique.

B— Alors elle a tout ce que je voulais. Je crois que je vais la prendre.

1. **Hi-fi,** abréviation de **high-fidelity,** *haute fidélité.*
2. **interested in,** remarquez l'emploi normal de **in.**
3. **portables,** adjectif substantivé (devenu nom).
4. **we don't carry,** to carry = (souvent) *avoir en magasin, tenir un article, faire un article* ; **to carry a stock,** *avoir un (en) stock.*
5. **range,** rappel : attention à la prononciation des mots comme **range, change** ; bien diphtonguer le son [éï].
6. **you're in luck** = *c'est votre jour de chance,* c'est un coup de chance pour vous ; plus précis que **you're lucky,** *vous avez de la chance* (en général).
7. **a good deal,** deal au sens de *transaction, marché, affaire.* Ne pas confondre avec **a good deal (of),** *une grande quantité (de).*
8. **to record,** voir plus bas **all my records.** L'accent tonique est sur la 2ᵉ syllabe pour le verbe, sur la 1ʳᵉ pour le nom : to [riko:rd], a [rèkerd]. De même : **to contact, a contact** ; **to export, export** ; **to protest, a protest,** etc.
9. **F.M.** = **frequency modulation,** *modulation de fréquence.*
10. **nobs,** se trouve en américain à côté de l'orthographe d'origine **knob.** La disparition du **k** s'explique parce qu'il n'est pas prononcé devant **n** (cf. **to know, knee, to knock, a knife,** etc.).
11. **what are all these other nobs for,** remarquez le rejet de la préposition à la fin de la phrase.
12. **a three-position selector, three-position** joue le rôle d'adjectif, d'où le trait d'union et l'absence de **s** (adjectif, donc invariable).
13. **so much more convenient, so much,** *tellement,* s'ajoute au comparatif **more convenient,** comme dans **so much better, so much faster,** etc.
14. **What about,** m. à m. *quoi à propos de* ; se traduit en général par *qu'en est-il de* ou tout simplement *et.*
15. **mike,** [maïk] : abréviation de **microphone** [maïkrefôoun].
16. **come with it,** remarquez cet emploi de **to come** au sens d'*être livré avec* ; **to go** indiquerait l'idée de compatibilité : **the mike that goes with it,** *le micro qui va* (= marche) *avec.*

■ TERMES ET EXPRESSIONS DIFFÉRENTS

US	Fr	GB
I didn't get it straight	je n'avais pas compris	**I didn't understand**
a good deal	une bonne affaire	**a bargain**
O.K.	bon ; d'accord	**I see ; all right**

O.K. est utilisé en anglais britannique, mais moins systématiquement qu'en américain, et peut sembler plus familier. Les Britanniques l'utilisent plutôt dans des formules du genre « is it O.K. ? » que pour répondre à des questions ou pour marquer un accord.

| **I guess** | je pense | **I think** |

■ ORTHOGRAPHE DIFFÉRENTE

| **nob (knob)** | bouton, commutateur | **knob** |
| **gray (grey)** | gris | **grey** |

(l'orthographe **grey** existe aussi en américain).

■ PRONONCIATION DIFFÉRENTE

Stereo : US [stĭeriôou]   GB [stèrieou]

Music in the U.S.A.

Music has always played a vital role in American life. Various folklores maintained by the immigrants who were deeply attached to their cultures provide a particularly rich background where different influences are intermingled. Today, American folk music in its various forms has conquered the planet and become the music of a generation : you can even find *"bluegrass"* groups in Japan !

La musique aux États-Unis

La musique a toujours joué un rôle important dans la vie américaine. Les divers folklores préservés par des immigrants très attachés à leurs origines fournissent un terrain d'une grande richesse, où différentes influences se sont interpénétrées. Aujourd'hui, le « *Folk* » américain sous ses diverses formes a conquis la planète pour devenir la musique d'une génération : on trouve même des groupes « *bluegrass** » au Japon.

* **bluegrass** : « *herbe bleue* » qui caractérise les **lowlands** *(basses terres)* du Kentucky ; les chants traditionnels de cette région, résultat des apports des vagues de peuplement successives, constituent une des sources de la « **country music** ».

In other musical areas, America has been setting the tone for a long time. Its musical comedies, popularized in Hollywood movies, have been all over the world, as well as the songs of composers like Cole Porter...

When it comes to classical music, the United States has a right to be proud of several prestigious orchestras ; among them : the New York, Boston, Philadelphia, Chicago, Detroit, Los Angeles Symphony Orchestras.

However, the most original and the most important American contribution is probably jazz, born in New Orleans at the turn of the century, and which has now become an international idiom.

This feeling for music derives perhaps from the musical education given in the public schools — many children learn to play an instrument at school — and the important role of church choirs in the religious tradition. Last but not least, the very nature of the English language, with its emphasis on rythmic stress, may very well be a significant factor.

| Chicago | [chikagôou] | New Orleans | [nou: orli:nz] |
| Detroit | [di:troït] | choirs | [kwaierz] |

Dans d'autres domaines musicaux, c'est l'Amérique qui depuis longtemps donne le ton. Ses comédies musicales, popularisées par les films d'Hollywood, ont fait le tour du monde, de même que les chansons de compositeurs comme Cole Porter...

Pour la musique classique, les États-Unis peuvent s'enorgueillir de plusieurs orchestres prestigieux : orchestres symphoniques de New York, Boston, Philadelphie, Chicago, Detroit, Los Angeles...

Mais la contribution la plus importante et la plus originale est probablement le jazz, né à la Nouvelle Orléans au début du siècle, et qui est maintenant devenu un idiome international.

Ce goût de la musique tient peut-être à une éducation musicale dispensée à l'école (c'est à l'école que beaucoup d'enfants apprennent à jouer d'un instrument), et à une tradition religieuse qui fait une large part au chant choral. Enfin et surtout, il est probable que la nature même de la langue anglaise, avec son insistance sur l'accentuation rythmique, ait joué un rôle important.

1. Je n'arrive pas à régler les aigus.
2. J'ai surtout des 33 tours.
3. Je n'ai pas encore entendu leur nouveau disque.
4. Il est très content de sa nouvelle chaîne stéréo.
5. Pouvez-vous baisser le son un petit peu ?
6. C'est le 3ᵉ morceau de la 2ᵉ face.
7. La date d'enregistrement doit figurer sur la pochette.
8. Je ne comprends pas grand chose aux paroles, mais je trouve que ça balance terrible.
9. L'équilibrage est mauvais : on entend beaucoup trop les trompettes.
10. Je suis contre cette habitude de mettre la sono à pleine puissance.
11. Il faudrait changer la tête de lecture de l'électrophone.
12. Es-tu sûr que c'est la bonne vitesse ?
13. C'est un air très facile à retenir.
14. C'est construit sur des accords très simples, mais c'est rythmiquement intéressant.
15. On a l'impression qu'ils ne sont pas accordés.
16. Il a une technique effarante. Il fait ce qu'il veut dans toutes les tonalités.
17. Ça a été enregistré en direct sans répétition.

1. I can't get the treble adjustment right.
2. I've mainly got l.p.'s (long-playing record albums).
3. I haven't heard their new record yet.
4. He's real pleased with his new hif-fi set.
5. Could you turn down the volume a bit ?
6. It's the third piece (band) on the second side.
7. The recording date should be on the cover.
8. I can barely understand the words, but it's got a great beat.
9. The balance is off. The trumpets are much too loud.
10. I don't believe in turning up the sound as far as it can go.
11. The pick-up on the record-player should be changed.
12. Are you sure it's the right speed ?
13. It's a catchy tune.
14. It's based on simple chords but the rhythm is quite interesting.
15. It sounds like they're not in tune.
16. He has a fabulous technique. He can do whatever he likes in any key.
17. It was recorded live, with no rehearsal.

top quality, haut de gamme

hifi set, chaîne hifi

cassette deck, platine de magnétophone à cassette

live, en direct

to switch on, commuter, mettre en marche, allumer

soft-touch controls, commandes sensitives

tape, 1) ruban 2) bande

meter, 1) compteur 2) (hifi) VU-mètre

turntable, (platine) tourne-disque

to tape, enregistrer

record, disque, enregistrement

mike, micro

background, 1) arrière-plan, décor, fond 2) passé, antécédent(s)

composer, compositeur

to intermingle, s'interpénétrer, se mélanger

to set the tone, donner le ton

choir, chœur

last but not least, en dernier mais pas le moindre

emphasis, accent mis sur, insistance

stress, accent (tonique), accentuation

treble, (sons) aigus

beat, rythme (musical)

balance, équilibre, équilibrage ; solde

pick-up, tête de lecture, phonolecteur

catchy, qui s'attrappe, contagieux

chord, accord (musique)

in tune, accordé

key, ton, tonalité

rehearsal, répétition

Vocabulaire complémentaire

La gamme :

A	B	C	D	E	F	G
LA	SI	DO	RÉ	MI	FA	SOL

sharp : dièze　　**C sharp** : do dièze

flat : bémol　　**B flat** : si bémol

Bar, mesure

bass [béis], basse

the brass, les cuivres

chorus, refrain

the drums, la batterie

keyboard, 1) clavier 2) instrument à clavier

a number, un morceau

organ, orgue

to play the piano, the trumpet, jouer du piano, de la trompette

to play a record, passer un disque

the reeds, les anches

to rehearse, répéter

the rhythm section, la section rythmique

trombone, trombone

tuba, tuba

a tune, un air

verse, couplet

■ **Traduire**

His foot is tapping. His shoulders are shaking. His fingers are drumming the table. *"Take it to the end of the track"*, Willis Conover directed his sound engineer, who was playing a new record by a Japanese jazz group. Conover was sitting in a small windowless studio in the huge gray government building where he has spent most of his working days for more than 27 years. Few Washingtonians recognize him — a tall, graying man who arrives promptly at 8:30 a.m. by Red Top Cab each weekday to prepare his radio broadcast. But as the host of the Voice of America's Jazz Hour program since 1955, Conover, 61, is almost certainly the world's most famous disc jockey. On overseas visits he is mobbed by fans who grew up listening to his voice and music over the short wave. His broadcasts, which go out six nights a week, have introduced the world to what he calls *"the vitality of this country at its best."*

■ Son pied bat le rythme. Il balance les épaules. Ses doigts martèlent la table. « *Va jusqu'au bout du morceau* », demande Willis Conover à son ingénieur du son, qui était en train de passer un nouveau disque d'un groupe de jazz japonais. Conover est assis dans un petit studio sans fenêtre de l'immense immeuble administratif tout gris où il passe la plus grande partie de ses journées de travail depuis plus de 27 ans. Peu d'habitants de Washington le reconnaissent — un homme grisonnant, de grande taille, qui arrive avec exactitude à 8 h 30 du matin en taxi de la compagnie Red Top Cab, chaque jour sauf le dimanche, pour préparer son émission de radio. Mais en tant que présentateur du programme de jazz d'une heure de la Voix de l'Amérique depuis 1955, Conover, qui est âgé de 61 ans, est presque certainement le disc-jockey le plus célèbre du monde. Lors de ses visites à l'étranger, il fait l'objet d'un accueil délirant de la part d'amateurs qui ont grandi en écoutant sa voix et sa musique sur les ondes courtes. Ses programmes, diffusés six soirs par semaine, ont fait connaître au monde ce qu'il appelle « *le plus bel exemple de la vitalité de ce pays* ».

L = Lloyd   S = Sally   R = Ranger

L— Why don't we stop in at[1] the Visitor Center ? We should be able to get all the information[2] we need there.

S— Good idea. Wow, these giant sequoia are amazing !

L— It was an awful long drive[3], but I'm glad we came.

S— Hey, there's a Ranger[4] coming out of the Visitor Center. Let's ask him for some advice[5] on where to stay[6].

L— Good idea. I'm sure he can give us some hints[7] on the best hiking trails[8] to take too... Excuse me. Could we ask you a few questions about the Park ?

R— Sure. What would you like to know ?

S— Well, first of all we need a place to stay[9]. We've got our camping gear[10] with us but we'd like to spend at least one night in a hotel.

R— You mean you haven't made reservations ? That could be a problem at this time of year. You can probably find a camping site but a hotel room may be tricky[11]. Your best bet would be to check in with[12] the Center at 4:00 o'clock. You see, we don't hold reservations after 4:00 p.m.[13], so there's always a chance someone may cancel or just not show up.

L— We'll do that. I see there's an entrance fee for the Park ?

R— Yes, that's right. There's a daily fee.

S— We'd like to go hiking. Which trails do you recommend ?

R— The wilderness[14] trail map gives you all the details about time and distance. There's also a brochure that describes the other activities offered by the Park, like nature walks, campfire sings[15], star-gazing, etc.

S— Ranger, you've really been helpful. Thanks for taking the time to give us those tips[16].

R— Not at all. One last thing. Watch out for the bears ! Don't leave any food around, or you're liable[17] to have an unwanted visitor !

sequoias [sikwoiez]   **ranger** [réïnjer]   **wilderness** [wïldernis]

L = Lloyd   S = Sally   R = garde-forestier

L— Pourquoi ne pas s'arrêter à l'Accueil ? Nous devrions pouvoir y trouver tous les renseignements dont nous avons besoin.

S— Bonne idée. Ah ! Ces séquoias géants sont stupéfiants !

L— La route a été horriblement longue, mais je suis content d'être venu.

S— Tiens, voilà un garde qui sort du centre d'accueil. Demandons-lui un conseil pour l'hébergement.

L— D'accord. Je suis sûr qu'il peut aussi nous indiquer les meilleurs sentiers de randonnée... Excusez-moi, pourrions-nous vous poser quelques questions sur le parc ?

R— Bien sûr. Que voudriez-vous savoir ?

S— Eh bien, tout d'abord il nous faut un endroit où faire étape. Nous avons notre matériel de camping, mais nous aimerions passer au moins une nuit à l'hôtel.

R— Vous voulez dire que vous n'avez rien retenu ! Ça pourrait poser un problème à cette époque-ci. Vous pourrez sans doute trouver un terrain de camping, mais une chambre d'hôtel, ça risque d'être délicat. Le mieux serait de vous présenter au centre à 4 heures. Voyez-vous, nous ne gardons pas les réservations passé 16 heures, alors il y a toujours une possibilité que quelqu'un annule ou simplement ne se présente pas.

L— C'est ce que nous allons faire. Je vois qu'il y a un droit d'entrée pour le parc ?

R— Oui, c'est exact, il y a un droit à la journée.

S— Nous voudrions faire de la randonnée. Quelles pistes nous recommandez-vous ?

R— La carte des sentiers de nature vous donne tous les détails de temps de marche et de distance. Il existe aussi une brochure qui décrit les autres activités qu'offre le parc, comme les promenades dans la nature, les feux de camp, l'observation d'étoiles, etc.

S— Vous avez été vraiment très aimable. Merci d'avoir pris le temps de nous donner ces conseils.

R— Il n'y a pas de quoi. Une dernière chose : attention aux ours ! Ne laissez traîner aucune nourriture, si vous ne voulez pas recevoir une visite indésirée !

1. **Why don't we stop in at....,** plus idiomatique ici que **to stop,** qui marque simplement la cessation d'une action ou l'arrêt d'un mouvement. **To stop in** indique que l'on s'arrête pour aller (entrer) quelque part.

2. **information,** collectif singulier. Pas de pluriel. **Information is available,** etc. : *on peut obtenir des renseignements,* etc.

3. **an awful long drive,** plus familier que **an awfully long drive,** tout en restant grammaticalement correct ; en anglais, on met souvent deux adjectifs à la file sans ponctuation : **a big fat man, a little old lady,** etc.

4. **Ranger,** *garde-forestier* (à l'origine, grand maître des parcs royaux britanniques) (de **to range,** *parcourir, sillonner*).

5. **Let's ask him for some advice, advice** : collectif singulier, pas de pluriel. **His advice is always reliable,** *on peut toujours suivre ses conseils.*
   Notez la construction *demander quelque chose à quelqu'un* : **to ask somebody for something.**

6. **where to stay,** m. à m. *où rester.* **To stay,** *séjourner, faire étape, passer la nuit, s'arrêter* (hôtel, etc.), *coucher.*

7. **hint,** [hint] 1) *indication,* conseil, *recommandation, suggestion.* 2) *allusion, insinuation.*
   To hint, *suggérer,* insinuer, *laisser entendre,* faire une allusion.

8. **hiking trails, trail,** *piste* ; **to hike,** *faire du tourisme à pied, de la randonnée (pédestre).*

9. **we need a place to stay** = **a place where to stay, at which to stay.** Cette construction est fréquente : **a good place to be, a nice place to work,** etc.

10. **gear,** 1) *équipement, matériel.* 2) (voiture) *vitesse* (1re, 2e, etc.).
    To change gear(s), *changer de vitesse.*

11. **tricky** (de **trick,** *ruse, truc*), *délicat, pas commode, difficile.*

12. **Your best bet would be to check in with...** m. à m. *votre meilleur pari serait de...* **To check in,** *se présenter pour effectuer une formalité* (au guichet d'un aéroport pour l'enregistrement des bagages, à la réception d'un hôtel...).

13. **4:00 p.m., p.m.,** *post meridiem,* latin, pour *après-midi.* Cf. **a.m.,** *ante meridiem : avant midi.*

14. **wilderness,** *région sauvage, nature à l'état sauvage.* Attention à la prononciation : **wild** *(sauvage)* [waïld] mais **wilderness** [wildernis].

15. **campfire sings,** distinguer a song *(une chanson)* de a sing : 1) *fait de chanter.* 2) *réunion pour chanter.*

16. **tip,** 1) *renseignement, tuyau, conseil.* 2) *pourboire.* **To tip,** 1) *renseigner, « tuyauter ».* 2) *donner un pourboire.*

17. **you're liable to have an unwanted visitor,** liable et likely indiquent tous les deux une probabilité. Mais alors que likely est actif et positif, **liable** est passif et fâcheux.
    She is likely to win, *elle va probablement gagner.*
    He is liable to be sued, *il risque d'être poursuivi.* Liable signifie souvent *possible, redevable, responsable* (devant la loi).

XXXIV – 4 ■ Anglais américain et britannique

■ TERMES DIFFÉRENTS

US	Fr.	GB
Visitor Center	*Accueil des visiteurs*	**Information (Centre)**
awful	*horrible(ment)*	**awfully**
Ranger	*garde-forestier*	**Warden**
wilderness trail	*sentier de nature*	**nature trail**
your best bet...	*le mieux serait de...*	**you'd be best to...**
horseback riding	*équitation*	**horseriding**
sings	*réunion pour chanter*	**sing-songs**
you've really been...	*vous avez été vraiment*	**you've been really...**
trail	*sentier*	**path**
hiking	*fait de marcher en plein air*	**walking (hiking existe aussi)**
fall	*automne*	**autumn**

D'une façon générale, il n'y a pas l'équivalent exact des Parcs Nationaux américains en Grande-Bretagne (pas plus qu'en France d'ailleurs) ; l'immensité et la variété du territoire transparaissent donc à travers le vocabulaire rencontré à ce sujet.

America's national parks have been islands in a sea of change, preserving superlative natural areas and historical locations for future generations as well as today's Americans. The first federal reservation was set aside by President Grant in 1872 when he declared Yosemite's 2.2. million acres a *"park and pleasuring ground for the benefit and enjoyment of all the people"*. This move led to a system of *"Parks for the people"* that today covers more than 81 million acres at 333 sites. The National Park Service (NPS) includes national parks, national historic sites, national lakeshores and seashores, national urban recreation areas, military parks, battlefields, monuments, memorials, wild and scenic rivers and wilderness areas. Because public demand has been increasing steadily over the years, the traditional method of meeting needs has been to expand lands through both federal acquisitions and through (matching) grant programs with the states. But there currently seems to be a shift in priorities.

Les parcs nationaux d'Amérique sont des îles dans un océan de changement ; ils protègent des zones naturelles sans pareilles, ainsi que des sites historiques, au profit des générations futures comme pour celui des Américains d'aujourd'hui. La première réserve fédérale fut établie par le Président Grant en 1872, lorsqu'il déclara les 900 000 hectares* de Yosemite « *parc et terrain de loisirs pour le bénéfice et l'agrément du peuple tout entier* ». Cette décision conduisit à un système de « *parcs populaires* » qui couvre aujourd'hui plus de 33 millions d'hectares répartis sur 333 sites. Le Service des Parcs Nationaux regroupe, sous le qualificatif de « nationaux », des parcs, sites historiques, bords de mer et de lacs, des zones de loisir urbaines, des zones militaires, champs de bataille, monuments, mémoriaux, des fleuves et rivières sauvages pittoresques, des zones à l'état sauvage. La demande du public s'accroissant régulièrement au fil des ans, la méthode traditionnelle pour répondre aux besoins a consisté à étendre le domaine foncier à la fois par des acquisitions fédérales et par des cofinancements avec les États. Mais un changement de priorités semble se dessiner à l'heure actuelle.

* 1 hectare = 2,47 acres ; 1 acre = 0,40 hectare.

1. Est-il permis de faire de l'auto-stop à l'intérieur du parc ?
2. Il est interdit de faire du feu, les risques d'incendie sont trop grands.
3. On a attrapé des ampoules et des coups de soleil, mais on a fait une promenade magnifique.
4. Il y a des draps dans le lit. Ce n'est pas la peine de sortir les sacs de couchage.
5. L'itinéraire est très bien signalé.
6. Est-ce que cette eau est potable ?
7. Je n'ai pas envie de faire la cuisine. On fera un repas froid.
8. Il a passé son temps à se bronzer au bord du lac.
9. Est-ce qu'il faut un permis spécial pour pêcher ?
10. Je ne vous conseille pas de tenter l'escalade à moins d'être un vrai spécialiste.
11. De là-haut, on a une vue formidable.
12. L'eau du ruisseau a l'air très pure.
13. Ces écureuils ne sont pas craintifs du tout.
14. On a eu un orage terrible et une partie de notre matériel a été endommagée.
15. Heureusement qu'on n'avait pas oublié le produit contre les moustiques.

1. Is hitch-hiking permitted in the park ?
2. Campfires are against the law, because of the danger of a forest fire.
3. We got blisters and sunburn, but had a marvelous hike.
4. The bed is made up. No need to take out the sleeping bags.
5. The trail is well-marked.
6. Is this drinking water ?
7. I don't feel like cooking. We'll have cold cuts.
8. He spent his time sunbathing by the lake.
9. Do you need a special fishing permit ?
10. I wouldn't advise rock-climbing unless you're a real expert.
11. From the top, you have a fantastic view.
12. The stream water looks very clear.
13. These squirrels are not the least bit afraid.
14. There was a terrible storm and some of our equipment was damaged.
15. It's a good thing we didn't forget the mosquito repellent.

ranger, garde-forestier
Visitor Center, centre (d'accueil) des visiteurs
amazing, stupéfiant
to hike, faire de la randonnée
trail, sentier, piste
camping gear, matériel de camping
camping site, terrain de camping
tricky, délicat, difficile, compliqué
entrance fee, droit, prix d'entrée
wilderness, étendue, espace sauvage
campfire, feu de camp
sings, réunion pour chanter
star-gazing, observation des étoiles
unwanted, indésiré
reservation, réserve
shore, rivage, côte

to set aside, mettre à part, de côté, réserver
battlefield, champ de bataille
wild, à l'état naturel, sauvage
scenic, pittoresque
grant, subvention, subside ; allocation
shift, changement, déplacement
hitch-hiking, auto-stop
forest fire, incendie de forêt
blisters, ampoules
drinking water, eau potable
cold cuts, repas froid (m. à m. : tranches froides)
to sunbathe, prendre un bain de soleil
squirrel, écureuil
mosquito(es), moustique(s)
repellent, produit qui repousse, qui chasse

Vocabulaire complémentaire

beaver, castor
brook, ruisseau
canoe [kenou], canoë
deer *(coll.),* nom générique des cervidés : cerf, etc.
game, 1) jeu 2) gibier
horse(back) riding, équitation
mountain-climbing, alpinisme, escalade
angling, pêche à la ligne
bait, appât
casting, pêche au lancer
fishing rod, canne à pêcher
fishing tackle, matériel de pêche

rainbow, arc-en-ciel
salmon [samen] *(coll.),* saumon
stag, cerf mâle adulte
stream, cours d'eau, torrent
trekking, marche pénible
trout *(coll.),* truite
waterfall, cascade
hook, hameçon
hunting, 1) chasse 2) (GB) chasse à courre
rifle, carabine
shooting, chasse
shotgun, fusil de chasse

■ **Traduire**   *How best to use the parks*

Preparing to explore the parks can be almost as important as the trip itself. The largest single reason for disappointing travel experiences is the failure to plan properly. Some people set forth without the foggiest notion of available overnight accommodations. Others are determined to visit a dozen national parks in the course of a week, little realizing the distances between them. If you must travel in summer try to go early or late to avoid the mid-season peak. More national parks are open throughout the year than most people realize. Fall is superb. The leaves turn color, skies are clear, the sun is bright. Campgrounds may be chilly in September and October, but you can easily find space. Even in the northern parks, roads and some overnight lodgings are open until late October. Best of all, the scene is natural. The animals are relatively undisturbed, the way all visitors hope to see them.

Corrigé

■   *Du bon usage des parcs*

Bien se préparer à l'exploration des parcs peut être presque aussi important que le voyage proprement dit. La raison qui, à elle seule, explique le plus grand nombre de déceptions éprouvées en voyage est le manque de préparation adéquate. Certains se mettent en route sans avoir la plus vague idée de l'hébergement qu'ils trouveront pour chaque nuit. D'autres sont déterminés à visiter une douzaine de parcs nationaux en une semaine, sans bien se rendre compte des distances qui les séparent. Si vous devez absolument voyager l'été, tâchez de partir au début ou à la fin, pour éviter la pointe de la mi-été. Il y a davantage de parcs nationaux ouverts tout au long de l'année qu'on ne le croit la plupart du temps. L'automne est magnifique. Le feuillage change de couleur, le ciel est pur, le soleil brille. En septembre et en octobre, il fait peut-être frisquet dans les terrains de camping, mais on y trouve facilement de la place. Et même dans les parcs du Nord, les routes ainsi que quelques gîtes pour la nuit restent ouverts jusqu'à fin octobre. Bien mieux, le spectacle est naturel. Les animaux sont relativement peu dérangés, et c'est ainsi que chaque touriste espère les voir.

S = Sharon   J = Jerry   P = pharmacist

S— Jerry. Would you mind if we stopped at a drugstore on the way home[2] ? I've got to get something for this cold. I think there's one open on State Street.

J— Sure. I'd like to pick up[3] a few things there myself anyway.

S— Excuse me. Could you recommend something for a bad cold ?

P— That depends[4]. Is it just a simple head cold[5] ?

S— Well, I do have a headache[6], a sore throat[7], a slight cough, and I ache all over.

P— Well, it certainly sounds like the flu that's going around[8]. Everyone's got it. I can give you a cold capsule that'll relieve the runny nose[9] and some cough syrup.

S— I hope it won't knock me out, because I've gotta go[10] to work tomorrow.

P— Well, it will make you drowsy, but it'll get you over the worst part fast. How about some vitamin C tablets ? They won't do you any harm.

S— No, thanks, we've got plenty at home.

P— Here you are. This ought to do the trick[11], but if you're not better in a couple of days, I would suggest you see[12] a doctor.

S— I'll do that. Bye now.

J— Are you all set then ?

S— Well, I've got a bag full of medicine.

J— Look, you'd probably get well just as fast with the old home remedies. There's nothing like a good day's rest[13] and some honey and whiskey to put you back on your feet.

S— Oh, well, I can always take that too. Did you find everything you wanted ?

J— Just about[14]. But I couldn't drag myself away from[15] the paperback section[16]. What a terrific selection ! Dirty magazines too !

S— Oh let's get going[17], Jerry. My head's killing me[18].

J— O.K. All I need is a pack of cigarettes. Why don't you wait in the car. I'll meet you there in a minute.

headache	[hèdéïk]	drowsy	[draouzi]
cough	[ko:f]	vitamin	[vaïtemin]
to ache	[éïk]	tablet	[tablet]
capsule	[kaps(e)l]	medicine	[mèdesin]
syrup	[sirep]	remedies	[rèmediz]

S = Sharon   J = Jerry   Ph = pharmacien

S— Jerry, ça t'ennuierait si on s'arrêtait à une pharmacie en rentrant ? Il faut que je trouve quelque chose pour mon rhume. Je crois qu'il y en a une d'ouverte dans State Street.

J— Bien sûr, de toute façon j'aimerais y prendre quelques petites choses moi aussi.

S— Excusez-moi, pourriez-vous me recommander quelque chose contre un gros rhume ?

Ph—Ça dépend. Est-ce seulement un simple rhume de cerveau ?

S— Eh bien, j'ai en effet une migraine, mal à la gorge, je tousse un peu et j'ai des douleurs partout.

Ph—Bon, ça m'a tout l'air de la grippe qui circule, tout le monde l'a. Je peux vous donner une gélule contre le rhume qui soulagera le nez et du sirop contre la toux.

S— J'espère que ça ne vas pas m'assommer, parce que demain il faudra que j'aille travailler.

Ph—Eh bien, ça va vous rendre somnolente, mais ça va vous soulager rapidement. Que diriez-vous de comprimés de vitamine C ? Ça ne vous fera pas de mal.

S— Non merci. Il y a tout ce qu'il faut à la maison.

Ph—Voici ; ça devrait faire l'affaire, mais si vous n'allez pas mieux d'ici deux, trois jours, je vous conseillerais de voir un médecin.

S— C'est ce que je ferai. Bon eh bien au revoir.

J— Alors, tu es parée ?

S— Eh bien, j'ai un plein sac de médicaments.

J— Écoute, tu t'en tirerais probablement tout aussi vite avec ces bons vieux remèdes de bonne femme. Il n'y a rien de tel qu'une bonne journée de repos, avec du miel et du whisky pour te remettre sur pied.

S— Bah, je peux toujours prendre ça aussi. As-tu trouvé tout ce que tu voulais ?

J— Presque. Mais je n'arrivais pas à m'arracher au rayon des livres de poche. Quel choix incroyable ! Et des revues cochonnes, en plus !

S— Allez Jerry, on y va. J'ai un mal de tête à hurler.

J— D'accord. Tout ce dont j'ai besoin, c'est d'un paquet de cigarettes. Attends-moi donc dans la voiture. Je t'y retrouve dans un instant.

1. **drugstore,** aux États-Unis, magasin qui vend des produits pharmaceutiques, mais aussi des sucreries, des boissons, des journaux, du tabac, des produits de beauté, etc.

2. **on the way home,** *sur le chemin du retour*, de la maison ; → *en rentrant, au retour,* etc.

3. **to pick up,** *ramasser, prendre, passer prendre* ; dans la langue familière, signifie souvent *acheter.*

4. **that depends,** to depend : 1. *dépendre.* 2. *compter sur, faire confiance à.* Le complément est introduit par **on** : **it depends on you,** *ça dépend de vous*, **you can depend on me,** *vous pouvez compter sur moi.*

5. **head cold,** précision nécessaire, car **a cold** peut également affecter **the chest** *(la poitrine).*

6. **headache,** *mal de tête* ; **ache** : *mal, douleur* (**stomachache, toothache, backache**). To ache, *faire mal, être douleureux* ; *avoir mal* (cf. plus loin : **I ache all over**).

7. **a sore throat,** m. à m. *une gorge douloureuse.*

8. **flu,** abréviation de l'italien *influenza.*

9. **runny nose,** cf. **my nose's running,** *j'ai le nez qui coule.*

10. **I've gotta go** = I have got to go.

11. **this ought to do the trick,** trick, *tour, ruse, coup ;* correspond souvent à *truc.* **To know all the tricks** : *connaître toutes les ficelles, les trucs.*

12. **I would suggest you see,** that est sous-entendu.

13. **a good day's rest,** rappel : cas possessif de temps.

14. **just about,** m. à m. *juste environ* ; d'où : *presque, à peu près, pas loin.*

15. **I couldn't drag myself away from,** c'est la postposition **away** qu'il importe avant tout de traduire, d'où *s'éloigner, s'arracher.* To drag : 1. *traîner, tirer derrière soi.* 2. *traîner en longueur.*

16. **the paperback section,** paperback, *livre de poche* (m. à m. *couverture en papier*) s'oppose à **hard back, hard cover** (*ouvrage relié*). Section désigne l'emplacement du magasin où est vendu un certain type de marchandises ; le terme **department** s'emploie pour un rayon plus vaste, avec vendeurs ou vendeuses, dans un grand magasin.

17. **let's get going,** indique l'impatience plus nettement que **let's go.**

18. **my head's killing me,** to kill, *tuer,* peut exprimer comme ici une douleur extrême, ou un amusement extrême (cf. le français mourir de rire) : **his jokes kill me,** *ses plaisanteries me font mourir de rire.*

XXXV – 4   ■ **Anglais américain et britannique**

■ TERMES DIFFÉRENTS

US	Fr	GB
drugstore	*pharmacien*	**chemist's**

(pour les différences, voir XVI AT THE DOCTOR'S)

US	Fr	GB
pharmacist, druggist	*pharmacien*	**chemist**
pack (of cigarettes)	*paquet*	**packet**
old home remedies	*remèdes de bonne femme*	**old wives' cures**
on State street	*dans State street*	**in State street**

■ ORTHOGRAPHE DIFFÉRENTE

whiskey (US et Irlande) **whisky** (Royaume-Uni et Canada).
Whiskey : pour un Américain, cette appellation recouvre le rye (à base de seigle) et le bourbon* (à base de maïs) au même titre que le scotch écossais. Pour un Anglais ou un Écossais, le whisky ne peut être que du scotch.

* fabriqué à l'origine dans le comté de Bourbon, Kentucky, avec au moins 51 % de maïs, mais aussi du seigle et du malt, puis vieilli dans des fûts de chêne dont l'intérieur a été passé au feu.

■ PRONONCIATION DIFFÉRENTE

US		GB	
capsule	[kaps(e)l]	[kɑpsioul]	
fast	[fast]	[fɑ:st]	
vitamin	[vaïtemin]	[vitemin] est plus fréquent en GB	

The American drugstore is a unique institution. With its abundance of wares and its atmosphere of warmth and conviviality dating from the time it was the center of a town's social life, it is a direct contrast to its almost clinical European counterpart. As a supplier of drugs to the public, the drugstore must provide assurance to its customers. The druggist sells products which are of vital personal concern to the purchaser, products which require individual selling to make their quality and efficacy believable. People are deeply concerned about their health and want personalized service and attention from a drugstore. Recent research has shown that the American drugstore, to survive, cannot become an impersonal supermarket type of store, a mere stocker of products with open-shelf shopping and a check-out counter. It must remain friendly, and the role of the presiding pharmacist must be one of informed counselor.

Ernest Dichter
Handbook of Consumer Motivations
McGraw-Hill

La pharmacie américaine est une institution typique. Avec son abondance de marchandises et son atmosphère chaleureuse et sympathique qui remonte à l'époque où elle constituait le centre de la vie sociale d'une petite ville, elle contraste fortement avec son équivalent européen qui a presque l'air d'une clinique. Dispensant des produits pharmaceutiques au public, le **drugstore** doit rassurer ses clients. Le pharmacien vend des produits d'un intérêt vital et personnel pour l'acheteur, des produits qui demandent une vente personnalisée pour rendre crédibles leur qualité et leur efficacité. Les gens se préoccupent beaucoup de leur santé et veulent une attention personnelle et un service individualisé de la part d'un pharmacien. Des études récentes ont montré que, pour que la pharmacie américaine survive, elle ne doit pas devenir un magasin impersonnel de type supermarché, qui se contenterait de stocker des produits que le client peut prendre sur les rayons avant de régler à la caisse automatique. Elle doit conserver son atmosphère chaleureuse et le pharmacien qui officie doit avoir un rôle de conseiller bien informé.

1. Il me faut une brosse à dents et du dentifrice.
2. Où est-ce que je trouverais du papier à lettres et des enveloppes ?
3. Je n'ai rien pour écrire. Achète-moi un stylo-bille.
4. Peux-tu me rapporter le journal local ?
5. Prends donc un ou deux paquets de gâteaux pour les enfants.
6. N'oublie pas le savon et la crème à bronzer.
7. Je n'ai pas trouvé ce que tu m'as demandé. J'a pris une autre marque.
8. Est-ce que vous auriez quelque chose contre les maux d'estomac ?
9. Je ne comprends pas le mode d'emploi.
10. Peux-tu demander à Jim le nom de ses pilules ?
11. Le petit a pris un paquet de bonbons à la menthe.
12. Je voudrais aussi un peigne et du shampooing pour cheveux secs.
13. Il n'y a pas grand-chose comme livres : c'est surtout des romans policiers.
14. Est-ce que vous vendez du détachant ?
15. Je vais au rayon des produits de beauté.
16. Il me faut aussi un biberon.

1. **I need a toothbrush and some toothpaste.**
2. **Where can I find stationery (writing paper) and envelopes ?**
3. **I haven't got a thing to write with. Buy me a ball-point pen.**
4. **Can you bring back the local paper ?**
5. **Pick up a few boxes of cookies for the children.**
6. **Don't forget the soap and sun-tan lotion.**
7. **I couldn't find what you wanted. I got another brand.**
8. **Would you have anything for a stomachache ?**
9. **I can't understand the instructions.**
10. **Can you ask Jim what his pills are called ?**
11. **The kid took a package of mint candies.**
12. **I'd also like a comb and some shampoo for dry hair.**
13. **They don't have much in the way of books, just detective stories mainly.**
14. **Do you sell spot-remover ?**
15. **I'm going to the cosmetic counter.**
16. **I also need a baby's bottle.**

to pick up, prendre (acheter)
head cold, rhume de cerveau
headache, mal (maux) de tête
to have a sore throat, avoir mal à la gorge
cough, toux
to ache, 1. faire mal. 2. avoir mal
the flu, la grippe
capsule, cachet
to relieve, soulager
runny nose, nez qui coule
syrup, sirop
drowsy, somnolent, qui a sommeil
tablet, cachet, comprimé
medicine, remède, médicament
to drag, traîner
paperback, livré broché, livre de poche
pharmacist, druggist, pharmacien

wares, marchandises
counterpart, homologue
supplier, fournisseur
concern, préoccupation, souci
toothbrush, brosse à dents
toothpaste, dentifrice
stationery, papeterie
ball-point pen, stylo à bille
cookies, gâteaux
sun-tan lotion, crème à/pour bronzer
brand, marque
stomachache, mal (maux) d'estomac
instructions, mode d'emploi
pill, pilule
mint, menthe
candy, bonbon
comb, peigne
shampoo, shampooing
spot-remover, détachant
(baby's) bottle, biberon

Vocabulaire complémentaire

pain, douleur
to have a stuffy nose, avoir le nez bouché
to run a temperature, avoir de la température
to shiver, trembler
to hurt, faire mal
to gargle, se gargariser
lozenge, tablette, pastille
cotton, ouate
dressing, pansement
a cut, une coupure
a bruise, un bleu, une contusion
a scratch, une égratignure
to bleed, saigner
a burn, une brûlure

A ■ **Traduire**

Le « Drugstore » est un magasin typiquement américain, qui ne ressemble ni à la pharmacie européenne, ni à ce que l'on appelle « drugstore » en France. On y trouve, bien sûr, des médicaments, et on peut y faire exécuter une ordonnance. On peut aussi s'y faire conseiller pour des petits maux qui n'exigent pas une visite chez le docteur. Mais on peut également y acheter des sucreries, des magazines et des produits de beauté. On y vend parfois des boissons non alcoolisées et alcoolisées et des glaces.

B ■ **Traduire**
1. I have a headache and a sore throat
2. It sounds like the flu that's going around
3. I feel drowsy and I ache all over
4. This cough syrup should relieve you
5. A good day's rest will put you back on your feet
6. This ought to do the trick, and get you over the worst part fast
7. I'll pick up a few things there on my way home
8. — "Did you find everything you wanted ?" — "Just about"

Corrigé

A ■ The drugstore is a typically American store which has no European counterpart and has nothing to do with the French "drugstore". Obviously you can buy medicine there and have a prescription filled. You can also get advice for minor aches and pains that don't require seeing a doctor. But you can also buy candy, magazines and cosmetics, and sometimes even soft-drinks, liquor and ice cream.

B ■ 1. J'ai mal à la tête et à la gorge
2. On dirait bien que c'est la grippe qui circule
3. J'ai envie de dormir et j'ai mal partout
4. Ce sirop pour la toux vous soulagera
5. Une bonne journée de repos vous remettra sur pied
6. Cela devrait convenir et vous faire passer rapidement le cap le plus difficile
7. J'y prendrai deux ou trois choses en rentrant
8. — « As-tu trouvé tout ce que tu voulais ? » — « A peu près »

V = Vivian   G = George

V — Do you realize it's November already ? Before you know it, Thanksgiving'll be here.

G — Gee, you're right. It's about time we decided[2] what we're going to do this year. Do you feel up to[3] inviting the whole family here ?

V — Sure. After all, it is our turn. We did go[4] to your brother's[5] last year.

G — Well, if you're willing to have it at our place this year, it's fine with me[6]. How about asking your sister to come too ? The kids would love to see their cousins.

V — Oh I know they would. But it's such a long trip. Besides you know how I feel about my brother-in-law.

G — Oh come on, Vivian. Why don't you two bury the hatchet[7], for your sister's sake[8] at least. If I can put up with my mother-in-law, you ought to be able to stand Jack for 24 hours.

V — I suppose with so many people around, I can probably manage to stay away from him.

G — Good. Then that's settled. Now you'd better call them and see if they can come. And what about the turkey ? Hadn't you better order it[9] ?

V — Oh that's no problem. The supermarket's got a whole aisle[10] full of 20-pound turkeys[11] at this time of year.

G — Look, I'll be glad to help you out with the shopping[12], if you'll just make me a list.

V — Oh, that's easy. I'll need the ingredients for the stuffing and the pumpkin pie, marshmallows[13] for the sweet potatoes[14], and cranberry sauce of course. Hey, wait a minute. Let's not forget the turkey. Get a nice big one, so we'll have plenty of leftovers[15] to make sandwiches with.

G — This is going to be fun. With Evan coming home from college[16], it'll be a real family reunion[17].

November	[nevèmber]	ingredients	[ingri:dients]
whole	[hôoul]	potatoes	[petèïtôouz]
bury	[bèri]	sandwich	[san(d)widj]
aisle	[aïl]	college	[kolidj]

V = Vivian   G = George

V — Est-ce que tu te rends compte qu'on est déjà en novembre ? Avant même qu'on ait pu s'en apercevoir, ce sera le jour d'actions de grâce.

G — Oui, tu as raison. Il serait temps de décider de ce que nous allons faire cette année. Est-ce que ça te dirait d'inviter la famille au complet ici ?

V — Bien sûr. Après tout c'est notre tour. Nous sommes bien allés chez ton frère l'an dernier ?

G — Eh bien, si tu veux bien qu'on fasse ça chez nous cette année, moi ça me va. Et si on demandait à ta sœur de venir elle aussi ? Les enfants seraient enchantés de voir leurs cousins.

V — Ça je le sais bien. Mais c'est un voyage tellement long... Et puis, tu sais bien ce que je pense de mon beau-frère.

G — Allons, Vivian. Pourquoi n'enterrez-vous pas la hache de guerre, vous deux, ne serait-ce que pour ta sœur ? Si moi j'arrive à m'accommoder de ma belle-mère, tu dois pouvoir supporter Jack pendant 24 heures ?

V — Je suppose qu'avec tout ce monde, je dois probablement pouvoir m'arranger pour l'éviter.

G — Bon, voilà qui est réglé. Maintenant tu devrais bien les appeler pour voir s'ils peuvent venir. Et la dinde ? Est-ce qu'il ne vaut pas mieux la commander ?

V — Oh, ça ne fait aucun problème. A cette époque de l'année, il y a toute une travée pleine de dindes de 10 kg au supermarché.

G — Écoute, je serais heureux de t'aider à faire les courses, si tu veux bien me faire une liste.

V — Ça, c'est facile. J'aurais besoin d'ingrédients pour la farce et la tourte à la citrouille, de bonbons à la guimauve pour les patates douces et, bien sûr, de sauce aux airelles. Hé, attends un peu. N'oublions pas la dinde. Prends-en une bien grosse, pour qu'il y ait des restes pour faire des sandwiches.

G — On va bien s'amuser. Avec Evan qui rentrera de la fac, ça sera une vraie réunion de famille.

1. **Thanksgiving,** 4e jeudi de novembre, fête chômée aux États-Unis, jour d'actions de grâce instaurée par les pèlerins du **Mayflower** en 1621, l'année suivant leur arrivée, pour remercier la Divine Providence de ses bontés à leur égard. Ils voulaient que cette célébration utilise symboliquement les produits naturels qu'ils avaient trouvés en Nouvelle-Angleterre (d'où la dinde, les airelles, le maïs, etc.).

2. **It's about time we decided,** m. à m. *Il est plutôt temps.* Notez le prétérit **(decided)** comme après **It's high time** *(il est grand temps que...).*

3. **Do you feel up to,** cf. **To be up to,** *être capable de, à la hauteur de.* **He is not up to the job,** *il n'est pas à la hauteur du poste* (travail). Dans un sens voisin, on peut utiliser **To be equal to :** I **don't feel equal to it,** *je ne m'en sens pas capable.*

4. **We did go,** to do est employé comme renforcement *(vraiment, effectivement).* Cette forme d'insistance existe aussi, bien entendu, au présent : **I do believe that...** *Je crois vraiment que.*

5. **to your brother's,** sous-entendu « **home** ».

6. **it's fine with me,** indique qu'on est d'accord, qu'on n'a pas d'objection.

7. **Why don't you two bury the hatchet,** cette allusion à la coutume indienne est passée en français.

8. **for your sister's sake,** sake s'emploie exclusivement dans l'expression **for the sake of something, for somebody's sake :** *par égard pour, pour l'amour de, dans l'intérêt de, en considération de...*

9. **Hadn't you better order it ?** m. à m. *ne ferais-tu pas mieux de la commander ?*

10. **aisle,** signifie en général, en américain, *allée, passage, couloir central* ; indique ici que toute une partie du rayon d'alimentation est consacrée aux dindes.

11. **20-pound turkeys,** pound ne prend pas ici la marque du pluriel, car il est devenu invariable dans l'adjectif 20-pound.

12. **I'll be glad to help you out with....,** out est ici purement idiomatique et n'ajoute rien au sens ; il n'en est pas de même dans des expressions comme : **to help somebody out (of his difficulties),** *aider quelqu'un à se tirer d'affaire.*

13. **marshmallow,** *guimauve,* dont les racines sont utilisées comme aromate

14. **sweet potatoes,** variété tropicale de pomme de terre, à long tubercule au goût sucré. Rappelons que la pomme de terre est d'origine (sud)-américaine, et ne fut introduite en Europe qu'au milieu du 16e siècle ; il faut attendre le 18e pour voir sa consommation se généraliser.

15. **leftovers, to be left over,** rester, être laissé (pour compte), ne pas être utilisé ; d'où le substantif **leftover.**

16. **college,** premier stade, aux États-Unis, des études universitaires ; on y entre à la fin des études secondaires.

17. **reunion,** à distinguer de **meeting** ; l'anglais **reunion** insiste sur l'idée de retrouvailles.

XXXVI – 4　■ **Anglais américain et britannique**

■ **TERMES DIFFÉRENTS**

US	Fr	GB
gee !	*exclamation de surprise ou d'admiration*	**gosh !**

aisle : existe également en anglais britannique, mais on ne l'emploie guère que pour une église, un cinéma ou un théâtre, un train ou un car. Dans d'autres cas, on peut employer **gangway, passageway.** Dans ce texte, à propos de supermarché, on dirait **a whole section.**

college, en américain, est souvent synonyme d'université. En anglais britannique, peut signifier : a) *institut d'enseignement supérieur* qui n'a pas le statut d'université ; b) *une unité d'enseignement* avec son corps enseignant, ses étudiants et ses bâtiments, constituant une *subdivision des universités d'Oxford, Cambridge, Londres* ; c) une *Public School* comme Eton (College). Attention à ce terme de Public School qui en Grande-Bretagne désigne des écoles privées prestigieuses, alors qu'aux États-Unis ce sont d'authentiques établissements publics. Dans le même ordre d'idée, ne pas traduire le français « Grande École » par **High School,** qui désigne un établissement secondaire aux États-Unis !

A   **The following holidays are observed in all states :**
New Year's Day : January 1st.
George Washington's Birthday : the third Monday in February.
Memorial Day : last Monday in May.
Independence Day : the Fourth of July.
Labor Day : the first Monday in September.
Columbus Day : the second Monday in October.
Veterans Day : November 11th.
Thanksgiving : the fourth Thursday in November.
Christmas : December 25th.
Many states have their own special holidays.

B   The name Pilgrim Fathers was given by posterity to the 102 settlers who founded the first permanent colony in New England in 1620. They included Puritans who had fled Great Britain owing to the religious persecutions. The "Mayflower" left Plymouth on Sept. 16, 1620, and reached Cape Cod on Nov. 21, 1620. Owing to storms and rough seas, the colonists landed in New England instead of Virginia as initially intended. There were 2 deaths and one birth at sea during the 66-day voyage.

A   *Jours fériés observés dans tous les États :*
Le Jour de l'An : 1er janvier.
Anniversaire de George Washington : 3e lundi de février.
Memorial Day : dernier lundi de mai.
Fête de l'Indépendance : 4 juillet.
Fête du travail : 1er lundi de septembre.
Fête de Christophe Colomb : 2e lundi d'octobre.
Fête des Anciens Combattants : 11 novembre.
Fête de Thanksgiving : quatrième jeudi de novembre.
Fête de Noël : 25 décembre.
Beaucoup d'États ont également leurs propres jours fériés.

B   Le nom de « Pères Pèlerins » a été donné par la postérité aux 102 colons qui fondèrent la première colonie permanente en Nouvelle-Angleterre en 1620. Ils comprenaient des Puritains qui avaient fui la Grande-Bretagne en raison des persécutions religieuses. Le « Mayflower » appareilla de Plymouth le 16 septembre 1620 et parvint à Cape Cod le 21 novembre 1620. A cause des tempêtes et d'une mer agitée, les colons touchèrent terre en Nouvelle-Angleterre, et non pas en Virginie comme ils en avaient l'intention à l'origine. Il y eut 2 morts et une naissance en mer au cours du voyage de 66 jours.

1. Pourquoi ne pas inviter les Thompson ?
2. Ça fait une éternité que je n'ai vu Helen.
3. Nous avons l'intention de faire une petite fête pour l'anniversaire de Judy.
4. Les Pèlerins du Mayflower débarquèrent en Amérique en 1620.
5. En France, on a des vacances pour Pâques et à la Toussaint.
6. Est-ce que vous ferez le pont la semaine prochaine ?
7. Notre fils est maintenant trop vieux pour croire au Père Noël.
8. En France, la fête du Travail est le 1ᵉʳ mai.
9. C'est une de ces soirées entre hommes où ils ne vont pas arrêter de boire.
10. Ils viennent nous voir pendant les grandes vacances.
11. Pour les Français, le jeudi de l'Ascension est une fête chômée.
12. Le bicentenaire de la création des États-Unis d'Amérique a été célébré en 1976.
13. Le 11 novembre commémore l'armistice de la Première Guerre mondiale.
14. En France, ce sont les cloches qui apportent les œufs de Pâques. Aux États-Unis, c'est un lapin.

1. Why don't we invite the Thompsons ?
2. I haven't seen Helen in ages.
3. We were planning to have a little party for Judy's birthday.
4. The Pilgrims landed in America on the Mayflower in 1620.
5. In France, Easter and All Saints' Day are holidays.
6. Are you going to take a long weekend next week ?
7. Our son is too old now to believe in Santa Claus.
8. In France, Labor Day is May 1st.
9. It's a stag party with a lot of drinking.
10. They're coming to see us during the Summer vacation.
11. Ascension Day is a national holiday for the French.
12. The bicentennial of the founding of the United States was celebrated in 1976.
13. November 11th commemorates the First World War Armistice.
14. In France, bells bring Easter eggs, in the US it's the Easter Bunny.

Thanksgiving, action de grâce
to bury, enterrer
hatchet, hache (de guerre)
for the sake of, pour l'amour de
to stand, supporter
to settle, régler
you'd better + infinitif, vous feriez mieux de…
turkey, dinde
to order, commander
aisle, allée, couloir
pumpkin, potiron, citrouille
marshmallow, guimauve
cranberry, airelle
leftovers, restes, reliefs
to flee, I fled, fled, fuir
reign, règne
to sail, naviguer
storm, 1. tempête. 2. orage

to land, 1. toucher terre. 2. atterrir
to intend, avoir l'intention de
death, mort
birth, naissance
birthday, 1. date de naissance. 2. anniversaire
Easter, Pâques
All Saints' Day, Toussaint
Whitsun, Whitsunday, Whitsuntide (GB), **Pentecost** (US), Pentecôte
Santa Claus, le Père Noël
Xmas, Christmas, Noël
April Fools' Day, 1ᵉʳ avril
vacation, vacances
Shrove Tuesday, Mardi Gras
bicentennial, bicentenaire

Vocabulaire complémentaire

to celebrate, fêter, célébrer
formally, officiellement
bonfire, feu de joie
fireworks, feu d'artifice
to spread, s'étendre
to originate, trouver son origine
plentiful, abondant
harvest, moisson
crop, récolte
celebration, fête
bountiful, copieux

Quelques expressions

to take a day off, prendre un jour de congé
to be on vacation, on holiday, être en vacance(s)
to be on leave, être en congé
to be on sick-leave, être en congé de maladie
to have a long weekend, faire le pont
many happy returns, bon anniversaire

A ■ **Traduire en français**

Independence Day is celebrated on the Fourth of July to commemorate the adoption of the Declaration of Independence in 1776. The resolution, approved on July 2, was in effect cutting the last tie with Britain. It was formally sanctioned by Congress on July 4. The first anniversary was observed in Philadelphia in 1777 by bonfires, fireworks and the ringing of bells. It then spread to other cities and states, to become the greatest national holiday in the US.

B ■ **Traduire en anglais**

« Thanksgiving Day », qui est aujourd'hui une fête nationale célébrée dans l'ensemble des États-Unis, trouve son origine dans une journée d'actions de grâce tenue en décembre 1621 par les pionniers de la colonie de Nouvelle-Angleterre pour remercier le Créateur de l'abondance des moissons et des récoltes. C'est pourquoi les nourritures associées à cette fête sont des légumes et des fruits locaux accompagnant la traditionnelle dinde. Depuis 1941, « Thanksgiving » tombe le 4ᵉ jeudi de novembre, c'est l'occasion de réunions et de réjouissances familiales et de dîners plantureux.

Corrigé

A ■ Le Jour de l'Indépendance est célébré le 4 juillet pour commémorer l'adoption de la Déclaration d'Indépendance en 1776. Cette résolution, approuvée le 2 juillet, tranchait en fait le dernier lien avec la Grande-Bretagne. Elle fut officiellement sanctionnée par le Congrès, le 4 juillet. Le premier anniversaire en fut observé à Philadelphie en 1777 avec des feux de joie, des feux d'artifice et des sonneries de cloches. Cette coutume s'étendit ensuite à d'autres villes et États, pour devenir la plus grande fête nationale aux États-Unis.

B ■ Thanksgiving Day, which is today a national holiday observed throughout the United States, originated in a thanksgiving day held in December 1621 by the New England colonists (the pioneers of the colony of New England) to give thanks to the Lord for plentiful harvests and crops. This is why the food associated with the celebration is local vegetables and fruit, to go with the traditional turkey. Since 1941, Thanksgiving Day has been celebrated on the 4th Thursday of November. It is an occasion for family reunions, festivities in the home and bountiful dinners.

C = Cathy   M = Mark

(On the road)

C— If I see one more "no vacancy"[1] sign[2], I think I'm going to scream[3].

M— Don't worry, we're bound[4] to find something sooner or later[5]. Every damned[6] hotel in Nebraska can't be full. Let's go on another 10 miles and if we still can't find[7] anything, I promise to turn around and go back to Lincoln.

C— Hey, there's a motel. Can you make out what the sign says ? I can hardly believe it, but it looks like a "vacancy".

M— I think there's a light on in the office. If they have a room, we'll have to take it, no matter what it costs.

C— I guess you're right. After all, beggars can't be choosy[8].

(In the room)

C— My God, this place is enormous. What luxury[9] ! But even if it does cost an arm and a leg[10], I'm grateful to be here.

M— Look honey, I'm dead tired[11]. Let's get a good night's sleep[12] and we'll have a look around[13] in the morning.

C— Hey Mark, wake up ! It's nearly 10:00 o'clock.

M— Wow, I slept like a log[14]. For once, I really feel rested and raring to go[15].

C— Hold it a second[16]. How about treating ourselves to breakfast[17] in bed for a change[18]

M— O.K. I'm game[19].

C— Good. Hand me the phone and I'll call room service. The number must be on the dial. Desk, laundry, swimming-pool... here it is — room service 507. What'll you have honey ?

M— Let's see. Orange juice, scrambled eggs and sausage. And ask if they have coffee cake or danish rolls[20].

C— Coffee too, of course.

M— Oh, yeah. You know I can't even think in the morning before I've had my coffee.

C— Hello, room service ?...

vacancy	[veïkensi]	enormous	[ino:rmes]
damned	[damd]	luxury	[lœgjeri]
Nebraska	[nèbraske]	laundry	[lo:ndri]

C = Cathy　　　M = Mark

(Sur la route)

C— Si je vois encore un panneau « complet », je crois que je vais me mettre à hurler.

M— Ne t'inquiète pas, on est obligé de trouver quelque chose tôt ou tard. Il n'est pas possible que tous ces fichus hôtels du Nebraska soient pleins. Faisons encore 15 kilomètres, et si on ne trouve toujours rien, je te promets de faire demi-tour et de retourner sur Lincoln.

C— Hé, un motel ! Est-ce que tu vois ce que dit l'enseigne ? J'ai peine à le croire, mais on dirait qu'il y a des chambres libres.

M— Je crois qu'il y a de la lumière dans le bureau. S'ils ont une chambre, on devra la prendre, quel qu'en soit le prix.

C— Je pense que tu as raison. Et puis, quand on n'a pas le choix...

(Dans la chambre)

C— Mon dieu, c'est gigantesque ! Quel luxe ! Même si ça coûte les yeux de la tête, je suis heureuse d'être ici.

M— Écoute chérie, je suis crevé. On va dormir tout notre soûl, et demain matin, on fera le tour du propriétaire.

C— Hé Mark, réveille-toi ! Il est presque dix heures.

M— Dis donc, j'ai dormi comme un loir. Pour une fois, je me sens vraiment bien reposé, et j'ai hâte d'y aller.

C— Attends un peu. Si on s'offrait le petit déjeuner au lit pour changer.

M— D'accord, je suis ton homme.

C— Bien. Passe-moi le téléphone pour que j'appelle le service des chambres. Le numéro doit être sur le cadran... Réception, blanchisserie, piscine... le voici : service des chambres, 507. Qu'est-ce que tu veux chéri ?

M— Voyons. Du jus d'orange, des œufs brouillés avec une saucisse. Et puis demande-leur s'ils ont un gâteau au moka ou des pains aux raisins.

C— Et aussi du café, bien sûr.

M— Oh oui. Tu sais bien que je suis tout à fait incapable de penser le matin avant d'avoir bu mon café.

C— Allô, Service des chambres... ?

1. **« no vacancy »**, *vacant : libre, inoccupé, vide ;* **a vacancy**, 1) *un poste libre, un emploi disponible.* 2) *une chambre libre, disponible.*
   Le panneau **« No vacancy »**, dans les hôtels et pensions, correspond au français **« complet »**.

2. **sign**, 1) *signe, indication ;* **panneau.** 2) **enseigne** (cf. plus loin).

3. **to scream**, *pousser un cri* (perçant et prolongé). Indique en général la terreur ou une perte de contrôle nerveux.

4. **we're bound to find**, *nous allons forcément trouver.* **To be bound to do something**, *être tenu, obligé de faire quelque chose ;* **it's bound to happen**, *cela va nécessairement se produire, cela ne peut pas ne pas se produire.*

5. **sooner or later**, m. à m. *plus tôt ou plus tard.*

6. **damned**, *damné, sacré.* Très familier. Indique ici l'irritation, la colère.

7. **and if we still can't find...**, *still* avec un verbe à la forme négative sera souvent traduit par **« toujours »**. Comparez : **He has not arrived yet**, *il n'est pas encore arrivé.* **He has still not arrived**, *il n'est pas toujours pas arrivé.*

8. **beggars can't be choosy** (ou **beggars can't be choosers**) m. à m. *les mendiants ne peuvent pas être exigeants.*

9. **What luxury !** absence d'article devant un nom abstrait. **What a surprise**, *quelle surprise,* mais **what courage**, *quel courage.*

10. **even if it does cost an arm and a leg**, m. à m. *(même) si ça coûte un bras et une jambe.*

11. **dead tired**, *mort de fatigue.* Cf. **dead drunk**, *ivre mort.* **Dead** a souvent un rôle d'intensif : **dead sure**, *absolument certain ;* **dead slow**, *aussi lentement que possible ;* **you're dead right**, *vous avez totalement raison ;* **dead broke** (familier), *complètement fauché.*

12. **a good night's sleep**, m. à m. *une bonne nuit de sommeil.* Cas possessif de temps.

13. **to have a look around**, forme substantivée (familière) du verbe **to look around** *(regarder autour de soi).*

14. **like a log** m. à m. *comme une bûche.*

15. **raring to go**, forme dialectale de **rearing to go ;** **to rear :** *se cabrer,* comme un cheval. Comparer avec le français **« piaffer d'impatience ».**

16. **Hold it a second,** to hold, *tenir, retenir,* d'où ici l'idée d'*attendre* (expression familière).
17. **How about treating ourselves to breakfast ?** to treat someone to something, *offrir quelque chose, payer quelque chose à quelqu'un.* Cf. a **treat,** *un régal, un délice, un plaisir.*
18. **for a change,** m. à m. *pour un changement.*
19. **I'm game,** game, *résolu, solide, d'attaque, qui a du cran, prêt à tout* (langue familière). D'où : *j'en suis, je suis votre homme.*
20. **danish rolls,** m. à m. *petit pain danois.* Remarque : en principe, les adjectifs de nationalité prennent une majuscule en anglais : **an Italian car, a French cigarette.** Mais lorsqu'ils font partie d'expressions courantes, cette majuscule tend à disparaître : **french fries,** *frites,* ou, comme ici **danish rolls.**

XXXVII – 4　　■ Anglais américain et britannique

■ TERMES DIFFÉRENTS

US	Fr	GB
damned	*maudit, sacré*	**bloody**

damned aussi GB, mais **bloody** plus typique, et d'une grande violence.

US	Fr	GB
to turn around	*faire demi-tour*	**to turn round**
I guess	*je pense, je suppose*	**I suppose, I imagine**
beggars can't be choosy	*on n'a pas le choix*	**beggars can't be choosers**
honey	*chéri(e)*	**darling**
to cost an arm and a leg	*coûter les yeux de la tête*	**to cost a bomb**
to be dead tired	*être mort de fatigue*	**to be dog-tired**

raring to go : plus fréquent en américain.

■ PRONONCIATION DIFFÉRENTE

luxury	US [loegjeri]	GB et US [loekcheri]

Gambling

Let's take the average person, or couple, who go(es) to a gambling resort for a vacation. The choice is a good one whether it be Las Vegas, Reno, Lake-Tahoe or, for that matter, any legalized gambling center.

Plush hotels, gourmet food, first-rate entertainment, golf, tennis, swimming, complimentary cocktails and buffets and other lavish treatment all add up to an outstanding value for them — the guests. And they are probably paying one half of what the same accommodation would cost at a non-gambling resort.

Merely walking around the casino morning, afternoon and evening will get them all the complimentary cocktails they can drink. Cigarettes are available at the tables, just help yourself — cigars are yours for the asking. They are enjoying all of these luxuries, and having a super time. But soon they find that they too, are parts of the throngs that are practically throwing their money away at the roulette wheel, or shooting craps. And what they lose at the gambling tables more than offsets the big value they receive as guests.

Jouer (de l'argent)

Prenons un individu ou un couple moyen qui passe ses vacances dans une ville de jeux. Le choix sera bon qu'il s'agisse de Las Vegas, de Reno, de Lake Tahoe ou, en tout état de cause, d'un centre où le jeu est légalisé.

Hôtels de luxe, nourriture pour gourmets, attractions de premier ordre, golf, tennis, piscine, cocktails et buffets gratuits et autres somptuosités, tout cela représente une valeur considérable pour eux — les clients. Et ils ne paient probablement que la moitié de ce que les mêmes services leur coûteraient dans une station où le jeu n'est pas permis.

Rien qu'en faisant le tour du casino le matin, l'après-midi et le soir, ils pourront s'offrir autant de cocktails gratuits qu'ils peuvent en boire. Les cigarettes sont disponibles aux tables de jeu, il n'y a qu'à se servir. Il suffit d'en demander pour avoir des cigares. Ils jouissent de tous ces luxes, et ils s'amusent follement. Mais ils découvrent vite qu'eux aussi font partie des foules qui gaspillent leur argent à la roulette ou aux dés. Et ce qu'ils perdent aux tables de jeu fait plus que compenser le traitement avantageux dont ils bénéficient comme clients.

1. Nous donnons des prix nets par personne en chambre double avec bain ou douche.
2. Quel est le prix de la pension complète ?
3. Un supplément sera perçu si une personne de plus utilise la chambre.
4. Il y a sur place un restaurant servant des boissons alcoolisées.
5. Les animaux ne sont pas admis.
6. Tarifs spéciaux pour les groupes et les séminaires.
7. Les chambres spéciales diffèrent des normales par leur situation, leur ameublement ou le nombre de lits.
8. Aire de loisirs avec piscine couverte et golf miniature.
9. Un supplément peut être demandé pour lit pliant.
10. « Kitchenette » désigne 2 grands lits avec un coin cuisine.
11. Les hommes d'affaires en voyage bénéficient de tarifs préférentiels et d'autres avantages.
12. Vous faites des économies sur l'hébergement et les repas grâce à notre nouveau Tarif Familial.
13. Tous nos motels ont la télévision en couleurs et le téléphone dans les chambres et offrent le parking gratuit sur place.

1. We are quoting net prices per person in double room with bath or shower.
2. How much do you charge for full board ?
3. An additional charge is made when an extra person uses the room.
4. There is a licensed restaurant on the premises.
5. No pets allowed.
6. Special rates for groups and conventions.
7. Special rooms are different from standard rooms either because of the location, furnishings or number of beds.
8. Recreation center with indoor pool and miniature golf.
9. There may be an additional charge for a rollaway bed.
10. Kitchenette refers to two double beds with a kitchen unit.
11. Business travelers can enjoy preferred rates and other benefits.
12. You save on accommodations through our new Family Rate Plan.
13. All our motels offer color TV and phone, air-conditioning and free off-street parking.

no vacancy, complet

sign, 1) pancarte, panneau 2) enseigne

vacancy, chambre libre

to cost an arm and a leg, coûter les yeux de la tête

grateful, reconnaissant

dead tired, mort de fatigue

to sleep like a log, dormir comme un loir

to feel rested, se sentir reposé

game, en forme, « partant »

dial, cadran

laundry, blanchisserie

swimming pool, piscine

scrambled eggs, œufs brouillés

danish roll, petit pain aux raisins

to gamble, jouer (aux jeux de hasard, d'argent)

gambling resort, ville (station) de jeux

plush, de luxe

vacation, vacance(s), congé

first-rate, de premier ordre

entertainment, divertissement, amusement(s)

complimentary, gratuit

lavish, abondant, somptueux, plantureux

outstanding, remarquable

guest, invité, client d'un hôtel

throng, foule

to offset, compenser

stake, enjeu

buck *(fam.),* dollar

full board, pension complète

additional charge, supplément *(à payer)*

premises, locaux *(commerciaux)*

pet, animal domestique

convention, séminaire, réunion, etc.

indoor pool, piscine couverte

rollaway bed, lit pliant

benefit, avantage

Vocabulaire complémentaire

ashtray, cendrier

caster, castor, roulette, petite roue

cord, cordon

drapes, tentures, rideaux

drawer [dro:r], tiroir

fabric, tissu

leatherette, cuir synthétique

pulley, poulie

regulations, règlement, règles (de sécurité, etc.)

rug, tapis, carpette

to seal, sceller, condamner

stationery, papeterie, papier à lettres

swivel-stand, support à pivot

walnut, noyer

N/C, no charge, gratuit, sans supplément

X/P, extra person, personne supplémentaire

■ **Traduire en français**

The motel room

At the far end of the bedroom, to one side of the far wall, was the only window and it looked out over the swimming pool. Since the window was sealed, there was an air conditioner installed beneath. On either side hung drapes made of a green-blue synthetic fabric, and they were drawn apart by white vertical cords that passed around milk-colored plastic pulleys. Two black leatherette chairs and an octogon-shaped synthetic-walnut table sat in front of the window and next to the table was a TV set on a swivel stand. Its chromium feet were set in rubber casters which buried themselves in a blue synthetic-fabric rug.

A long synthetic-walnut desk was attached to one wall. In the interior of the drawer of the desk was stationery in a flat wax-paper envelope with the Motel logo. A copy of the swimming pool regulations lay next to a room-service menu...

Norman Mailer *(The Executioner's Song)* 1980

Corrigé

La chambre de motel

A l'extrémité de la chambre, d'un côté du mur du fond, se trouvait l'unique fenêtre et elle donnait sur la piscine. Comme la fenêtre était condamnée, un appareil à air conditionné était installé au-dessous. De chaque côté étaient accrochés des rideaux en tissu synthétique bleu-vert, écartés par des cordons blancs verticaux qui passaient autour de poulies en plastique de couleur laiteuse. Deux chaises noires en imitation cuir et une table octogonale en faux noyer étaient placées en face de la fenêtre, et près de la table se trouvait un téléviseur sur un support orientable. Ses pieds de chrome se terminaient par des roulettes de caoutchouc qui s'enfonçaient dans un tapis en tissu synthétique bleu.

Un long bureau en faux noyer était placé contre un mur. A l'intérieur du tiroir du bureau, il y avait du papier à lettres dans une enveloppe en papier glacé portant le logo du motel. Un exemplaire du règlement concernant la piscine était posé près d'un menu pour le service en chambres...

M = Maureen   C = Carol

M— Hi there Carol. Oh I'm glad I ran into you[1]. What's up[2] ?

C— Well at the moment I'm running around like crazy[3] trying to get all the last minute things done, before we leave on our trip[4] to London.

M— London ! That's marvelous. I'm green with envy.

C— Well, we're pretty excited[5] about it ourselves.

M— Guess you'll leave the children with your mother-in-law[6].

C— No, we're taking them with us for once. Now they're at an age where they could get something out of it.

M— But won't it cost you a fortune ?

C— Not really. You see, we're doing a house exchange.

M— How did you ever arrange that ?

C— Through some mutual friends.

M— Some people have all the luck ?

C— You've met our neighbors the Hansons, haven't you ?

M— Sure. I remember them from the barbecue party[7].

C— On their trip to Europe last year they met this British couple who's been dying to come to the States ; but they've never been able to because of the expense of hotels and restaurants. So they asked the Hansons if they couldn't find someone who'd be willing to do an exchange. Hanson thought of us right away, since we've been talking about going to England for years. The only thing that's been holding us back is the money.

M— Aren't you a little nervous about having strangers come in and take over your place[8] ?

C— I don't see why I should be[9]. The advantages outweigh[10] the disadvantages by a long shot[11]. With someone actually[12] living in the house, burglars'll think twice before trying to break in. What's more, the family has agreed to take care of the dog and water the lawn. What more can you ask ?

M— But suppose something does go wrong[13] ? What do they do if the plumbing breaks down for instance ?

C— They'll do whatever we would do[14], call the plumber.

exchange	[ikstchéïnj]	to outweigh	[aoutwéï]
envy	[ènvi]	lawn	[lo:n]
strangers	[stréïnjerz]	plumbing	[plœmin]

M = Maureen C = Carol

M— Oh bonjour Carol. Je suis bien contente de te rencontrer. Que deviens-tu ces temps-ci ?

C— Eh bien, à l'heure qu'il est, je me démène comme une forcenée pour essayer de résoudre les problèmes de dernière minute avant notre départ pour Londres.

M— Londres ! C'est merveilleux. Je suis folle de jalousie !

C— A vrai dire, c'est assez excitant pour nous autres aussi.

M— J'imagine que vous laisserez les enfants à ta belle-mère ?

C— Non, pour une fois nous les emmenons. Ils sont à présent d'un âge où ça pourrait leur apporter quelque chose.

M— Mais est-ce que ça ne vas pas vous coûter une fortune ?

C— Pas vraiment. Vois-tu, nous faisons un échange de maisons.

M— Comment diable avez-vous mis ça au point ?

C— Par l'intermédiaire d'amis communs.

M— C'est toujours les mêmes qui ont de la chance !

C— Tu connais nos voisins, les Hanson, n'est-ce pas ?

M— Bien sûr ! Je me rappelle les avoir vus lors du barbecue.

C— Au cours de leur voyage en Europe l'an dernier, ils ont fait la connaissance de ce couple d'Anglais qui meurent d'envie de venir aux États-Unis ; mais ils n'ont jamais pu, à cause du prix des hôtels et des restaurants. Alors ils ont demandé aux Hanson s'ils ne pouvaient pas trouver quelqu'un qui voudrait bien faire un échange. Hanson a tout de suite pensé à nous, comme çà fait des années que nous parlons d'aller en Angleterre. La seule chose qui nous avait retenus, c'est l'argent.

M— Tu ne t'inquiètes pas un peu d'avoir des inconnus qui viennent s'installer chez toi ?

C— Je ne vois pas pourquoi. Les avantages l'emportent de loin sur les inconvénients. Avec quelqu'un qui habite effectivement la maison, les cambrioleurs y réfléchiront à deux fois avant d'essayer de pénétrer par effraction. Qui plus est, la famille a accepté de s'occuper du chien et d'arroser le gazon. Que demander de plus ?

M— Mais si quelque chose n'allait vraiment pas ? Que feront-ils si la plomberie tombe en panne, par exemple ?

C— Ils feront exactement ce que nous ferions : ils appelleront le plombier.

1. **I ran into you,** to run into somebody, something, *rencontrer par hasard, tomber sur.*

2. **What's up ?** ici, curiosité amicale. Parfois aussi : inquiétude ou réprobation : **what's he up to ?** *Qu'est-ce-qu'il fabrique, quel coup prépare-t-il ?*

3. **like crazy,** familier et fréquent (on trouve aussi : **like mad**), mais peu grammatical : **like** s'emploie devant un nom ou un pronom, mais pas devant un adjectif. Le sens est clair : **like a crazy person, as if I were crazy. Crazy =** *fou* au sens de : *qui a perdu son calme* ou *son bon sens* et indique en général une certaine frénésie. **Mad** indique qu'on est *fou de colère,* ou qu'on a un comportement insensé.
   Fou au sens clinique se dit : **insane.** *Un fou,* **a lunatic** (*asile d'aliénés :* **lunatic asylum**). Le nom **fool** (adjectif, **foolish**) signifie simplement un *sot,* un *idiot.*

4. **we leave on our trip,** notez l'emploi de la préposition **on.** Cf. **To be on, to go on a business trip,** *faire un voyage d'affaires.*

5. **pretty excited.** pretty (joli) : souvent rôle intensif. **Pretty hard,** *assez difficile* ; **pretty heavy,** *plutôt lourd,* etc.

6. **with your mother-in-law,** ici au sens de *chez* : **to be staying with friends,** *loger chez des amis.*

7. **I remember them from the barbecue party,** rôle très fort de la préposition **(from)** qui suffit à introduire le moment et le lieu de la rencontre.

8. **take over your place,** to take over, *prendre le contrôle de, prendre la direction de* (à la suite de quelqu'un).
   Place = souvent *maison, appartement, habitation.* **Come over to our place,** *venez donc chez nous.*

9. **why I should be,** sous entendu « nervous », dont on évite la répétition. Si le début de la phrase avait été : **Don't you feel a little nervous,** on aurait simplement repris par **I don't see why I should.**

10. **outweigh.** to outweigh, *peser plus lourd.* D'où *compenser largement, dépasser, surclasser.*

11. **by a long shot** = by far *(de loin).*
a shot : coup tiré par une arme à feu ou, à l'origine, un arc (to shoot, *tirer*).

12. **actually,** *en réalité, en fait, véritablement.* (Faux ami.) *Actuellement* = **currently, now, presently** (attention, **presently** signifie « *bientôt* » en anglais britannique).

13. **something does go wrong,** to do dans son rôle de renforcement. To go wrong, selon le contexte *se passer (mal), se gâter* mais aussi *se tromper, faire fausse route.* That's where I went wrong : *c'est là que je me suis trompé.*

14. **whatever we would do,** mot à mot : *quoi que ce soit que nous ferions* (dans un tel cas).

XXXVIII – 4 ■ **Anglais américain et britannique**

■ TERMES ET EXPRESSIONS

US	Fr	GB
hi there	*Bonjour, salut*	**hello there**
like crazy	*comme un fou (une folle)*	**madly**
pretty	*assez, plutôt*	**rather**

pretty a également le sens de « *plutôt* », « *assez* », « *très* » en anglais britannique, mais pas aussi fréquemment qu'en américain.

by a long shot	*de loin, nettement*	**by a long chalk**

■ ORTHOGRAPHE

marvelous	*merveilleux*	**marvellous**
neighbor	*voisin*	**neighbour**

■ PRONONCIATION

last	[last]	[la:st]
ask	[ask]	[a:sk]
advantage	[edvantidj]	[edva:ntidj]

One cannot say there is any uniform type of housing in American apartments or private homes. But one striking feature to any foreign visitor is the spaciousness. Rooms are usually larger, except of course in some urban areas where land costs are very high. As houses were built much more recently than in Europe, those built in the early 19th century, in New England for example, are considered to be museum pieces. Furniture and household appliances tend to be more recent and more functional. The ordinary household with several full-sized bathrooms, a variety of sophisticated appliances, two-car garage, air-conditioning would appear luxurious compared to its European counterpart. Dishwashers and clothes dryers are taken for granted as basic household equipment. Several TV's, 2 or 3 telephones would not be considered extravagant in an average American house. In certain areas swimming pools are fairly common and do not necessarily represent the status symbol they would in Europe.

On ne peut pas dire qu'il y ait un type standard de logement, appartement ou maison individuelle, aux États-Unis. Mais un trait qui frappe tous les visiteurs étrangers est l'espace disponible. Les pièces sont en général plus grandes, sauf bien sûr dans certaines zones urbaines où le prix du terrain est très élevé. Comme les habitations ont été construites beaucoup plus récemment qu'en Europe, celles qui ont été construites au début du 19ᵉ siècle, en Nouvelle-Angleterre par exemple, font figure de pièces de musée. Le mobilier et les appareils ménagers sont en général plus récents et plus fonctionnels. Le logement ordinaire, avec plusieurs salles de bains de grande taille, toute une variété d'appareils compliqués, un garage pour deux voitures, l'air conditionné, paraîtrait luxueux à côté de son homologue européen. Lave-vaisselle et sèche-linge sont considérés comme faisant partie de l'équipement de base. Plusieurs téléviseurs, 2 ou 3 téléphones ne sont pas extraordinaires dans un logement américain moyen. Dans certaines régions, les piscines sont très fréquentes et n'impliquent pas nécessairement le niveau social qu'elles indiqueraient en Europe.

1. Je ne sais pas comment faire marcher le lave-vaisselle.
2. Pour mettre en marche, tournez le bouton vers la droite.
3. L'aspirateur est dans le placard du vestibule
4. Vous pouvez le brancher sur une de ces prises de courant.
5. Les serviettes de toilette sont dans le tiroir du haut.
6. Il y a de la moquette dans toutes les pièces.
7. Vous préférez les meubles anciens ou modernes ?
8. Il y a un portemanteau dans l'entrée.
9. La lampe ne s'allume pas. Il doit y avoir un mauvais contact.
10. Ça fait longtemps que la pièce n'a pas été rangée...
11. Il faudra changer l'ampoule.
12. La tondeuse à gazon est dans le hangar au fond du jardin.
13. Sais-tu te servir de leur four à micro-ondes ?
14. Le vide-ordures est bouché.
15. On vient de faire installer un nouvel évier.
16. Il y a des livres en français dans la bibliothèque.
17. Les enfants ont abîmé la tapisserie.
18. Ils habitent en banlieue.
19. Peux-tu me passer un tabouret, que je puisse fixer l'ampoule ?

1. I don't know how to use the dishwasher.
2. To turn it on, turn the nob to the right.
3. The vacuum-cleaner is in the hall closet.
4. You can plug it into one of these wall outlets.
5. The towels are in the top drawer.
6. There is wall-to-wall carpeting.
7. Do you prefer antique or modern furniture ?
8. There's a coat rack in the foyer.
9. This lamp doesn't go on. There must be a loose wire somewhere.
10. This room hasn't been cleaned up in a long time...
11. The light bult needs to be changed.
12. The mower is in the shed, in the back of the garden.
13. Do you know how to use their microwave oven ?
14. The garbage chute is stopped up.
15. We just had a new sink put in.
16. There are some French books in the bookcase.
17. The children messed up the wallpaper.
18. They live in the suburbs.
19. Can you get me a kitchen stool, so I can put the lightbulb in the socket ?

to hold back, retenir

stranger, inconnu

nervous, inquiet

to take over, prendre le contrôle de

to outweigh, peser plus lourd que, l'emporter sur

by a long shot, très largement, de loin

burglar, cambrioleur

to break in, entrer par effraction

to water, arroser

plumbing, plomberie

to break down, tomber en panne

plumber, plombier

housing, logement

land-cost, prix du terrain

furniture, mobilier, meubles

household, ménage, famille

dishwasher, lave-vaisselle

clothes dryer, séchoir

status symbol, signe (symbole) de réussite sociale

vacuum-cleaner, aspirateur

closet, placard

to plug in, brancher

outlet, prise de courant

towel, serviette de toilette

wall-to-wall carpeting, moquette (dans toute la maison)

coat-rack, portemanteau

wire, fil électrique

bulb, ampoule électrique

lawnmower, tondeuse à gazon

shed, hangar, cabanon

garbage chute, vide-ordures

sink, évier

wallpaper, tapisserie

suburbs, banlieue, faubourg

stool, tabouret

socket, douille

Vocabulaire complémentaire

flat, appartement

to heat, chauffer

single, célibataire ; appartement pour célibataire

to let, louer (donner en location)

let, location

to rent, prendre en location, louer

per week, par semaine

fuel, combustible

central heating, chauffage central

sited, situé

doorman, janitor, portier

maintenance, entretien

to furnish, meubler

caretaker, gardien(ne)

garbage disposal unit, broyeur d'ordures (*généralement incorporé à l'évier*)

■ **Traduire**

1. LUXURY APTS. Gardens and heated pool. Singles or families. Long/short lets from... per week.

2. MODERN 4 BEDROOM. Bungalow with dining, lounge, solid teak kitchen with breakfast bar, bathroom, garage. Solid fuel central heating, sited on 1/2 acre. Scenic views in all directions. Telephone for details.

3. RESIDENTIAL. 5th AVENUE entrance, lower 80th. 24 hour doorman, luxury apartment, 2 bedrooms, 2 full bathrooms, dining, living, entrance hall, kitchen, 9th floor, low maintenance. For quick sale : $ 340,000, may rent, no agents.

4. BUSINESS FLAT. Fully furnished, 1 bedroom, 1 drawing room/office, fully equipped bathroom and kitchen, with gas central heating, resident caretaker. Close to multistory parking lot. Ideal business flat. Offers over $ 80,000. Viewing by arrangement. Reply Box 5148.

Corrigé

1. APPARTEMENTS DE LUXE. Jardins et piscine chauffée. Pour célibataires ou familles. Locations à court ou à long terme à partir de... par semaine.

2. BUNGALOW MODERNE AVEC 4 CHAMBRES A COUCHER, salle à manger, séjour de cuisine en bois de teck avec bar pour petit-déjeuner, salle de bains, garage. Chauffage central à combustible solide. Construit sur terrain de 2 000 m^2. Très belles vues dans toutes les directions. Téléphoner pour plus de détails.

3. RÉSIDENTIEL. ENTRÉE SUR LA 5e AVENUE, début de la 80e rue. Portier 24 h sur 24, appartement de luxe, 2 chambres à coucher, 2 salles de bains complètes, salle à manger, séjour, hall d'entrée, cuisine. 9e étage, charges réduites. A vendre rapidement : 340 000 dollars, possibilité de locations, agences s'abstenir.

4. APPARTEMENT BUREAU. Entièrement meublé. 1 chambre à coucher, 1 salon-bureau, salle de bains et cuisine entièrement équipées avec chauffage central au gaz. Gardienne sur place. Près de parking à plusieurs niveaux. Idéal comme appartement-bureau. Offres au-dessus de 80 000 dollars. Visite sur rendez-vous. Écrire à la boîte postale 5148.

J = John   A = Annie

J— How about going sailing[1] this afternoon ? Paul and Mary are taking their boat out.

A— I'd love to[2]. I'm a bit tired of sunbathing and swimming out to the buoy and back[3] all day. And the wind's just right today.

J— D'you think Jack would like to come too ?

A— We better ask him[4]. But I've got a feeling[5] he and Henry have already made plans. They never pass up[6] a chance to go surfing[7].

J— What'll you do with the kids ? D'you think you could leave them with Jennifer[8] ? She can surely be trusted[9] to look after them.

A— Oh, I don't think that'll be any problem. They are very fond of her now. She's so sweet, and quite mature too.

J— That settles it then[10]. Now let me see. High tide is at 5 o'clock today. So if we want to sail for a couple of hours, we'd better leave around 4.

A— That's fine with me. Anything I should bring along[11] ?

J— No. Better bring[12] suntan lotion, though, if you don't want to get burned to a crisp[13]. They've forecast a sunburn index[14] of 8...

A— Shall we meet[15] over at your place ?

J— If it's all the same to you, I'd rather pick you up at the pier. Say around 3:30[16]. Then we'll drive down to Pine Grove[17], where the boat is moored[18].

index	[ĭndèks]	lotion	[lôouchn]
sunbathing	[sœnbéïzïɲ]	pier	[pier]
buoy	[bou:i]	grove	[grôouv]
mature	[metouer/metcher]	moored	[mouerd]

J = John   A = Annie

J— Que dirais-tu d'aller faire un tour en mer cet après-midi ?
Paul et Mary vont sortir leur bateau.

A— Ça me plairait bien. Je commence à me fatiguer des bains
de soleil et des allers et retours à la nage jusqu'à la bouée
à longueur de journée. Et il y a juste ce qu'il faut de vent.

J— Sais-tu si ça plairait à Jack de venir ?

A— Il vaut mieux lui demander. Mais j'ai l'impression que lui
et Henry ont déjà des projets. Ils ne manquent jamais une
occasion d'aller faire du surf.

J— Qu'est-ce que tu vas faire des enfants ? Penses-tu pouvoir
les confier à Jennifer ? On peut sûrement lui faire
confiance pour les surveiller.

A— Oh, je ne pense pas que ce soit un problème. Ils l'aiment
beaucoup à présent. Elle est si gentille, et si mûre en
même temps.

J— Alors c'est réglé ! Voyons... La marée sera haute à 5 heures aujourd'hui. Si nous voulons faire deux ou trois heures
de voile, il vaut mieux que nous partions vers 4 heures.

A— Ça me convient. Il faut que j'apporte quelque chose ?

J— Non. Emporte quand même de la crème à bronzer, si tu ne
veux pas te faire griller. Ils annoncent un ensoleillement
de 8.

A— On se retrouve chez toi ?

J— Si ça ne te dérange pas, j'aimerais mieux te prendre à la
jetée. Disons à 3 h 30. Ensuite on ira en voiture à Pine
Grove, où le bateau est à l'ancre.

1. **to sail**, *faire du bateau*, aussi *partir, appareiller*.
2. **I'd love to**, sous entendu *go sailing*.
3. **and back**, *to go there and back*, *aller et revenir, faire l'aller et retour*.
4. **We better ask him**, familier pour **we'd better ask him**, contraction de « **we had better ask him** ».
5. **I've got a feeling**, remarquez l'emploi de l'article indéfini « **a** ».
6. **to pass up**, *laisser passer* (une clause, une occasion).
7. **surfing**, consiste à se faire ramener à la plage par les rouleaux, en se tenant en équilibre sur une planche. Différent du **windsurfing** : planche à voile (**surf, ressac**).
8. **you could leave them with Jennifer**, *to leave, laisser* prend souvent le sens de *confier* : **to leave one's money with a bank**, *mettre (confier) son argent à la banque* ; **leave it to me**, *je m'en occupe* (m. à m. *laissez-moi ça, confiez-le moi*).
9. **She can surely be trusted**, notez la traduction par le français « *on peut certainement lui faire confiance* ». **You can trust her → She can be trusted**.
10. **That settles it**, *to settle*, 1) *s'installer*. 2) *régler* (une somme d'argent, un conflit).
    Attention : ne signifie pas *installer* (**to install** ; **to set up**).
11. **Anything I should bring along ?**, sous-entendu **Is there** (**anything…**).
12. **Better bring**, familier pour **you'd better bring…**
13. **burned to a crisp**, l'adjectif **crisp** signifie *croustillant*. GB, **a crisp**, *une frite*. Cf. **Dinner was burned to a crisp**, *le dîner était complètement brûlé*.
14. **a sunburn index**, m. à m. *indice d'ensoleillement*, donnant l'intensité solaire sur une échelle de 1 à 10.
15. **Shall we meet… ?** dans les questions, **shall** subsiste comme auxiliaire de la 1ʳᵉ personne (alors qu'il est remplacé par la contraction **'ll** ou par **will** dans les phrases affirmatives).
16. **Say around 3:30**, **Let's say…**
17. **Pine Grove**, m. à m. *le bosquet aux pins*.
18. **to moor**, *amarrer* ; **to be moored**, *être amarré* ; *mouiller*.

■ EXPRESSIONS DIFFÉRENTES

US	Fr	GB
to pass up	*manquer*	to miss
shall we meet over at your place ?	*on se retrouve chez toi ?*	shall we meet at your place ?
to be burned to a crisp	*être brûlé par le soleil, avoir un terrible coup de soleil*	to have a bad case of sunburn, to get sunburnt

• Dans un autre contexte, on trouvera cependant en anglais britannique **cooked to a crisp**. *rôti, croustillant à point*.

■ PRONONCIATION DIFFÉRENTE

— Notez le son [a:] en anglais britannique au lieu de [a] en américain dans :

afternoon
to ask
chance
to forecast
to pass up

buoy   US [bou:i]   GB [boï]
(mais [boï] dans **life-buoy**)

As may be expected from such a vast territory, the US coastline is extremely varied.

South of New York, the continent slopes slightly to the shore, and the sea bottom continues that gentle slope for many miles, forming what is known as the continental shelf, where most of the sand and mud carried down from the land is deposited.

Comme on peut s'y attendre dans un territoire si vaste, les côtes des États-Unis sont extrêmement variées.

Au sud de New York le continent s'abaisse légèrement vers la côte, et le fond de la mer continue cette légère inclinaison sur des nombreux kilomètres, formant ce qu'on appelle le plateau continental, où se dépose la plus grande partie du sable et des alluvions en provenance de l'intérieur des terres.

A large part of the ocean's life is concentrated on this shallow margin, where the water is relatively warm and the food abundant.

The Pacific shelf is similar, but much narrower. The Atlantic coastal plain is broadest at the South and narrows towards the North, which indicates that the continent is tilting northwards.

From Cape Cod (Massachusetts) to New York, there are numerous islands, and from New York to North Carolina, the coast is extremely ragged.

The Peninsula of Florida is the result of an uplift of the sea bottom. Its tip is little above sea level. (The Everglades Swamps are less than 20 feet above the sea.)

The Mississippi Delta is subject to flooding and the plain has to be protected by artificial levees.

La vie de l'océan est pour une grande part concentrée sur cette bande peu profonde, où l'eau est relativement chaude et la nourriture abondante.

Le plateau continental pacifique est semblable, mais beaucoup plus étroit. La plaine côtière atlantique est la plus large au Sud et se rétrécit vers le Nord, ce qui indique que le continent est incliné vers le Nord.

De Cape Cod (Massachusetts) à New York, les îles sont nombreuses, et de New York à la Caroline du Nord la côte est très déchiquetée.

La Péninsule de Floride est le résultat d'un soulèvement du fond de la mer. Son extrémité émerge à peine au-dessus du niveau de la mer. (Les marais des Everglades sont à moins de 20 pieds au-dessus de la mer.)

Le delta du Mississippi est sujet aux inondations et la plaine doit être protégée par des levées de terre.

1. J'ai inscrit mon fils à des cours de voile.
2. Il est interdit de faire du ski nautique à moins de ... mètres de la plage.
3. Depuis quand faites-vous de la plongée sous-marine ?
4. J'ai fait un peu d'aviron quand j'étais plus jeune.
5. Où puis-je obtenir un équipement de plongée libre, c'est-à-dire palmes, masque et tuba ?
6. As-tu ramené la planche à voile de la plage ?
7. Au début, ce n'est pas facile de garder son équilibre.
8. Il y a un courant violent et l'an dernier il y a eu plusieurs noyades.
9. Prends la dérive et le safran et va gréer le bateau.
10. C'est la troisième fois qu'il dessale.
11. Je ne peux pas plonger, j'ai les tympans trop fragiles
12. A marée basse, on peut aller jusqu'aux rochers.
13. Tu as encore oublié les rames.
14. Que diriez-vous d'une excursion en bateau ?
15. Je me suis déjà baigné deux fois aujourd'hui.
16. Peux-tu me prêter ta serviette, la mienne est trempée.

1. I signed up my son for sailing lessons.
2. Waterskiing isn't allowed within ... yards of the beach.
3. How long have you been skin-diving ?
4. I did some rowing when I was younger.
5. Where can I get some snorkeling equipment, that is fins, mask, and snorkel ?
.6. Did you bring back the windsurfer from the beach ?
7. At first it is not easy to keep your balance.
8. There's a strong undertow, and last year there were several drownings.
9. Get the center-board and the rudder and go rig the boat.
10. It's the third time he's capsized.
11. I can't dive because I have trouble with my ear-drums.
12. At low tide you can walk to the rocks.
13. You forgot the oars again.
14. What about a boat ride ?
15. I've already gone in twice today.
16. Can you lend me your towel, mine is soaked.

beach, plage
to sail, faire du bateau, naviguer
buoy, bouée
to pass up, laisser passer, manquer une occasion
surf, ressac
to trust, faire confiance
mature, mûr, qui fait preuve de maturité
to settle, régler
tide, marée
(sun)tan, bronzage
to forecast, prévoir
pier, jetée
grove, bosquet
to moor, arrimer
coastline, côte
to slope, s'incliner, s'abaisser
sand, sable
mud, boue
shallow, peu profond
narrow, étroit
broad, large

to narrow, se resserrer, se rétrécir
to tilt, incliner
ragged, déchiqueté
swamp, marais
waterskiing, ski nautique
skin-diving, plongée sousmarine en apnée
to row, ramer
snorkeling, plongée libre
fin, 1) (poisson) nageoire 2) palme
windsurfer, 1) planche à voile 2) véliplanchiste
balance, équilibre
undertow, courant
to drown, se noyer
center board, dérive
rudder, safran, gouvernail
to rig, gréer
to capsize, chavirer, dessaler
eardrum, tympan
oar, rame
towel, serviette (de bain)
to soak, tremper, détremper

Vocabulaire complémentaire

anchor, ancre
to bathe, se baigner
bathing suit, maillot de bain
to breathe, respirer
compass, boussole
depth, profondeur
knot, nœud
life-jacket, gilet de sauvetage
port, bâbord
starboard, tribord
scuba, scaphandre autonome
    (Self Contained Underwater Breathing Apparatus)
scuba diver, plongeur autonome
scuba diving, plongée bouteille
swell, houle
underwater, sous l'eau, sous-marin(e)
watertight, étanche
wet suit, combinaison de plongée

■ **Traduire**

Fishing in Louisiana is a tradition, a business, a faith, a sport, a feast, a fever, a pastime, and sometimes, a frustration — but not for long.

Fish in astonishing variety and number are in abundance throughout the state's waterways, and the Gulf is their food rich kingdom, a paradise for fishermen who troll* the deep.

Boats, too, are an important part of life in the state. People take boating seriously. From piloting super cargo ships, paddle-wheelers, tugs, trawlers, sailboats and swamp buggies to pirogues. To many people in Louisiana a small boat around the place is equivalent to a second car. To others sailing and ocean racing are a passion.

Those who don't boat, boatwatch from every lookout, bank, bridge and shore. Boat-watching takes up a big part of many people's time across the state. As does wildlife and bird watching in the state's backyards and waterland preserves.

* **to troll.** *pêcher à la cuiller.*

Corrigé

■ En Louisiane, la pêche est une tradition, une profession, une foi, un sport, une fête, une fièvre, un passe-temps, et parfois une frustration — mais jamais pour longtemps.

Des poissons, étonnants par leur nombre et leur variété, abondent dans tous les cours d'eau de l'État et le Golfe est leur royaume riche en nourriture, et le paradis des pêcheurs en mer*.

Les bateaux sont également une partie importante de la vie dans cet État. On y prend les bateaux au sérieux, qu'il s'agisse de piloter des super-cargos, des bateaux à aubes, des remorqueurs, des chalutiers, des bateaux à voile, des bateaux à moteur à fond plat pour les marais ou des pirogues. Bien des Louisianais ont chez eux un petit bateau en guise de deuxième voiture. Pour d'autres, la navigation et les régates en mer sont une passion.

Ceux qui ne font pas de bateau regardent évoluer les bateaux depuis toutes sortes d'observatoires, rives, ponts et rivages. Cette activité occupe une grande partie du temps d'un grand nombre de personnes dans tout l'État. Il en va de même pour l'observation de la vie naturelle et des oiseaux dans l'arrière pays de l'État et dans ses réserves aquatiques.

E = Elizabeth   H = Helen   L = Laurie   S = Steve

E— Hi Laurie. I've been in such a tizzy[1] these last few days[2] getting ready for the Lloyds' going away party, I don't know whether I'm coming or going.

L— Why, are you expecting a lot of people ?

E— We've got 34 on the list so far, but I'm sure it'll be up in the forties[3] before we're finished[4].

L— Well in that case a sit-down dinner is out of the question. It'll have to be a buffet.

E— I'm afraid so[5]. It's better anyway. People like to be free to get up and walk around. That way you can't get stuck[6] next to some bore[7] for the whole evening.

L— Who've you invited ?

E— Ken's closest friends at the company, and their wives of course. Helen's buddies[8] from her adult education class and their spouses or dates[9]. And then, I couldn't leave out their golf cronies[10] or the neighbors. So you see, you've got 40 people in no time.

L— It sounds like a nice congenial crowd[11].

(At the party)

H— I don't know how to thank you for such a lovely farewell party. You've gone to so much trouble.

E— Don't be silly. You know we really hate to see you guys[12] go. I'm gonna miss[13] you, Helen.

H— Me too. It's funny though, in the beginning we were so upset about being transferred here. We hated uprooting ourselves and leaving Canada. But now that it's time to go back, we're leaving with mixed emotions.

E— What's that commotion out back ? It sounds like singing. *(In the background : "For he's a jolly good fellow[13bis], for he's a jolly good fellow... that nobody can deny".)*

S— This calls for a toast, folks[14]. I'm sure I'm speaking for everyone here when I say how much we're going to miss you both. And as a token of our friendship we'd like to present you with a little something to remember us by[15]. Helen, would you do the honors and serve the champagne ?

buffet	[beféi]	upset	[oepsèt]
adult	[adelt]	Canada	[kanede]
cronies	[króuniz]	emotion	[imóouch(e)n]
congenial	[kendjì:niel]	commotion	[kemóouch(e)n]

E = Elizabeth   H = Helen   L = Laurie   S = Steve

E— Bonjour Laurie. Je suis dans tous mes états depuis quelques jours avec la préparation de la soirée d'adieux des
Lloyd, si bien que je ne sais plus où donner de la tête.

L— Pourquoi, tu attends beaucoup de monde ?

E— Jusqu'ici, nous en sommes à 34 sur la liste, mais je suis
certaine que nous aurons largement dépassé la quaran-
taine avant qu'elle soit terminée.

L— Eh bien, dans ce cas il n'est pas question d'un repas assis.
Ce sera forcément un buffet.

E— Je le crains. De toutes manières ça vaut mieux. Les gens
aiment bien être libres de se lever et de circuler. Ainsi, on
ne risque pas de rester coincé près d'un enquiquineur
toute la soirée.

L— Qui as-tu invité ?

E— Les proches amis de Ken dans sa société et leurs femmes,
évidemment. Les camarades d'Hélène à son cours de
formation continue, avec leurs conjoints ou leurs flirts. Et
enfin, je ne pouvais oublier leurs partenaires de golf, ni
leurs voisins. Tu vois, cela fait très vite 40 personnes.

L— Ça me paraît faire une équipe bien sympathique.

(Pendant la réception)

H— Je ne sais comment vous remercier pour cette soirée si
charmante. Vous vous êtes donné tellement de mal.

E— Ne dis pas de bêtises. Tu sais bien comme nous sommes
désolés de vous voir partir. Tu vas me manquer, Hélène.

H— Toi aussi. Pourtant, c'est curieux, au début nous étions
tellement ennuyés d'être transférés ici. Ça nous déplaisait
de nous déraciner en quittant le Canada. Mais maintenant
qu'il nous faut rentrer, nous partons avec des sentiments
mitigés.

E— Mais qu'est-ce que c'est que cette agitation là-bas ? On
dirait qu'on chante. (En fond sonore : « *Car c'est vraiment
un type épatant* (bis), *et on ne saurait le nier.*)

S— Maintenant, portons un toast, les amis. Je suis convaincu
de parler au nom de tous ici lorsque je déclare combien
vous allez nous manquer tous les deux. Et en gage de
notre amitié, nous aimerions vous faire ce petit cadeau qui
vous fera vous souvenir de nous. Hélène, à toi l'honneur,
veux-tu servir le champagne ?

1. **in such a tizzy,** to be in a tizzy, *être excité, dans tous ses états* (en général, pour une raison triviale).

2. **these last few days,** notez la présence nécessaire de « **few** » dans cette expression idiomatique. De même, **these past few days, weeks,** etc.

3. **forties,** remarquez l'orthographe ; **four, fourteen** mais **forty.**

4. **before we're finished,** emploi de **to be** avec **to finish** lorsque le sens n'est pas « *compléter une action* » mais « *en avoir fini avec une activité* ». Remarquez l'emploi du présent de l'indicatif après « **before** ».

5. **I'm afraid so.** cf. I think so, I guess so, I hope so, I believe so, etc.

6. **you can't get stuck,** to stick, *coller,* d'où : to be stuck, *ne pas pouvoir se tirer d'une situation, être bloqué,* etc. Également = « *être collé* », *ne pas pouvoir (savoir) répondre.*

7. **bore,** peut désigner une personne ou une situation. **What a bore !** *quel raseur !* ou *que c'est ennuyeux !* **To bore,** *ennuyer,* « *raser* », *assommer.* **To be bored,** *se barber, s'ennuyer.* **Boring,** *barbant, rasant, assommant.*

8. **buddy** (familier), *copain, copine, ami(e), camarade,* « *pote* ». Utilisé comme salut familier.
   Hi buddy, *salut vieux* — **Hi buddies,** *salut les potes.*

9. **dates.** a date, *un rendez-vous* (sentimental). Désigne aussi la personne rencontrée. **His date, her date,** *le garçon, la fille avec qui elle/il sort, quelle/qu'il voit régulièrement.* **To make a date,** *donner rendez-vous.* **To date,** *voir régulièrement, sortir avec, fréquenter.* **Blind dating, blind date,** *rendez-vous entre un garçon et une jeune fille qui ne se sont jamais rencontrés* (en général, organisé par un autre couple).

10. **cronies,** crony, *confrère, copine,* vieil(le) *associé(e) ami intime.* Indique en général une longue fréquentation et le partage d'activités communes.

11. **congenial crowd.** crowd prend souvent le sens de *nombre de personnes présentées,* ou de *groupe, de bande* (plus chaleureux dans ce sens que le français *foule*). **Congenial** correspond souvent au français : *sympathique* (attention, *sympathetic* est un faux ami qui signifie *compréhensif, qui manifeste de la sympathie envers...*).

12. **to see you guys,** guy, *type.* Employé au pluriel, peut, comme ici, s'appliquer aux deux sexes.
13. **I'm gonna miss you** = I am going to miss you.
13 bis. **He is a jolly good fellow,** se chante aux anniversaires après **Happy birthday to you** ou lorsqu'on fête ou honore quelqu'un. Jolly, *joyeux* ; en anglais britannique, joue le rôle d'un intensif dans **jolly good,** *très bon, très bien, épatant.*
14. **folks,** mot à mot : *les gens* — s'utilise dans un contexte familier au sens de « *les amis* » un peu comme en français « *les enfants* » pour s'adresser à des adultes.
15. **a little something to remember us by,** remarquez le rejet de la préposition à la fin de la phrase. La construction théorique de départ — que l'on n'utilise pas — serait : a little something by which to remember us.

XL − 4　■ Anglais américain et britannique

■ USAGES DIFFÉRENTS

a sit-down dinner : pas d'équivalent britannique. Il va de soi, en Grande-Bretagne, que l'on s'assied pour dîner.

buddy : *camarade, copain,* « *pote* » — existe aussi en anglais britannique, mais moins fréquent et considéré comme plus familier. On lui préférerait ici : **friend.**

date *(petit) ami, (petite) amie* — existe aussi en anglais britannique, mais on entend plus souvent : **boy-friend** ou **girl-friend.**

guys : en américain, ce pluriel peut occasionnellement faire allusion à des personnes des deux sexes. En anglais britannique, le mot est plus vulgaire et désigne uniquement des hommes *(types, mecs).*

US. **We really hate to see you guys go**
GB. **We are really sorry to have to let you go**
Fr. *Nous sommes vraiment désolés de vous voir partir*

■ TERMES OU EXPRESSIONS DIFFÉRENTS

US	Fr	GB
out back	*là-bas (dehors),* *à l'extérieur*	**back there,** **out there**

■ ORTHOGRAPHE

US	Fr	GB
neighbor	*voisin*	**neighbour**
honor	*honneur*	**honour**

Small Talk : *locutions de la langue parlée*

1. *Langue courante*

How are you ?	Comment allez-vous ?
How're you doing ?	Tout va bien ?
Don't call me, I'll call you	Ne m'appelez pas, je vous contacterai
Give me a call	Passe(z)-moi un coup de fil
How about getting together sometime ?	Il faut qu'on se voie un de ces jours
Give my regards to the family	Mon bon souvenir
Remember me to the family	à votre famille
Drop in when you have a chance	Passe(z) nous voir à l'occasion
Send me a line	Envoie-moi un mot
Drop me a card	Envoie-moi une carte
See you tomorrow	A demain
Have a good weekend	Bon week-end
Have a nice day	Bonne journée
Have a good trip	Bon voyage
Looking forward to seeing you again	Au plaisir de vous revoir
We had a terrific time !	Qu'est-ce qu'on s'est bien amusés !
We had a terrible time !	Qu'est-ce qu'on s'est ennuyés !
I must be going	Il faut que je parte
We'll be back	Nous reviendrons

2. *Langue familière*

How's the job ?	Et le boulot, ça va ?
How're things going ?	Ça va comme tu veux ?
How's life treating you ?	Qu'est-ce que tu deviens ?
Call ya	J(e)' t'appelle
I'll get a hold of you	Je te ferai signe
Keep in touch	On s'appelle
See you around	A un de ces quatre
Be seeing you	A bientôt
So long !	Au revoir
See you later	A bientôt (à tout à l'heure)
Long time no see	Ça fait une éternité !
Drop by sometime	Passe nous voir un de ces jours
Take care !	A bientôt (prends soin de toi)!

1. Mesdames, Messieurs, je propose un toast en l'honneur de nos invités.
2. Vous ne savez pas à quel point vous nous manquerez tous les deux.
3. Je ne sais comment vous remercier de votre cadeau.
4. On pourrait servir le gâteau maintenant. Helen, veux-tu le découper ?
5. Si vous venez en France, faites-nous le plaisir de venir nous voir, on peut vous loger sans problème.
6. Je lève mon verre à la santé de nos hôtes.
7. Notre fils a l'intention d'aller passer un an en Europe dès qu'il aura son diplôme.
8. De toutes façons, nous resterons en contact.
9. Mon mari reprend le travail au début de la semaine prochaine.
10. Jean a fait des progrès fantastiques en anglais.
11. Je n'aurais jamais pensé qu'on aurait pu faire tant de choses en 15 jours.
12. Je n'ai pas lu un seul journal français depuis notre départ.
13. Les enfants m'ont dit qu'ils seraient bien restés encore un mois.
14. Ce sont les meilleures vacances que nous ayons passées depuis longtemps.

1. Ladies and gentlemen, I'd like to make a toast to the guests of honor.
2. You have no idea how much we are going to miss you both.
3. I don't know how to thank you for your gift.
4. We could serve the cake now. Helen, would you do the honors ?
5. If you come to France, please do come see us. We can easily put you up.
6. Here's to the health of our (the) host and hostess.
7. Our son is planning to spend a year in Europe as soon as he gets his degree (he graduates).
8. In any case, we'll keep in touch.
9. My husband goes back to work at the beginning of next week.
10. John's English has improved tremendously.
11. I never would have thought we could have done so many things in two weeks.
12. I haven't read a single French paper since we left.
13. The children told me that they could have easily stayed another month.
14. It was the best vacation we've had in a long time.

to be in a tizzy, être dans tous ses états

to get stuck, être, se trouver coincé

bore, 1) personnage ennuyeux, « fâcheux » 2) **it's a bore,** c'est ennuyeux

buddy, camarade, copain, collègue

spouse, époux, épouse, conjoint

date, personne de l'autre sexe avec qui on sort régulièrement, petit(e) ami(e)

to leave out, oublier, ne pas inclure

crony, copain, copine

congenial, sympathique, agréable, qui correspond aux goûts de quelqu'un

farewell, adieu

to go to a lot of trouble, se donner beaucoup de mal

to upset, 1) renverser 2) troubler, bouleverser, émouvoir, déranger

to uproot, déraciner

commotion, agitation, confusion

jolly, joyeux ; (devant adj.) bon, bien, etc.

token, 1. gage, témoignage. 2. jeton

small talk, bavardage, échange de propos anodins, de banalités

regards, considération, respects

to make a toast, porter un toast, boire à la santé

to put up, héberger, loger

host(ess), maître(sse) de maison, hôte(sse)

degree, diplôme, grade universitaire

to graduate, obtenir son diplôme

vacation, vacances

Vocabulaire complémentaire

to be on the move, se déplacer, être par monts et par vaux

to enjoy oneself, s'amuser, passer du bon temps

to go places, visiter, faire du tourisme ; réussir

jet-lag, fatigue, liée au décalage horaire (dans le cas de voyage en avion à réaction)

time change, décalage horaire

posh, de luxe, chic. A l'origine, inscription sur les billets des voyageurs faisant l'aller-retour Grande-Bretagne/Inde en bateau (**Port Out, Starboard Home,** bâbord à l'aller, tribord au retour)

■ Traduire

Chers Tom et Lilian,

Notre retour s'est très bien passé, et nous avons maintenant récupéré des fatigues du voyage et du décalage horaire.

Merci encore pour votre hospitalité et pour le merveilleux séjour que vous nous avez permis de faire. Nous espérons que la reprise du travail n'a pas été trop dure pour Tom.

Ici, l'école recommence la semaine prochaine et les enfants devraient rapidement mesurer les progrès qu'ils ont fait en anglais.

Remerciez encore Mark et Jenny pour leur magnifique cadeau.

Nous nous réjouissons de revoir Marthe à la fin octobre. Nous regrettons seulement qu'elle ne puisse rester qu'une semaine.

On se fait vite aux dimensions américaines et notre appartement nous semble maintenant tout petit, mais il devrait vous suffire pour vos vacances de l'année prochaine puisque vous ne serez que tous les deux. André et les enfants se joignent à moi pour vous remercier encore.

Amitiés, Colette

Corrigé

■ Dear Tom and Lilian,

Our trip home went quite well and by now we have caught up on our lost sleep and readjusted to the time change. Thanks again for your hospitality and for the marvelous time you gave us.

We hope that going back to work wasn't too hard for Tom. The kids go back to school next week and they'll soon find out how much their English has improved.

Would you thank Mark and Jenny again for their wonderful gift ?

We'll be delighted to see Martha again at the end of October. We only regret that she can just stay a week. One can easily get used to the size of things in America, so we are finding our apartment a bit tight for the moment. It should suit you fine, though, for your vacation next year, because there'll only be the two of you.

André and I along with the children thank you ever so much for all you did for us.

Fondly, Colette

« *The greatest barrier between the English and the Americans is that they speak the same language.* » Oscar Wilde *(1883)*

« *There is no such thing as the American language any more than there is such a thing as the English language. There are half a dozen species of each and some of them are more or less identical.* » Ivor Brown (1952)

« *The growth of American prestige and other factors, such as the development of more sophisticated and more tolerant attitudes to variations in speech (...) have contributed to the right of American English (...) to be different from British English and yet be equally acceptable socially.* » Randolph Quirk (1956)

Il en va de la langue comme des citoyens : il n'existe pas un, mais des américains. Les tournures et les accents varient avec la géographie, et l'habitant du Nord-Est ne parle pas tout à fait comme celui du Sud. A cela s'ajoute l'existence de **dialectes régionaux,** qui trouvent leur source dans l'origine des immigrants (noirs africains, allemands, etc.).

La langue écrite telle qu'elle apparaît dans les journaux atteste cependant la réalité d'une **langue américaine** plus ou moins **standard,** et différente dans une certaine mesure de l'anglais britannique « standard ». Mais il est artificiel aujourd'hui d'opposer trop fortement ces deux « langues » et de prétendre qu'il y a incompréhension mutuelle. Si la langue populaire n'est pas la même, s'il peut y avoir certaines difficultés de compréhension entre un ouvrier de Manchester (GB) et son homologue de Houston (Texas), c'est de moins en moins valable pour les jeunes générations, et il serait absurde de prétendre qu'entre étudiants et cadres britanniques d'une part, américains d'autre part, il peut y avoir de grands problèmes de communication linguistique : les télévisions, les radios, les agences de presse, la musique et les voyages ont largement contribué à faire disparaître cette prétendue « incompréhension ».

Il subsiste cependant entre l'anglais britannique et l'anglais américain un certain nombre de différences que nous allons essayer de répertorier.

■ **Prononciation**

Sans entrer dans l'étude détaillée des accents régionaux de part et d'autre de l'Atlantique, on constate (très grossièrement) les points suivants :

— le **« r »** est sonorisé en fin de mot par les Américains :

motor [môouter]

more [mo:r]

— le [iou] (de **student** par exemple) devient la plupart du temps :
[ou] **student** [**stou**dent] **to suit** [sou:t]
— le son [a:] dans des mots comme **to ask** est remplacé par le son
[a] **to ask, fast, last, plant**
— lorsqu'un mot comporte deux syllabes accentuées, la 2ᵉ est
davantage mise en relief par les Américains :
  administrative GB [edmìnistretiv] US [edministrèdiv]
  secretary GB [sèkretri] US [sèkretèri]
— le « **t** » peut se prononcer « d » en américain :
  water GB [wote] US [wode*r*]
— certains mots — en nombre limité d'ailleurs — ont une prononciation différente :
  schedule GB [chèdioul] US [skèdou:l]
  clerk GB [kle:k] US [klark]
  advertisement GB [edve:tisment] US [advertaïzment]

On ne saurait dire que l'américain (ou l'anglais britannique) est
plus difficile à comprendre pour un Français : il s'agit simplement
d'une question d'accoutumance — notamment pendant les études — et de type de communication, les personnes habituées à
s'adresser à un auditoire (enseignants, hommes politiques, journalistes, etc.) ayant en général une élocution plus claire.

■ **Orthographe**

1) La finale anglaise **-tre** devient **-ter** en américain :
GB   centre   US   center
      theatre   theater.

2) La finale anglaise **-our** devient **-or** aux États-Unis (y compris dans
les dérivés) :
GB labour   US labor   GB **favourable** US favorable
GB favour   US favor   GB colour   US color
GB rumour   US rumor

3) Pour les mots en **-el, -al** l'anglais pratique automatiquement le
redoublement du l lors de l'adjonction d'une terminaison commençant par voyelle :
      to cancel   cancelled
      to travel   travelled
L'américain n'opère ce redoublement que si la dernière syllabe est
accentuée :
      to compel   compelling
                       (comme en anglais britannique)
Mais : to travel   traveled   (GB : travelled)
       to cancel   canceled   (GB : cancelled)
       to label   labeled   (GB : labelled)
       to total   totaled   (GB : totalled)

4) Dans certains mots composés, l'américain a tendance à maintenir la double consonne :
skillful (anglais britannique : skilful)
to fulfill (anglais britannique : to fulfil)

5) Raccourcissement de la finale dans l'anglais américain :

GB		US	
	programme		program
	catalogue		catalog
	analogue		analog

6) -ce anglais devient -se américain :

GB		US	
	defence		defense
	licence		license
	practice		practise

Dans ces deux derniers cas, la différence qui existe en anglais entre nom -ce et verbe -se disparaît en américain.

7) y devient i :

GB		US	
	cypher		cipher
	tyre		tire

8) ough peut devenir, selon la prononciation, u, ow ou o :

through	thru
plough	plow
though	tho

9) Enfin on trouve aussi tonight écrit tonite, light écrit lite.

10) Cas de la finale -ise, -ize.
Lorsqu'il s'agit d'une adjonction de suffixe, on peut dire très schématiquement que les Américains écrivent -ize, alors que certains Anglais préfèrent -ise. Exemples :

real + -ize	realize
formal + -ize	formalize
normal + -ize	normalize

Attention aux cas suivants dont la finale est -ise aussi bien en américain qu'en anglais :

to advertise	to disguise
to advise	to improvise
to comprise	to revise
to compromise	to supervise
to despise	to surprise
to devise	

■ Grammaire

Peu de différences au total. Citons l'exemple traditionnel de l'emploi de like au lieu de as, réputé incorrect en anglais britannique, admis en américain :
GB : Do as I tell you.
US : Do like I tell you.

Par ailleurs, on constate en américain cette tendance des langues transplantées (comme le français au Canada) à préserver des archaïsmes — en même temps qu'elles innovent avec audace.
Ex : la vieille forme **gotten** (pour le participe passé de **to get**) est resté vivace aux EU (de même **proven**, p.p. de **to prove**).
De façon générale, il est faux de dire que l'Américain se moque de la grammaire, et trop de Français croient pouvoir abriter leur inaptitude à manier les structures derrière un prétendu relâchement « à l'américaine ». Moins puriste, plus détendu, l'Américain privilégie avant tout la communication. Il n'en reste pas moins que la langue continue à obéir à des règles précises. Cela est encore plus vrai de l'écrit que de l'oral.

■ Vocabulaire

— Mentionnons d'abord les différences bien connues :

GB	Fr	US
lift	*ascenseur*	elevator
lorry	*camion*	truck
tap	*robinet*	faucet
maize	*maïs*	corn
pavement	*trottoir, etc.*	sidewalk

— La place manque pour fournir des exemples, mais les influences étrangères à l'anglais britannique se sont nettement fait sentir :

• indienne pour les noms de lieu (**Ohio, Arkansas**)
• mexicaine dans la langue de l'Ouest (**loco** = *fou*)
• les influences italiennes (**motto** = *devise*), allemandes (**wurst** = *saucisse*) et yiddish (**schnozzle** = **nose**) ont également eu leur importance.
• Quant au français, on le trouve surtout dans la langue politique et diplomatique (**coup, laissez-faire, détente,** etc.), le vocabulaire de la couture, de la cuisine, des relations sentimentales (**rendez-vous**) ainsi que dans certaines locutions (**vis-à-vis, à propos,** etc.).

— De nombreux termes et expressions ont été créés aux États-Unis et gagnent progressivement l'anglais britannique. L'évolution des dictionnaires britanniques en dit long à ce sujet : tel vocable (**grassroots** par exemple) qui portait il y a quelques années la mention US, apparaît aujourd'hui sans marque particulière, en même temps qu'il se fait plus fréquent à la BBC.

■ Style

L'américain parlé, et même écrit, apparaît finalement comme plus détendu, familier, informel que son ancêtre l'anglais britannique.

Pays d'immigrants, l'Amérique est plus tolérante vis-à-vis des étrangers et de leurs façons de s'exprimer. Loin de s'en formaliser, elle va jusqu'à les intégrer à sa propre pratique.

Cette attitude, infiniment agréable pour le visiteur, explique qu'un homme comme Kissinger, d'origine allemande, ait pu faire la carrière qui a été la sienne, sans être handicapé par une diction fortement germanique.

Mais si la communication prime la correction au sens où la prônent les puristes, cela ne veut pas dire que tout est permis.

Et nous attirons l'attention du lecteur sur la différence qui existe entre l'américain, langue riche et de forte spécificité, le **mid-atlantic**, sorte de langue composite britannico-américaine, qui est devenu un moyen de communication pratique, et d'autre part un *sabir* international qui, lui, est une variante dégradée de l'américain.

Cette dernière variété, bien que fort pratique, ne peut en aucun cas constituer un modèle, et sa pauvreté idiomatique et lexicale, justifiée par ses objectifs purement « opérationnels », fait au contraire ressortir la richesse, la souplesse et la force créatrice de l'américain authentique.

La religion a toujours joué un rôle considérable dans la civilisation et la culture américaines.

Les « *Pères fondateurs* » étaient des Puritains, et parmi les premiers colons, un grand nombre fuyait une Europe où leur foi était persécutée.

La variété des religions pratiquées correspond à la diversité d'origine des immigrants.

S'il n'y a pas de religion d'État dans cette terre du pluralisme, les activités et les préoccupations religieuses tiennent une grande place dans la vie politique, économique et quotidienne ; souvent d'une façon qui surprend le Français.

Les hommes politiques et le Président lui-même — notamment dans sa prestation de serment inaugurale — font souvent référence à Dieu, dont le nom figure également sur la monnaie (**In God We Trust** : nous plaçons notre confiance en Dieu). Les églises, qui bénéficient de privilèges fiscaux, sont souvent gérées comme des entreprises, et utilisent toutes les techniques publicitaires pour obtenir des fonds de leurs fidèles. De nombreuses émissions de radio et « **shows** » télévisés sont animés par des prédicateurs.

Croyances et conversions sont plus publiquement affichées qu'en Europe, et les sectes, dont l'éclosion est favorisée par le protestantisme, qui ouvre la porte à l'interprétation personnelle de la Bible, continuent à proliférer. Au cours des années récentes, on a également assisté au développement de l'influence des religions orientales.

Croyants dans leur majorité — plus de 150 000 000 de fidèles — les Américains se répartissent entre tous les cultes existants. Les principaux groupes sont les suivants : environ 80 millions de protestants (*Baptistes, Méthodistes, Luthériens, Presbytériens, Calvinistes*, etc.) ; environ 50 millions de catholiques — en majorité dans les milieux sociaux les moins favorisés ; plus de 4 millions d'orthodoxes : plus de 4 millions de juifs pratiquants, représentant les différentes branches du judaïsme.

ARTICLES IN ADDITION TO, AND IN AMENDMENT OF,
THE CONSTITUTION OF THE UNITED STATES OF AMERICA

Article I

Congress shall make no law respecting an establishment of religion, or prohibiting the free exercise thereof ; or abridging the freedom of speech, or of the press ; or of the right of the people peaceably to assemble, and to petition the Government for a redress of grievances.

. . . .

Article IV

The right of the people to be secure in their persons, houses, papers, and effects, against unreasonable searches and seizures, shall not be violated, and no warrants shall issue, but upon probable cause, supported by oath or affirmation, and particularly describing the place to be searched, and the persons or things to be seized.

. . . .

Article VI

In all criminal prosecutions, the accused shall enjoy the right to a speedy and public trial, by an impartial jury of the State and district wherein the crime shall have been committed, which district shall have been previously ascertained by law, and to be informed of the nature and cause of the accusation ; to be confronted with the witnesses against him ; to have compulsory process for obtaining witnesses in his favour, and to have the assistance of counsel for his defence.

*ARTICLES COMPLÉTANT ET AMENDANT
LA CONSTITUTION DES ÉTATS-UNIS D'AMÉRIQUE (1791)*

Article I

Le congrès ne fera pas de loi concernant l'établissement d'une religion, ou interdisant une pratique religieuse ; ou restreignant la liberté de parole, ou de la presse ; ou le droit des citoyens à tenir des réunions pacifiques, à adresser des requêtes au Gouvernement pour faire réparer des torts.

. . . .

Article IV

Le droit des citoyens à la protection de leurs personnes, de leurs logis, de leurs papiers et de leurs effets personnels contre des perquisitions et des saisies non justifiées, ne sera pas violé, et aucun mandat ne sera émis sans raison valable dûment étayée par un serment ou une déclaration solennelle, et décrivant avec précision le lieu où la perquisition doit s'effectuer, et les personnes ou les biens à saisir.

. . . .

Article VI

Dans toutes les poursuites criminelles, l'accusé aura droit à un jugement rapide et public, prononcé par un jury impartial de l'État ou du district où le délit aura été commis, lequel district aura précédemment été déterminé légalement ; l'accusé devra être informé de la nature et de la cause de l'accusation, être confronté avec les témoins à sa charge ; il pourra exiger la comparution des témoins à sa décharge, et l'aide d'un avocat pour sa défense.

1. Amendement de 1791 à la Constitution de 1787.

Etats	abrév.	prononciation	capitales	prononciation
Alabama	Al.	[alebame]	Montgomery	[mentgœmeri]
Alaska	Ak.	[elaske]	Juneau	[djou:ne]
Arizona	Az.	[arizôoune]	Phoenix	[fi:niks]
Arkansas	Ar.	[a:rkenso:]	Little Rock	[litl rok]
California	Ca.	[kalifo:rnie]	Sacramento	[sakremèntôou]
Colorado	Co.	[kolera:dôou]	Denver	[dènver]
Connecticut	Ct.	[kenètiket]	Hartford	[ha:rtferd]
Delaware	De.	[dèlewèer]	Dover	[dôouver]
Florida	Fl.	[floride]	Tallahassee	[teleha:si]
Georgia	Ga.	[djo:rdie]	Atlanta	[etlante]
Hawaii	Hi	[ha:waïi]	Honolulu	[honelou:lou:]
Idaho	Id.	[aïdehôou]	Boise	[boïzi]
Illinois	Il.	[ilinoï]	Springfield	[sprinfi:ld]
Indiana	In.	[indiane]	Indianapolis	[indienapelis]
Iowa	Ia.	[aïewe]	Des Moines	[dimoïnz]
Kansas	Ks.	[kanzes]	Topeka	[tôoupi:ke]
Kentucky	Ky.	[kèntœki]	Frankfort	[frankfert]
Louisiana	La.	[louiziane]	Baton Rouge	[batenrou:j]
Maine	Me.	[méïn]	Augusta	[o:gœste]
Maryland	Md.	[mèeriland]	Annapolis	[enapolis]
Massachussetts	Ma.	[masechou:sits]	Boston	[bosten]
Michigan	Mi.	[michigen]	Lansing	[lansin]
Minnesota	Mn.	[minisôoute]	St-Paul	[sentpo:l]
Mississippi	Ms.	[misisipi]	Jackson	[djaksen]
Missouri	Mo.	[mizoueri]	Jefferson City	[djèfersen siti]
Montana	Mt.	[mentane]	Helena	[hèline]
Nebraska	Ne.	[nibraske]	Lincoln	[linken]
Nevada	Nv.	[nevade]	Carson City	[ka:rsen siti]
New Hampshire	Nh.	[hampcher]	Concord	[konko:rd]
New Jersey	NJ	[nou: dje:rzi]	Trenton	[trènten]
New Mexico	NM	mèksikôou]	Santa Fe	[sante féi]
New York	NY	[nou: ye:rk]	Albany	[o:lbeni]
North Carolina	NC	[karelaïne]	Raleigh	[ra:li]
North Dakota	ND	[dekôoute]	Bismarck	[bizma:rk]
Ohio	Oh.	[eouhaïôou]	Columbus	[kelœmbes]
Oklahoma	Ok.	[ôouklehôoume]	Oklahoma City	[ôouklehôoume]
Oregon	Or.	[origen]	Salem	[séïlem]
Pennsylvania	Pa.	[pènsilvéïnie]	Harrisburg	[harisbe:rg]
Rhode Island	RI	[rôoudaïlend]	Providence	[providens]
South Carolina	SC	[karelaïne]	Columbia	[kelœmbie]
South Dakota	SD	[saousdekôoute]	Pierre	[pier]
Tennessee	Tn.	[tènesï]	Nashville	[nachvil]
Texas	Tx.	[tèkses]	Austin	[ostin]
Utah	Ut.	[iou:ta:]	Salt Lake City	[so:lt léïk siti]
Vermont	Vt.	[ve:rmont]	Montpelier	[montpi:lie]
Virginia	Va.	[verdjinie]	Richmond	[ritchmend]
Washington	Wa.	[wochinten]	Olympia	[ôoulimpie]
West Virginia	WV	[wèstverdjinie]	Charleston	[tcha:rlsten]
Wisconsin	Wi.	[wiskonsin]	Madison	[madisn]
Wyoming	Wy.	[waïôoumin]	Cheyenne	[chaïèn]

■ **Monnaie** : Le dollar est divisé en 100 cents. Les pièces, coins, les plus utilisées sont :

1 cent (penny) = 1 c   10 cents ou **dime** [daïm]
5 cents ou **nickel**   25 cents ou **quarter**

Les billets, bills, les plus utilisés sont de $ 1.00, $ 2.00, $ 5.00, $ 10.00, $ 20.00, $ 50.00, $ 100.00.

■ **Longueurs**
1 yard (1 yd) = *0,914 mètres*
1 foot (1 ft, 1′) = *30,48 centimètres*
1 inch (1 in, 1″) = *2,54 centimètres*
1 mile (1 ml) = *1,609*

■ **Poids**
1 pound (1 lb) = *0,4536 kg*
1 ounce (1 oz) = *28,35 g*

■ **Capacité**
1 gallon (US) = *3,785 l*   (GB = 4,54 l)
1 quart = *0,946 l*
1 pint = *0,473 l*

■ **Surface**
square inch (sq. in.) = *6,45 cm²*
square foot (sq. ft) = *9,29 dm²*
square yard (sq. yd) = *0,83 m²*
acre (ac.) = *40,47 ares*

■ **Température**

°Centigrade	°Fahrenheit
0	32
10	50
15	59
20	68

Pour les conversions
°C en °F : ×9 :5 + 32
°F en °C : —32 ×5 :9

■ **Tailles**

• Chaussures dames	US	6	7	7½	8½	9	
	Fr	37	38	39	40	41	
• Chaussures hommes	US	6½	7	8	9	10	
	Fr	39	40	41	42	43	
• Blouses dames	US	32	34	36	38	42	
	Fr	40	42	44	46	50	
• Chemises hommes	US	14	14½	15	15½	16	16½
	Fr	36	37	38	39	41	42
• Robes ou tailleurs	US	10	12	14	16	18	20
	Fr	38	40	42	44	46	48
• Complets	US	36	38	40	42	44	46
	Fr	46	48	50	52	54	56

Quelques mots et expressions à retenir pour une meilleure compréhension de la presse écrite et audiovisuelle.

ad. *annonce publicitaire, petite annonce*
address. *discours*
adman. *publicitaire*
advertisement. *annonce publicitaire*
advertising. *publicité*
affluent society. *société d'abondance*
aggravate (to), 1. *aggraver, empirer* 2. *agacer, exaspérer*
air-time. *temps d'antenne*
on the air. *à l'antenne* (radio), *en direct* (TV)
Amex. *American Stock Exchange, Marché (américain) des valeurs*

ban (to), *interdire*
ban. *interdiction*
bear. *baissier* (Bourse)
bill. 1. *projet de loi* 2. *facture*
blue-collar. *ouvrier* (« col bleu »)
bootlegging. *contrebande de l'alcool*
bracket. *tranche* (d'âge, de revenus, etc.)
bribe. *pot-de-vin*
to bribe. *corrompre, acheter*
bribery. *corruption*
bull. *haussier* (Bourse)
bussing. *conséquence de l'intégration scolaire : les écoliers sont transportés en bus sur de longues distances pour rééquilibrer les effectifs de Blancs et de Noirs dans les écoles*

canvas (to), *faire du porte à-porte*
charge (to), *accuser*
checks and balances. *équilibre des pouvoirs*
color-bar. *discrimination raciale*
commercial. *annonce, émission publicitaire* (radio, TV)
commuter. *banlieusard travaillant dans la métropole (ou vice versa) devant chaque jour se déplacer entre son domicile et son lieu de travail*
competition. *concurrence*
competitor. *concurrent*
conservationist. *défenseur de l'environnement, écologiste*
consumerism. *consumérisme*
consumer society. *société de consommation*
consumption. *consommation*
coverage. *reportage d'un événement*
craze. *folie, mode*
crime. *délinquance*
crook. *escroc*
curriculum. *programme d'études, des cours*

data-processing (D.P.), *informatique*
deadlock, *impasse*
degree, *diplôme*
Detroit, *symbolise l'industrie automobile*
deterrent, *moyen de dissuasion*
diet, *régime* (alimentaire)
device, *moyen, appareil*
disc-jockey, *présentateur de disques à la radio*
draft, *conscription, appel sous les drapeaux*
duty, *droit ;* **customs duties,** *droits de douane*
drop-out, *personne qui abandonne ses études, se retire de la société, marginal*

environmentalist, *défenseur de l'environnement, écologiste*
expenditure, *dépenses* (mise de fonds)
expertise, 1. *avis autorisé, analyse ou évaluation qualifiée*
    2. *savoir-faire technique ou spécialisé, qualité d'expert dans un domaine*
    3. *expertise, rapport d'expert*

filibuster, *obstruction parlementaire* (consistant notamment à occuper la tribune pendant des heures en lisant n'importe quel document)
findings, *résultats* (d'une enquête, sondage)
fix (fam.), *piqûre du drogué*
forecast, *prévision*
forge (to), *faire un faux*
freak, *bizarre, original, « dingue », tordu*
full-refund guarantee, garantie de remboursement intégral, « satisfait ou remboursé »

gamble (to), *prendre un risque, jouer de l'argent*
gay, *homosexuel*
GNP (*Gross National Product*), *PNB* (*Produit National Brut*)
G.O.P. = Grand Old Party, *parti républicain*
graduate, *diplômé(e)*
grain, *céréale(s)*
grass, *marijuana, « herbe »*
grassroots, *la base, l'électorat de base*
growth rate, *taux de croissance*

hard-core, *irréductible*
hash (fam.), *marijuana*
hike, *hausse, augmentation*
highlight (to), 1. *mettre en vedette, en valeur*
    2. *constituer le clou, l'événement d'une manifestation*
hip, *dans le coup*

income bracket, *tranche de revenu*
I.R.S. = Internal Revenue Service, *le fisc*
issue, 1. *problème, question* (sur laquelle les gens se divisent)
    2. *numéro d'un journal, etc.*

jet-set, *haute société*
jobless rate, *nombre, pourcentage de chômeurs*
joint (fam.), 1. *boîte, cabaret* 2. *« joint » de marijuana*
joint-stock-company, *société par actions*
joint-venture, *opération entreprise en commun, entreprise en participation, association*
junkie (fam.), *drogué*

labor, *main-d'œuvre*
Labor, *le mouvement syndical*
landslide election, *raz de marée électoral, élection triomphale*
law-abiding, *respectueux des lois*
Law and Order, *la loi et l'ordre*
lawyer, *avocat*
lay-off, *licenciement* (collectif)
lay-off (to), *licencier*
leader, 1. *chef, responsable (politique)* 2. *article de fond, éditorial*
leadership, *position de commandement, de suprématie, hégémonisme*
lobby, *groupe de pression*
loophole, *faille* (dans la réglementation, etc.)

Madison Avenue, *symbolise le monde de la publicité*
management, 1. *direction* 2. *gestion* 3. *le patronat*
melting pot, *creuset*
mob, *mafia*
mobster, *mafioso, gangster*
moonlighting, *travail au noir*
tu mug, *agresser ;* **to be mugged,** *se faire agresser*

off-the-record, *en privé,* non destiné à la publication ou à l'enregistrement
oil-slick, *marée noire*
outlook, *perspective(s)*

plant, *usine*
plank, *élément, article d'un programme électoral*
platform, *programme* (politique, électoral)
policy, 1. *manière de gouverner, de conduire une action concertée ; politique* 2. *police* (assurance)
poll, 1. *vote, élection* 2. *sondage*
pollster, *spécialiste des sondages*
pot (fam.), *drogue*
precinct, *division administrative, commissariat*
probe, 1. *sonde* 2. *mise à l'épreuve*
prospects, *perspectives*
pundit, *expert*

recovery, *reprise* (économique), *rétablissement* (santé)
riot, *émeute* ; **riot forces**, *forces de l'ordre* (anti-émeutes)

share, *action*
shareholder, *actionnaire*
shop-lifting, *vol à l'étalage*
slot-machine, *machine à sous, distributeur automatique*
slump, *récession, crise économique*
spokesman, *porte-parole*
spree, *fièvre, frénésie* ; **buying spree**, *fièvre d'achats*
square (fam.), « *cave* », *conformiste*
stake, *enjeu*
stalemate, *impasse, blocage* (négociations)
stance, *position, prise de position*
status-symbol, *symbole de réussite sociale*
stockholder, *actionnaire*
subsidies, *subventions*
survey, *enquête, étude, sondage*
supply and demand, *offre et demande*
swindle, *escroquerie*

take over (to), *prendre le contrôle de, la direction de* ;
        racheter (entreprise)
tap (to), 1. *exploiter, attaquer* (un marché, etc.)
        2. *mettre sur table d'écoute*
target, *cible, objectif*
term, 1. *trimestre (universitaire)* 2. *mandat* (d'un élu) 3. **terms**,
        conditions (financières)
training, *formation*
trend, *tendance*
trend-setter, *personne qui donne le ton*
trial, 1. *procès* 2. *essai*
trip, *voyage*
tycoon, *magnat, grand patron*

underground, *clandestin*
unemployment, *chômage*
union, *syndicat*

versus/vs., *contre* (sports, droit)

Wall-Street, *Bourse de New York*
wage, *salaire*
waste, 1. *gâchis* 2. *déchets*
white collar (« col blanc »), *employé de bureau, s'oppose à* **blue
        collar** (*ouvrier d'usine*)
wino (fam.), *ivrogne*
witness, *témoin*
wizard, *sorcier, grand spécialiste*

X-certificate, *visa de censure interdisant les films aux moins de...*

yield, *rendement*

Vérifiez votre connaissance des 1 000 mots suivants, en vous reportant à la leçon dont le numéro suit le mot.

Américain
Voyager aux États-Unis
par Pierre Morel et Jean-Pierre Gruere

Avec *Voyager aux États-Unis*, vous pourrez :
- négocier votre hébergement à l'hôtel ou dans un motel,
- savoir vous comporter dans un restaurant,
- choisir un vin américain,
- vous repérer en ville,
- louer une voiture, etc.

Ce **Guide de conversation** s'adresse aux touristes et voyageurs qui pourront :

■ **faire face aux besoins de la vie quotidienne** (transports, hôtels, restaurants, etc.) sans avoir au départ de connaissances linguistiques particulières grâce à :
- une information sur les usages et les pratiques qu'ils rencontreront aux États-Unis,
- des expressions toutes faites leur permettant de se faire comprendre.

■ **mieux connaître le nouvel environnement** où ils seront plongés, et éviter les faux pas grâce à un ensemble d'informations historiques, géographiques et culturelles.

◉◉ Un enregistrement sonore (1 K7) permet l'entraînement à la prononciation des expressions toutes faites. La K7 n'est pas vendue séparément.

Achevé d'imprimer en juillet 1996
sur les presses de Cox & Wyman Ltd
(Angleterre)

POCKET – 12, avenue d'Italie, 75627 Paris cedex 13
Tél: 44.16.05.00

Photocomposition : NORD COMPO 59650 Villeneuve-d'Ascq

6900A-5 - N° d'Éditeur 1960, mars 1983.
Dépôt légal : mars 1983
Imprimé en Angleterre